U0527488

人民日报 | 传媒书系
SERIES OF THE BEST MEDIA BOOKS

人民日报记者说

表 达 如 何

精准到位

陈效卫 | 著

人民日报出版社
北 京

图书在版编目（CIP）数据

人民日报记者说. 表达如何精准到位 / 陈效卫著.
-- 北京：人民日报出版社，2024.8. -- ISBN 978-7-5115-8399-4

Ⅰ.G21

中国国家版本馆CIP数据核字第20245RD261号

书　　名：	人民日报记者说：表达如何精准到位	
	RENMINRIBAO JIZHESHUO：BIAODA RUHE JINGZHUN DAOWEI	
著　　者：	陈效卫	
出 版 人：	刘华新	
责任编辑：	葛　倩	
版式设计：	九章文化	
出版发行：	人民日报出版社	
社　　址：	北京金台西路2号	
邮政编码：	100733	
发行热线：	（010）65369509　65369527　65369846　65369512	
邮购热线：	（010）65369530　65363527	
编辑热线：	（010）65363486	
网　　址：	www.peopledailypress.com	
经　　销：	新华书店	
印　　刷：	大厂回族自治县彩虹印刷有限公司	
法律顾问：	北京科宇律师事务所　010-83622312	
开　　本：	710mm×1000mm　1/16	
字　　数：	240千字	
印　　张：	16.5	
版　　次：	2024年9月第1版　2024年9月第1次印刷	
书　　号：	ISBN 978-7-5115-8399-4	
定　　价：	49.00元	

自序 Preface

新闻报道中的错误可以有多离谱，举一例即可窥全豹。

> 作为炎黄子孙的泰籍华人华侨李爱国，也为做中国人而自豪，近日回国庆祝祖国74华诞。

这是根据实际报道综合而成的句子，短短30多字犯了6个错误。

其实，类似的报道谬误并非偶尔出现在个别媒体上，这让新闻的准确性、时效性和客观性以及传播力、引导力、影响力和公信力都大打折扣。

本书旨在找出新闻报道中的典型错误并进行溯源、例释和剖析，提出合理的修改建议和规避方法。

一、结构与体例

本书共十一章，可划分为三篇：上篇包括第一章至第三章，为新闻六要素中最重要的三要素：时间、地点和人物。这也是报道最易出错的三大领域。中篇包括第四章至第七章，按内容划分为政治外交、经济科技、法律军事和自然。下篇包括第八章至第十一章，分别为文字词语、语法逻辑、数字量词和标号字母（词），从文词细节上探讨报道中存在的问题。除正文外，每一章都附有综合性的典型案例并进行精析。

书中所引案例来自近20年来的官方媒体公开报道。对于报道出现的错误，本书大多只引用一两个有代表性的例子。只有错出了"花样"或需进一步论证时，才援引其他例子。行文突出简洁性的同时，也力图均衡，既引用国内报道，也引用国际报道。为避免"孤证不立"，个别篇目增补了外文拼写。

二、内容

报道中最常见的错误，可大致分为相互交叉的五大类：

（一）赘述。作为文字表述的错误，赘述渗透到多种词性。如美国"四星上将"、"享誉盛名"、"几乎毁坏殆尽"，等等。从数字角度讲，报道中"多收了三五斗"的情况也属赘言，如"北京4.1万人（7个月）献血5.1万吨"，澳对华"月平均出口牛肉7050亿澳元"。

（二）遗漏。与赘述截然相反的错误是遗漏。如，中国助美国实现高铁"零突破"中的"零突破"，明显是"零的突破"之误；圆明园发布流散文物全球倡议书，显然也遗漏了"回归"。有些遗漏是漏译所致。如，欧盟成立的"网络犯罪中心"，应译成"打击网络犯罪中心"。报道还存在为突出一方而忽略另一方的情况。"斐济是第一个与新中国建交的南太平洋岛国"，这一说法已成为媒体报道的惯常表述。实际上，同为南太平洋岛国，新西兰与中国建交的时间比斐济早了近3年。

（三）混淆。混淆是指将A说成B，张冠李戴。在政治领域，经常混淆的有"欧洲"与"欧盟"、州长与总理以及总统选举中的"任"与"届"。法律领域则有"嫌犯"与"罪犯"以及"服法"与"伏法"等。在军事领域，有武器装备的"级"与"号"等。有些记者对自然领域不求甚解，导致的混淆错误更多，如"池鹭"与"黄苇鳽"，"牡丹"与"芍药"，"飓风"、"台风"与"热带气旋"，以及淡水的"水华"与海水的"赤潮"等。

（四）臆造。客观、真实是新闻的灵魂，但令人吃惊的是，新闻报道中的臆造现象并不少见。如在人物报道中，把文职三级说成"文职少将"，把外国军衔、虚词、爵位、职业等译成人名等。在动植物领域，把美洲豹说成根本不存在的"美洲虎"，称周朝人吃葡萄、苹果和西瓜，等等。

（五）出"格"。即表述形式错位，体现在很多方面。一是缺乏规范。很多报道使用了"公斤""公里"等，都应换成"千克""千米"等国际制单位。"摄氏零下15度"，当改为"零下15摄氏度"。二是没有换算。比如，美国使用英制单位"英尺""加仑"等，报道时应予以换算，否则大部分读者会一头雾水。三是标号错位。如每年庆祝的"五•一"节，其中的间隔号当略。四是采用字母词。报道中的外文术语直接"拿来"，导致"字母满天飞"，也让不懂外语的读者困惑不已，如"微软将用Skype取代MSN""TPP和RCEP都不会是完成时"等。

以上分类标准是相对的，但很多错误是综合性的。比如，关于货币的错误，既有单位的遗漏和混淆，也有兑换的空缺和偷换。

发现错误不是本书的目的，引入不同角度追溯问题的根源，并在总结、考证、例释的基础上提出修改方法才是。在此，笔者愿与读者朋友共勉。书中存在的不周、不当之处，期待诸位批评指正。

目录
Contents

上 篇

壹 时间：颠倒黑白 ……………………………… 003
农历六月并非仲夏 ………………………………… 004
究竟几点算"凌晨"？ ……………………………… 007
"日光节约时间"都去哪儿了？ …………………… 008
转载不慎：将于"昨天"开始访问 ………………… 013
切勿拉仇恨：火烧圆明园者并非"八国联军" …… 019

贰 地点：张冠李戴 ……………………………… 027
坐拥双重"省籍"，忻州究竟在哪里？ …………… 028
简称不能太"任性" ………………………………… 033
国家也能"被消失" ………………………………… 038

叁　人物：名实不符 ····· 049

Tán还是Qín？覃姓读音要当心 ····· 050

名不正则言不顺 ····· 056

化名让人无语："马某"并非"马某某" ····· 059

赘述的"倔强" ····· 063

中　篇

肆　政治外交：点滴尽致，报道"无小事" ····· 071

从三亚到三沙：最南端城市已变化 ····· 072

朝鲜半岛报道"伤不起" ····· 074

"成员国"与"成员"，切勿混为一谈 ····· 077

职务随意编造，瑞士"总统"中招 ····· 081

媒体也是蛮拼的：华人也能"做中国人" ····· 083

伍　经济科技：报道不应言必称"美元" ····· 087

数字书写也要"清零" ····· 088

"陶醉于镁光灯"，肯定是穿越了 ····· 101

陆　法律军事：文物流散，岂能倡议？ ····· 111

罪犯"伏法"，记者成"冤案"幕后推手 ····· 112

士官不是军官，也不是官员 ····· 120

| 柒 | 自然：因不知其所以然而想当然 | 129 |

　　动物名：因键盘无法输入而讹传为"耳廓狐" 130
　　植物名："菩提花"是个筐，啥都能往里装 137
　　天灾也"跨界"：飓风登陆南太 147

下 篇

| 捌 | 文字词语：社会"公器"勿私用 | 157 |

　　"主弦律"，如何"奏响"？ 158
　　贩卖焦虑：平等协议不能叫"城下之盟" 173

| 玖 | 语法逻辑：橄榄枝，如何"抛递"？ | 183 |

　　实现"零突破"，无须中国"助" 184
　　烧脑的"巴国"，究竟有多少种解读？ 196

| 拾 | 数字量词：弱水三千，只取一瓢饮 | 207 |

　　"360度大转弯"，终点又回到起点 208
　　寿过彭祖：老人年逾"百旬" 219

| 拾壹 | 标号字母（词）：句读之不知，懒乎？赖乎？ | 233 |

　　扎心！一个人名沦为英汉书写的双重牺牲品 234
　　跨太平洋伙伴关系协定：简称也"躺平" 246

上 篇

作为新闻三要素,"何时""何地""何人"直接影响着报道的时效性、准确性和真实性,一旦出现问题,将导致满"篇"皆输。

壹　时间：颠倒黑白

　　涉及时间的报道错误通常有格式、概念、计算、逻辑和历史五大类。

涉及时间的报道错误通常有格式、概念、计算、逻辑和历史五大类。

农历六月并非仲夏

在格式问题上，媒体报道存在着四大易混淆的领域：阴历与阳历，24小时制与12小时制，汉字数字与阿拉伯数字以及全称与简等。

一、纪年法有别："早春二月"是阳历3月

汉语涉及月份和季节的传统表述用的是农历（阴历）纪年法，但报道常误用作公历纪年法阳历，二者之间通常相差一个月。

2023年3月23日《烟花三月下扬州，春游带出扬州高铁客发新高》写道：

> 烟花三月下扬州，正是春游好时节。3月23日，江苏高速铁路有限公司统计数据显示，江苏高速铁路有限公司控股车站扬州东站近日迎来春游旅游高峰，其中3月19日单日发送旅客32719人次，创2020年12月11日扬州东站投入使用以来历史纪录。

"烟花三月"指的是农历三月，也就是清明、谷雨这段时间，对应的是阳历4月或5月。扬州市举行的"烟花三月经贸旅游节"，也是在4月18日到5月18日。而文章报道的旅游高峰发生在3月中下旬，明显与"烟花三月"

不一致。

同样，2023年2月28日《河南郑州：早春二月　春光初绽》一文提到的"初绽"时间"2月27日"也不妥。"早春二月"指的是农历二月，也就是阳历3月，正好是初春。

与季度相关的传统表述，同样也不能用阳历来衡量。2010年8月6日《仲夏夜之梦》报道了8月5日浙江两位小朋友来上海参加世博会英国馆相关活动情况，其中的"仲夏"用法有误。

我国古代对各月有很多不同的称呼，如夏季有孟夏、仲夏、季夏。仲夏是夏季的第二个月，对应的是农历5月。而上文活动时间8月5日是农历6月25日，应称"季夏"才对。

二、24小时制与12小时制不可混用

媒体表述时间普遍采用24小时制，但有时为了突出报道效果，强调早晨、中午、傍晚、深夜等时段，也采用12小时制。如果使用24小时制，就不宜在时间前加"下午""晚上"等表示时段的限定语，否则就会造成语义重复。如2023年10月29日《今晚21点35分2023年重庆市最美基层高校毕业生将发布》中的"21点35分"，自身就是晚上，当改为"9点35分"。

一天划分为24小时，自午夜零时开始为新的一天，依次为1时、2时……13时、14时……直至24时。如果标明了"晚上"，那么时间就是从中午12点开始算起，最多只有12时。凡是超过12时的，都无须标明"晚上"。

2001年发生的"9·11"恐怖袭击事件，很多文章都使用了"北京时间11日晚21时"，堪称媒体在报道时间问题上的大型"翻车现场"。

需要强调的是，24时和0时是同一时刻，区别是24时为前一天截止时间点，而0时则是下一天起点。当然，严格来说，24小时制并没有24:00，23:59:59后就是0:00:00。

三、苟简，让"2020年"退化为"20年"

《出版物上数字用法》规定：四位数字表示的年份不应简写为两位数字。

2021年9月17日《毁灭性损失！你知道20年前澳大利亚的大火吗？》的标题，给人的感觉是在回顾澳大利亚发生在20年前的大火，但全文讲的实际上是2019年底至2020年初的那场"世纪大火"。标题中的简写"20年"属自造，严重误导了读者。

就时间格式而言，报道还容易在间隔号上犯错误。2016年8月18日《苏联"8·19事件"25周年　戈尔巴乔夫惋惜苏联不复存在》一文中的间隔号"·"是多余的。

标号中的间隔号旨在隔开那些月、日相连的时间，以免引起误解。"一二·九运动"就是最典型的例子。发生在1935年12月9日的爱国运动，如果不用间隔号而写成"一二九运动"，也可能会被误认为发生在1月29日。间隔号只适用于发生在1月、11月和12月这三个月的事件，其他情况都无须使用。

同样，三八妇女节、五一国际劳动节、六一儿童节、七一建党节、八一建军节、十一国庆节以及五四运动、七七事变、九一八事变等，都无须加间隔号。

新闻播报的口误，偶尔也会导致时间的错误。2022年11月27日某卫视出现如下字幕：

> 各位观众晚上好，今天是11月27号星期四，农历十一月初四，欢迎收看新闻联播节目。

这句播报听起来并没有什么不妥，但查阅日历可知，11月27号并非星期四，而是星期日。

究竟几点算"凌晨"？

汉语的时间表述有一些特定的概念，粗枝大叶者容易出错。

关于时间概念的错用，也许最容易被"视而不见"的就是"白昼"。2020年1月25日《有一种旅行，叫追随世界当地节日去旅行》一文提到在俄罗斯"圣彼得堡感受白昼的'日不落'壮观"。网上含有"白昼"的文章数不胜数。所有这些"白昼"，都应改为"白夜"。

由于地轴偏斜和地球自转、公转的关系，在高纬度地区，有时黄昏尚未过去，黎明即已来临。从南北纬48.5度起，纬度越高，夏季天空亮的时间也就越长。地处北纬60度的圣彼得堡是世界上少有的"日不落"城市，每年6月21日左右是其真正意义上的"高光时刻"：夜里只有大约一个小时光线相对昏暗，其他时间无须借助灯光即可读书看报。每年这个时间，也是举办各种会议、赛事最多的时候。遗憾的是，绝大部分报道都使用了"白昼"这一错误概念，真可谓"颠倒黑白"！

"昼"是从天亮到天黑的一段时间，与之相对的"夜"则是从天黑到天亮的一段时间。黑夜与白昼都是大自然的常态，只有"白夜"才显得特别，值得一看。圣彼得堡在6月夜里是亮的，因此应该叫作"白夜"，这里的中心名词是"夜"而不是"昼"。

在表示时间的词汇中，长期以来最为纠结的当数"凌晨"。2021年9月16日《四川泸县发生6.0级地震，已发现2人遇难60人受伤，20余名被困群众获救》一文提到：

截至16日凌晨7时30分，已发现2人遇难、60人受伤。

2017年2月19日《世上最健康的作息时间表》一文指出：

> 凌晨7点–9点，小肠大量吸收营养的时段，应吃早餐。疗病者最好早吃，在6点半前，养生者在7点半前，不吃早餐者应改变习惯，即使拖到九十点吃都比不吃好。

第一个例子所说的时间是9月16日，在北半球尚处于秋季，"7点"已到了"早晨"。第二个例子是以"世界"为研究对象的，但无论在哪个国家，"凌晨"似乎也不能延伸到"9点"！

汉语的"凌晨"究竟是什么时间？《现代汉语词典》1996年第3版的界定是"天快亮的时候"，所举的例子是"凌晨3点"。这里的界定与例子明显矛盾：除非在靠近两极的地区，3点离"天快亮"还存在着几个小时差距。

香港回归这件大事的全程报道，将"凌晨"的时间大大提前。在1997年7月1日这一天，《人民日报》有"本报香港7月1日凌晨1时（2时、4时）电"等6例。其定位基本是"从午夜12点以后到天亮以前的这个时段"。同日《文汇报》的"凌晨"出现多次，限定的时间也大同小异。自此，"凌晨"所涵盖的时间段大大前提。经过数年的沉淀，2012年第6版《现代汉语词典》正式予以认可，在"凌晨"词条中增加了"也指午夜后至天快亮的一段时间"。媒体在语言文字上的影响力，由此也可见一斑。

但无论提前多长时间，"凌晨"仍是个时间段，向后延伸总有个限度。2003年4月10日《伊战争简报　截至北京时间10日早晨7点》一文，对于"7点"就使用了"早晨"。如果是5点或6点钟，还可选用表示日出前后的一段时间的"清晨"。超过7点，完全可以放心地使用"早晨"。

"日光节约时间"都去哪儿了？

新闻报道虽不涉及复杂计算，但少算、漏算的情况时有发生，而涉及时区、夏令时的报道，更容易弄错。

一、世纪之交的错误,千年犯一回

2013年5月1日《荷兰百年首位男国王继位,结束120年女王统治》中的"120年"有失精准,漏算了3年。

75岁的荷兰女王贝娅特丽克丝即位33年后,将王位传给其46岁的长子威廉·亚历山大,亚历山大国王由此成为荷兰自1890年以来经历三位女王之后的首位男国王。1890年到2013年,历时123年。女王"把持"朝政这么多年,也算是个新闻亮点。这个减法不应算错。若不愿如此精准,也可以含糊处理。大部分报道标题都采用了"百年"说。

在时间的诸多错误中,最常见的是"百年乌龙"——世纪的少算。2004年某期刊转载的《谁是真正的淘金者》一文称"18世纪60年代正是美国开始创造百万富翁的年代,每个人都在疯狂地追求金钱",此处的"18世纪"应改为"19世纪"。18世纪60年代离1776年英国13个殖民地宣布独立还有十几年的时间,此时的"美国"尚在孕育之中。

世纪的算法需要加1。一个世纪为100年,特指耶稣基督纪元之百年分期,即元年至99年为1世纪,100年至199年为2世纪……"美国开始创造百万富翁的年代"是19世纪60年代。

正如一年之初容易将去年写成"今年"一样,跨世纪时也容易带来"百年虫"问题。2001年2月26日《新词语让我难过》一文指出:"上个世纪英国利用枪炮,使印度、菲律宾及非洲的许多国家官方改用英文。"文章撰写时已是21世纪,"上个世纪"自然指的是20世纪。但英国统治上述国家和地区则主要是19世纪的事。

进入21世纪几年后,人们的思维已跟上了时代步伐,但上述错误仍不时出现。2014年5月13日《中国红灯笼"挂"上唐人街涂鸦墙》开篇指出,"曼哈顿唐人街是美国最大的华人社区,始建于上世纪中叶"。依据文章的撰写时间,"上世纪"应是20世纪,而曼哈顿唐人街建于19世纪,同样被推迟了100年。

比"百年"更离谱的是"千年"谬误。1997年2月9日《千年之交何处度除夕》提到"还有三年的时间,人类将要同时进入21世纪和第三个一千年"。人类历史悠久古老,迈入"第三个一千年"应是300万前的事,根本不需要再等上"3年"。无独有偶,1999年12月30日《千年之交的俄罗斯》犯了完全相同的错误:"当代世界都在筹备两件全球大事:人类进入第三个千年和庆祝基督教2000年"。从时间角度看,再犯这样的错误,恐怕也要"千年等一回"了。

漏算的情况,在实行时区和夏令时的国家经常发生。在2015年10月19日《巴西18日凌晨起10个州进入夏令时》一文中,作者列举了实行夏令时的10个州,并指出"巴西其他16个州不采用夏令时"。那么,作为与26个州平行的联邦区——首都巴西利亚去哪儿了?显然是被遗漏了。

夏令时(Daylight Saving Time,DST,直译"日光节约时间")现象比较复杂。很多国家曾经实行过,有的多次取消又多次恢复。在目前实行夏令时的70多个国家中,有的是全国统一,有的则是局部地区实施,有的是局部中还有例外。总的原则是:靠近赤道的国家和地区不缺少日照,通常不需要"节约日光"。

巴西利亚地处南纬约16度,周围的戈亚斯州以及更接近赤道的马托格罗索州都实行夏令时,作为首都自然也不会例外,而且文章也提到了夏令时区涵盖巴西利亚和10个州。因此,"10个州"应改为"11个州区"。遗憾的是,类似于遗漏首都的错误几乎年年都出现。

报道其他国家时也有漏算的情况。如面积达769万平方公里的澳大利亚有3个时区,且中部地区与东部地区存在半小时时差。在8个一级行政区划中,纬度较低的3个不实行夏令时。这样,每当夏令时来临时,原有的3个标准时区就变成了5个,类似于2020年9月29日《澳大利亚夏令时即将开始　与中国时差调整为3小时》的报道就以偏概全了:相差3小时只是位于东10区的新州、维州、塔州和首都堪培拉。南澳州早2.5个小时,北领地快1.5个小时，而西澳州则与东8区的北京时间永远同步。而在相差3小时的新州，靠近西部的布罗肯希尔（BrokenHill）市却与南澳州同步，只快2.5个小时。

二、偷袭珍珠港是7日还是8日

关于日本偷袭珍珠港的具体日期，2015年9月9日《冰点特稿：抗日战争中不能忘记的事情》一文采用的是1941年12月7日，2020年12月8日《1941年12月8日　日本海军联合舰队偷袭美国在太平洋的主要海军基地珍珠港》一文则采用了12月8日。无论是哪一天，都应标出具体时区或地点。

国际新闻报道相差最多可达24小时，若忽略具体时间和地点，不仅难以体现新闻的时效性，而且还会导致错乱。而对于面积较大、时差较多的国家，如俄罗斯、加拿大、美国、巴西、澳大利亚等，即使报道其国内新闻，也要标明具体的"当地时间"。

众所周知，1884年世界各国根据协议，把地球分成24等份，每份占经度15°，称作一个时区，这样全球就共划分为24个时区。以伦敦格林尼治天文台所在本初子午线定为零时区，向东+时区，向西–时区。夏威夷处在西10区即–10区，比英国标准时间慢10个小时；而日本在东9区即+9区，比夏威夷则快19小时。

日本偷袭珍珠港，首批机群攻击港内美国舰队是夏威夷时间1941年12月7日清晨7时许。考虑到中国和日本分别比夏威夷时间快18小时和19小时，此时日本和中国都已是12月8日。但若使用"12月8日"，则应标出"北京时间"或"东京时间"。前者表明新闻报道地点，后者是日本侵略者当年空袭的出发地。总之，必须有个来龙去脉，不能没头没脑，否则不明就里的读者就会为"8日"还是"7日"而纠结。

不标具体时区时，通常默认为北京时间，但也有难以理解的例外。2020

年9月29日《搭建中基友谊的桥梁》，开篇提到"2019年9月27日，中（国）基（里巴斯）在一个中国原则基础上恢复外交关系"。这个日期就非常特别，它既不是中国时间也不是基里巴斯时间，而是纽约时间：当地时间2019年9月27日中基在纽约中国常驻联合国代表团签署了联合公报，即日两国恢复大使级外交关系。

正常情况下，中国驻基使馆在表述两国恢复外交关系的时间时，要么以中国为准，要么以驻在国为准。但无论是哪种情况，与纽约都可能会有一天之差。纽约是西5区，中国是东8区，基里巴斯是东12区，因此纽约与中国和基里巴斯的时差分别为13小时和17小时。目前迄未看到签署联合公报的具体时间。如果是纽约27日上午11点前签署，中国仍是27日；如果晚于11点，中国则已进入28日。对于基里巴斯而言，哪怕公报是27日早晨8点签署的，时间也已到了28日凌晨1点。换言之，中国驻基使馆的报道，若站在基里巴斯的角度，时间就必须是28日；若站在中国角度，时间既可能是27日，也可能是28日。

关于时差问题，报道中还有一些容易被忽视的问题。2015年6月24日《为何5·9与9·3都是胜利日？》一文在解释欧美与苏联（俄罗斯）缘何分别在5月8日和9日庆祝对德胜利时讲道：

> 由于时差原因，地处柏林以东的苏联当时已是5月9日凌晨，而在柏林以西的美、英、法等国还是5月8日的下午或晚上。因此，美、英、法等国把5月8日定为"欧洲胜利日"，苏联则把5月9日定为战胜德国法西斯纪念日，又称"卫国战争胜利日"。

德国在柏林签订投降书的时间是5月8日深夜12时，投降书从5月9日零时开始生效。上述一段话给人的感觉似乎是柏林以东的苏联与柏林以西的美、英、法存在着巨大的时差，但事实并非完全如此。

按照1884年的国际规定，伦敦是零时区，柏林、巴黎为东1区，莫斯科为东3区，美国华盛顿为西5区。其中，华盛顿比柏林晚6个小时，确实还在8日下午。伦敦只比柏林慢1小时，说是还在8日的"晚上"也勉强说得通。但巴黎与柏林时间完全相同，因此不存在8日"晚上"一说。换言之，巴黎此时也已进入5月9日。

延伸阅读

苏联将纪念日推迟到9日，也不仅仅是时差问题，确实也有不愿被美英法裹挟而另辟蹊径、体现独特贡献的深层考虑，否则苏联就不会让德国7日签订投降书后在8日再签一次。5月7日凌晨2点，德国代表在法国兰斯艾森豪威尔将军大本营向美、英、法、苏盟国四方递交了投降书。斯大林得知后非常不满，认为5月7日投降仪式只能算预演，强烈坚持投降仪式必须在柏林再办一次。其理由是：苏联红军是打败德军的主力，德国投降仪式应该在苏联占领区举行。5月8日晚间，在柏林的卡尔斯霍尔斯特又举行了一次德国无条件投降仪式。

今天，不仅俄罗斯在5月9日庆祝反法西斯胜利，白俄罗斯、中亚5国和南高加索3国也在同一天庆祝。

转载不慎：将于"昨天"开始访问

这类时间的报道错误涉及面较广，但都可归结为逻辑错误。

一、4年保持29岁："冻龄"不是神话

错误面最广且最易被忽视的是"今年以来"。如2023年11月6日《今年

以来我国洪涝灾害致3481万人次受灾　146人死亡失踪》中的"今年以来"，即属错用，当改为"今年1月以来"或"今年初以来"。

对于方位词"以来"，《现代汉语词典》第7版解释是：表示从过去某时到现在的一段时间，如"自古以来""有生以来""改革开放以来"等。因此，如果是在4月撰写文章，可以说"今年1月（2月、3月）以来"，因为1月（2月、3月）已经过去。但"今年以来"却包含了现在的时间点和今年未尽的那些时间，与"以来"的本义矛盾。著名语言学家吕叔湘先生早在1957年就指出"以来"这个词用法的错误，几十年过去了，"今年以来"的表述却有些见怪不怪。语言学家、语文教育家张巨龄认为，媒体比很多专家具有更强的引导作用。现实中很多人分不清楚正确使用规范，与语言在大众媒体中的大量错用不无关系。

当然，也有很多报道能正确使用，如2022年8月30日《农发行盐城市分行　成功分销省政府债券6000万元》一文，开篇即提到"今年初以来"。

与"以来"相似，"已故"的用法也偶尔错位。2003年8月7日《郑宪之死》一文称：

> 早在1989年，郑周永就访问朝鲜，会见了朝鲜已故国家主席金日成，就共同开发金刚山旅游区等达成协议。

1989年金日成尚健在，"已故"二字的错用不免失礼：既然"已故"，郑又如何会见呢？很明显，作者是站在2003年的历史平台上写1989年的事。

类似的错误并不少见。2014年5月5日《莫斯科保卫战揭秘》写道：

> 有鉴于莫斯科城的精心布防，英国历史学家尼古拉斯·里德斯在1954年曾预言：如果德国真的攻入莫斯科，等待他们的将是类似"斯大林格勒保卫战"那样的人民战争，德军将被旷日持久的巷战耗得筋疲力尽。

莫斯科保卫战发生在1941年10月至1942年1月，里德斯在12年后如何"预言"？

与上文的站位错误导致"先知先觉"相比，粗心转载导致的问题同样荒唐。1991年1月30日《四眼男子当警卫》一文提到意大利29岁男子因生来前后各长两只眼而被一家公司聘为警卫。但报道在后来的转载过程中未能与时俱进，而是机械地"剪切""粘贴"，导致人为地将时间凝固。1992年某刊第2期刊发时沿用了"现年29岁"；4年后，1996年9月26日某报转载时仍旧调重弹，称主人公仍未进入而立之年。如果媒体报道都如此"冻结"时间，那么"青春永驻"似乎也不再是神话了。

时间定格的另一个例子是2021年6月3日《巴布亚新几内亚外长埃奥将访华》一文。该文提到"埃奥将于2日开始对中国进行访问"，但该报出版的时间是3日，这明显是直接转了外交部发言人2日的话而未能与时俱进。既然报纸出版时埃奥已开始访问，此处当改为"埃奥已于2日开始对中国进行访问"。

二、劳动节有4个庆祝时间

有些节日在一个国家不同地区的庆祝时间不同，报道也容易犯以点带面的错误。2017年9月29日《澳劳动节长周末将至 墨尔本司机挑好时间再加油》一文指出：

> 随着澳洲劳动节长周末（9月30日至10月2日）将至，澳洲油价将迎来上涨。分析人士表示，周末油价将攀升至涨价周期顶峰，墨尔本司机应避免在这一时段加油。

对于了解澳大利亚节日的读者，这段话明显存在破绽。澳大利亚的很多节日并没有全国统一庆祝时间。以劳动节为例，庆祝9月30日至10月2日这个长周末的只有新南威尔士州、首都领地和南澳大利亚州，准确地说是10月的第一个星期一，加上之前的周末2天。西澳大利亚州庆祝的时间是3月的第一个星期一，而昆士兰州和北领地则是5月的第一个星期一。墨尔本所在的州是维多利亚州，其劳动节的法定时间与塔斯马尼亚一样，都是3月第二个星期一。因此，9月30日至10月2日"周末油价将攀升至涨价周期顶峰，墨尔本司机应避免在这一时段加油"这一说法当属臆造。

逻辑错误的最后一类是篡改了大自然规律——时令。2016年1月28日《"城市作业本"的独特风采》一文，提到了加拿大温哥华的"春时水仙、郁金香；夏日百合、玫瑰；秋令芍药、海棠……"这段话将芍药、海棠颠倒了时令。海棠春季开花，芍药初夏绽放，二者都在百合、玫瑰之前。地处北半球的温哥华，其季节轮替与中国一致，花开时间也比较接近。这个记者由于不熟悉花卉，犯了想当然的错误。

报道缺乏植物常识，更会导致某些花卉"时令"超长。2020年1月20日《花中帝王"帝王花"：寿命长达100年，花期长达10年》一文中的两个时间，都不可思议。俗话说，花无百日红。帝王花的花期一般在5月开始开放，持续到12月前后，能持续7个月已比较长，"10年"已远超"永生花"了！

帝王花有"花中之王"的美誉。"霸气"是因为花朵硕大，花形奇特，瑰丽多彩，高贵优雅，而绝不是因为花期和寿命长。

三、11月最后一个星期四 ≠ 第四个星期四

2020年11月27日《疫情中的美国迎来萧瑟感恩节》一文，开篇提到：

> 每年11月的最后一个星期四是美国的感恩节，在美国，这是一个快乐、温馨的传统节日，人们探亲访友，几代人欢聚一堂，品尝火鸡大餐。但肆虐美国的新冠疫情令今年感恩节的气氛萧瑟。

关于美国的感恩节的具体时间，报道几乎每年都会提到"11月的最后一个星期四"。这里的"最后一个星期四"当改为"第四个星期四"。

也许有些人会认为，每个月28天至31天内有4个星期，按照常规思维，第四个星期四与最后一个星期四并没有区别。的确，不排除第四个星期四与最后一个星期四在时间上的巧合，如2022年这两个时间即完全重叠，都是11月24日。但一个月还可能有5个甚至6个星期，而且11月的第四个星期四通常都比最后一个星期四要早，2023年二者的时间就分别为11月23日和30日。

延伸阅读

美国为什么会选出这么一个表述烦琐的时间点呢？直接规定具体的某一天，岂不更省心？众所周知，感恩节起源于今天美国东北部的新英格兰。17世纪20年代对于新英格兰清教徒殖民者来说，星期四是特殊的一天。教士们在这天下午进行宗教演讲，因此间接促成了在当天过感恩节的传统。1863年，林肯总统宣布感恩节在11月的最后一个星期四举行，此后几十年美国的确一直采用这个时间（但这段历史，普通中国人并不熟悉，不应成为报道错误的理由）。但一些商人担心感恩节太晚会影响圣诞节的销售，不断要求提前。1941年12月，美国国会通过法律，宣布每年11月的第四个星期四为感恩节，直至今日。

20世纪70年代，美国将很多节日定在周一，以便民众加上周末两天可享受一个长周末（long weekend）。同样，定在周四的感恩节可使民众加上周五、周六和周日，过一个更长的4天大周末。

与美国的感恩节相关，关于加拿大感恩节，也时有报道错误。

2015年11月某刊《感恩节的由来》，提到感恩节"是美国和加拿大的传统节日",但介绍的只是美国的感恩节,给人的感觉是美国与加拿大有同一个感恩节。其实,两国的感恩节很不相同。在庆祝时间上,加拿大的感恩节是10月的第二个星期一,比美国早一个多月。在起源上,加拿大庆祝感恩节的历史比美国早40多年。美国庆祝的第一个感恩节是1621年,而加拿大感恩节的历史则可追溯到1578年英国探险家法贝瑟在纽芬兰建立的一个定居点。

加拿大在世界舞台上的存在感弱于美国,两国又同在北美洲,且都根系英国,一些报道就会想当然。

与感恩节有关的错误,还不止于此。2019年8月7日《美国独创的感恩节,有什么由来和习俗?》一文中的"独创",显然不合适。如上所述,感恩节并非美国独创,而是"抄"加拿大作业所得。

延伸阅读

世界上还有10多个国家庆祝感恩节,只不过巴巴多斯、加纳、马来西亚、以色列、日本、越南、韩国等本质上是庆丰收等。真正带有"感恩"字样或留有美国节日痕迹的只有利比里亚、荷兰、格林纳达、澳大利亚、英国和巴西。这些国家的感恩节,或多或少都与美国有关。如利比里亚是在美国的帮助下建立的,其首都蒙罗维亚(Monrovia)是以美国第5任总统门罗的姓氏命名。格林纳达在美国1983年入侵后,反对派上台感激美国的帮助,因而诞生了世界上最"年轻"的感恩节。澳大利亚不是举国欢庆,而是局限在一个名不见经传的诺福克岛上。该岛位于澳大陆的东部,庆祝时间是每年11月的最后一个星期三。与澳大利亚大陆一样,该岛也曾是英国的殖民地,经常有美国的捕鲸船路过并停靠。热情友好的美国人为岛上居民带来了南瓜饼和玉米面包配方,这些后来都被融入当地庆丰收的菜谱之中。到19世纪90年代,现代意义上的诺福克岛感恩节庆祝形式最终成型。

切勿拉仇恨：火烧圆明园者并非"八国联军"

新闻报道还常犯历史错误，这本质上也是对时间的记忆有误。

一、1620年，英国人无法来到"美利坚"

2017年9月16日《英国人为什么会乘五月花号来到美国？》一文提到，1620年9月16日，移民船"五月花"号驶离英国，向北美进发。作为地理概念的美洲1620年就已存在，但作为政治概念的美国直到1776年宣布独立时才开始存在。1620年的船是无论如何也不可能"来到"1776年。

英国开始在北美殖民以及后来美国独立，都是世界史上极其重要的事件。报道将二者弄混，很不应该。素有"语林啄木鸟"之誉的《咬文嚼字》也曾批评过类似的错误。

还有另外一个相关的时间错误。2022年6月7日《自动驾驶版"五月花"号横跨大西洋抵达北美》提到：

> 1620年，一批英国清教徒搭乘五月花号帆船从英国港城普利茅斯出发到达大西洋彼岸，在北美建立第一块殖民地。

实际上，早在1607年英国即在今天弗吉尼亚州詹姆斯敦（Jamestown）建立了北美第一个海外殖民地，比普利茅斯早13年。而"五月花"号正是在驶向詹姆斯敦的途中偏离了方向才误抵北部的普利茅斯。报道之所以产生这一错误，可能是因为普利茅斯知名度高、影响深远。殖民者在普利茅斯签订了具有历史意义的《五月花号公约》，立誓要创立一个不同于欧洲的自治社会。纵观整个人类文明史，《五月花号公约》的意义并不亚于英国的

《大宪章》、美国的《独立宣言》、法国的《人权宣言》等文献。

相较于一般历史，关于战争史尤其是侵华战争史的报道数量较多，关于时间的错误也"水涨船高"。

2019年6月27日《八国联军火烧圆明园，中国人不要忘记》一文的标题清晰地表明：圆明园是八国联军烧的。但事实是，这一恶行是英法联军所为。英法联军攻入北京之后火烧圆明园是1860年，而八国联军入侵北京是40年之后的1900年。

八国联军1900年入侵北京后，连同比利时、荷兰与西班牙三国一道与中国签订了《辛丑条约》。该条约使中国沦为半殖民地半封建社会，对中国历史影响深远，很多人便以为圆明园是此时所烧。早在2007年初《咬文嚼字》就将这一错误列为"2006年十大语文差错"。10多年过去了，这一错误仍"盘踞"在很多人的大脑中。2019年4月15日法国巴黎圣母院发生大火时，很多网民便联想到火烧圆明园，坚称"是八国联军所为"。

与火烧圆明园相比，日本侵华战争给中国带来的灾难更加深重，媒体对此报道数量更多，相应的错误也更多。2015年8月29日《八年抗战　民族记忆》一文的标题即出现了错误。8年抗战是指从1937年开始的全国性抗战，14年抗战则包含从1931年开始的局部抗战在内的整个反抗日本帝国主义侵略的斗争。从2005年庆祝抗战胜利60周年开始，中国人民抗日战争纪念馆的基本陈列和主题展览就把14年的抗日战争作为一个整体来描述，利用文物、史料，完整地展现14年抗战。在《人民日报》2015年5月4日《国际视野下的中国抗战（铭记历史　警示未来）》一文中，俄罗斯知名政论家、俄罗斯人民友谊大学教授塔夫罗夫斯基就指出："早在1931年，日本就入侵中国东北，扶植'满洲国'傀儡政府上台，中国自此艰难地支撑着战局……在14年的抗战中，中国付出了3500万人伤亡、6000亿美元经济损失的巨大代价。"

同样，对"二战"的标志性时间，个别报道也有违定论。1996年3月16日《墨索里尼毙命真相》一文认为，1945年4月28日墨索里尼的死亡"标志着欧洲和世界反法西斯战争的最后胜利"。欧洲和世界反法西斯战争最后胜利的时间分别为1945年5月8日和1945年9月2日，分别以德国和日本投降为标志。墨索里尼的死亡和随后意大利的投降，只标志着法西斯集团开始解体和反法西斯阵营的重大胜利。

时间、距离都相对遥远且与中国无关的历史，更容易被弄错。2014年7月14日《巴西，那么远，那么热情》一文提到：

> 1822年，巴西摆脱殖民实现独立。从那时到今天，巴西从未与自己的10个邻国发生过武力冲突，这在世界发展史上也算是一个奇迹。

说巴西"从未与邻国发生过武力冲突"，显然是不知巴西的"战争史"。1864年至1870年，巴拉圭军事强人弗朗西斯科·洛佩斯对巴西、阿根廷、乌拉圭三国发动的战争，也称"三国同盟战争"。这是南美史上耗时最长、最为血腥的国家间战争。巴西虽然不是主动入侵，但确实也"发生过武力冲突"。而巴西经过几十年的武力胁迫最终于1940年强占了玻利维亚十几万平方公里的阿克里地区，则明显带有侵略性质。从这个意义上讲，巴西的所作所为绝对算不上"世界发展史上的奇迹"。

二、已故人士中谁是首位诺奖得主

关于时间的报道错误深入各个领域，以较为综合的领域诺贝尔奖为例，2011年10月6日《诺奖首次破例颁给已故人士》一文讲的是：10月3日上午瑞典诺奖评选委员会宣布加拿大科学家斯坦曼获该年诺贝尔生理学或医学奖，但当天下午才得知斯坦曼已于9月30日逝世。该文称：

> 诺贝尔基金会在声明中表示，虽然按规定不向已故人士授奖。……这个时间非常特殊，据我们所知，到目前为止在诺贝尔奖历史上从未发生过。

标题陈述的这个"史实",显然有误。把诺奖授给"已故人士"不仅发生过,而且还发生过两次。

的确,诺贝尔在遗嘱中指出,去世的人成就和数量居多,不易评判,因此该奖偏向在世的人。1974年诺贝尔基金会规定,该奖原则上不能授予已去世的人,但多种因素使得2011年前即已产生了两个例外:一是1931年诺贝尔文学奖得主、瑞典诗人埃里克·卡尔费尔特。他于当年4月8日去世,但公布当年诺奖的时间却是在其去世半年后的10月8日。当然,严格意义上讲,这并未违背诺贝尔遗嘱,因为"诺奖的规章明确无疑地允许颁发给已经去世的人——只要这个人的推荐书在他生前就已经提了出来"。二是联合国第二任秘书长达格·哈马舍尔德。他于1961年9月在飞往刚果的途中不幸以身殉职,一个月后被授予诺贝尔和平奖。

有鉴于此,上文若坚持强调"首次",就必须加上"医学奖"进行限定。一些了解诺奖历史的报道即如此定题,如2011年10月3日《诺贝尔医学奖首次颁给已故人士》。

"外交无小事。"新闻涉及外交的报道,在时间的把握上更应慎之又慎。如2020年11月26日《斐济发行中斐建交45周年纪念邮票》一文,提到"斐济是南太平洋地区第一个与中国建交的国家"。这样的"定论"在报道中可谓比比皆是。而这里的一个历史错误却殃及两个国家。

南太平洋地区涵盖赤道以南到南纬60度的海域,澳大利亚、新西兰与斐济一样都属南太国家。斐济与中国建交的时间是1975年11月5日,而澳大利亚和新西兰与中国建交的时间分别是1972年12月21日和22日,几乎早了3年。若坚持让斐济占据第一,只能说"斐济是南太平洋地区第一个与中国建交的发展中国家",从而有效地回避了澳、新两个发达国家。

如斐济一样,法国在建交问题上也被媒体无形中"抬高"了。2009年1月22日《法舰首次访华感慨中方好客》一文提到"法国是第一个承认新中国的西方大国"。这一说法并不准确。第一个承认新中国的西方大国是英国,而不是法国。早在1950年1月英国即宣布承认新中国,但由于美国的干扰,中英两国1954年建立了半外交关系即代办级外交关系，直至1972年才建立全面的外交关系。法国承认并与新中国正式建交的时间是1964年1月。可以说，法国是第一个与新中国正式建交的西方大国，而不是第一个承认新中国的西方大国。"承认"与"建交"有很大不同，它只是建交（或半建交）的前提。

链接 "1970年代"，这样的表述"可以有"

在报道中，自造简称数量日趋增多的是将"20世纪70年代"之类的表述简化为"1970年代"，如2013年3月21日《五十年来〈新华日报〉千篇报道记录吴仁宝足迹》开篇讲道：

昨天下午，华西村党委副书记孙海燕打开宣传科资料室的一个柜子，捧出来一沓沓泛黄的报纸，装订得整整齐齐。这是1970年代末以来《新华日报》关于华西的各种报道，大大小小超过300篇，上面注明了刊发日期，有些报纸破损了，也已经用糨糊粘贴好。

与"20世纪70年代"这一传统表述相比，"1970年代"越来越得到了人们的认可，其合理之处可概括为四方面：

一是表述简洁。"年代"指一个世纪的1/10，表示10年这个年数段，其引入本是为了适应生活节奏进一步加快的需要。比较而言，"1970年代"只占4个汉字空间，而规范表述"20世纪70年代"则占了6个汉字空间（播音时则分别占6个和8个音节），在标题中更不符合"短"的需要。

二是不易算错。"1970年代"简单明了，直来直去，无须转换。而"20世纪70年代"要经过计算，必须在表示的世纪数字上减1才能与年份对应。而把年份写成"世纪"格式，又要加上1。

三是便于表述第一个10年。传统的表述无法用于一个世纪的第一个十年，如1910年代只能说"1910年至1919年"。如果要表达"这10年是怎样的10年",令人感觉整个句子就是在前后重复。为此,在翻译外媒文章时连央媒也不得不采用"不规范"表述,如2020年1月21日参考消息网文章《英媒:2010年代是流媒体改变西方电视的十年》。

四是有利于与国际接轨。"1970年代"已成为国际上通行的纪年法。外媒尤其是承载着世界大部分资讯的英语媒体就采用了"in the 1970s"。一些华语媒体,也倾向于采用这一格式。如香港《星岛环球》2023年5月19日《陶艺传承连三代,匠心不移代代新》一文开篇即提到:"1960年代以来,佛山石湾的艺人通过不断探索研究,对瓦脊公仔的立体造型、环视效果、制作程序、泥釉指针都作出调整,赋予新的内容、意念、工序和标准,将贴塑陶艺不断拓新,使其扩展为移到室内案头的陈设。"

当然,"1970年代"仍然无法克服"年代"界定的原有局限。年代的纪年有从0到9和从1到10两种不同算法。同为20世纪90年代,《辞海》主张为1991—2000年,而《现代汉语词典》则主张1990—1999年。

为此,有专家建议年代应统一为从0到9。例如20世纪20年代指1920年至1929年,20世纪90年代指1990年至1999年。如此划分的好处是:"几"十年代中的每一年在十位上都有这个"几",比较方便。例如1980年—1989年为80年代,其中的每一年在十位上都有8。同样重要的是,这样也便于外语缩写,如将80年代简写为"1980s"等。而若年代从1到10,英、俄等外语则难以缩写,因为最后一年已进为1990。

为此,有专家认为21世纪的第一个十年,可称为零十年代、头十年代、初十年代、元十年代等。其中,零十年代尤为可取。在数轴上1以前的(自然)数是0。零十年不仅每一年在十位上都有零(00-09),而且与一十年代、二十年代等也非常匹配。

在生活中,零作为词素已有深厚的民意基础,被广泛使用。如零点等于午夜24点,二者出发的角度分别是新的一天和过去的一天。而且,同一时间,人们更爱说零点整、零点15分而不是24点整、24点15分。如此一来,21世纪初的第一、第二个十年也就可以简称为21世纪零十年代、一十年代,并进一步简写为00年代和10年代。

最初叫零十年代也许会觉得有点拗口，但习惯成自然。随着人类生活节奏的加快和报道量的加大，简洁的"1970年代"将有望取代烦琐的"20世纪70年代"。

贰　地点：张冠李戴

地名是新闻三要素之一。由于地理、历史、政治、法规、认知等多种因素的影响，报道中的地名错误总是"剪不断，理还乱"，也是错误数量最多的一大类。

地名是新闻三要素之一。新闻报道中的地名不仅涉及新闻的准确性，也关乎国家主权和尊严。由于地理、历史、政治、法规、认知等多种因素的影响，报道中的地名错误总是"剪不断，理还乱"，也是错误数量最多的一大类。在"人人都有麦克风"的时代，将错就错、以讹传讹的情况更是时常发生。因此，新闻报道需要及时纠偏、系统规范，以免积重难返。

地名报道错误大致分为三类：张冠李戴、简称不当以及"被弱化"。

坐拥双重"省籍"，忻州究竟在哪里？

地名报道中的张冠李戴，就是把本该叫A或属于A的地方说成B或属于B。这类错误包括普通县（城）、首都和国家等三个层次。

一、黄梅县不在安徽，而在湖北

2000年5月9日《黄梅县如何抓文艺工作》一文，提到了"安徽省黄梅县"，犯了张冠李戴的错误。

这一错误可能与黄梅戏发源于安徽有关。事实上，黄梅戏的起源有多个地方，其中之一就是湖北省黄梅县。

无独有偶，2000年5月24日某报一幅照片标题为"摄于甘肃宝鸡市"。宝鸡是地级市，历史悠久，以"暗度陈仓""泾渭分明"等成语而闻名，普通读者都知道其隶属陕西省，亲赴现场的摄影者不该出这个错。

同一个山西忻（xīn）州市，还错出了花样。2020年6月28日某电视台字幕写成"陕西忻州"；2022年9月10日，另一家电视台又将其写成"沂（yí）州"。前者许是因为忻州与陕西隔黄河相望，后者恐是字形相似所致。但沂州是山东临沂市部分地区的古称，目前中国行政区划中并没有这一地名。

2022年3月22日某电视台把山东滨州下辖的"阳信县"误读成"信阳县"。两个地名虽然汉字完全相同，但顺序却截然相反。山东阳信县，在全国2800多个县级行政区中的知名度并不高，但作为河南地级市的信阳却以信阳毛尖、鸡公山等而声名远扬。

以上所列只是县、市行政区划。至于乡、镇、村和街道等的报道错误，更是俯拾皆是。

与张冠李戴相比，更大的地名报道错误是臆造。这主要体现在地名的误读上。

2020年2月8日某电视台主播播报《河南嵩县竹园沟村村民向武汉捐献10万斤大葱》的消息时，把"嵩（sōng）县"误读成根本不存在的"嵩（hāo）县"。2021年5月16日，某电视台主播将安徽省"六安"的"六"字错读为liù。"六"是多音字，读liù指数字，读lù用于地名，如江苏六合等。安徽"六安"的"六"读lù，民政部发布的《中华人民共和国行政区划简册》和权威辞书都是这样标注的。2023年8月19日某电视台主播把重庆涪（fú）陵读成了"倍陵"，且多次重复了这一错误，以榨菜闻名的涪陵并不算生僻的地名词汇，观众听得非常尴尬。

读错地名，同叫错人名一样有失尊重。一个报道的播出，至少会经过记者采访拍摄、制作，编辑进行文字、图像、声音编辑和加工，还有部门负责人把关等流程。各环节上的媒体人都应拿出"肩上有责任，笔下有乾坤"的激情与担当，认真再认真！

二、改名加搬迁，首都失去存在感

首都通常是一个国家最重要的城市，但有些国家的首都在报道中也会被张冠李戴。相对于较远的国家，邻国首都更为国人所熟知，但作为世界第一大内陆国的哈萨克斯坦却是罕见的例外，可概括为三个有代表性的原因。

一是迁都。1997年底，哈萨克斯坦宣布将首都从阿拉木图迁往阿斯塔纳。迁都的理由非常充分：阿拉木图偏居该国东南一隅，很难辐射272万平方千米、世界面积第九的大国；三面环山，且所处的地区地震和泥石流频发，带来了拥挤、污染等一系列问题。阿拉木图原是中亚5国最大的城市，今天其他4个国家的首都都是该国最大城市，但哈萨克斯坦成为唯一例外，知名度也大受影响。

二是更名频繁。新首都阿斯塔纳并非平地起高楼，而是在已有的城市基础上建造的。但该市出于政治原因频繁更名，从而难以留下持久的印象。1961年前定名为阿克莫拉，1961—1991年改为切利诺格勒（含义为"垦荒之城"），1991—1998年又改回阿克莫拉，1998年更名为阿斯塔纳（Astana）。这个新名也在哈萨克语中寓意"首都"，毫无内涵。2019年3月，为致敬自苏联解体以来一直担任哈国总统的努尔苏丹·纳扎尔巴耶夫而更名为"努尔苏丹"，2022年9月19日又改回"阿斯塔纳"。这两次更名并不被人熟知，因而导致了报道时常出现错误。

三是缺乏亮点。阿拉木图在中哈边境，两国民众尚有较多往来。而远在阿拉木图千里之外的阿斯塔纳，直接受西伯利亚寒流的影响而沦为仅次于乌兰巴托的世界第二最寒冷首都。最初首都的"阿克莫拉"，含义为"白色坟墓"，已充分说明了这一点。对于普通游客，这个首都几乎没有任何旅游价值。很多官员周末仍返回老首都居住。目前，阿拉木图依旧是哈萨克斯坦最大城市，是哈国的经济、文化和科技中心，并保留了多个重要部门如科学部、国家银行等。

因迁都而导致媒体报道错误的远不止哈萨克斯坦一个国家。缅甸的首都有着非常类似的情况。缅甸最大城市兼最大港口仰光，从1855年起就是首都。2005年11月缅甸迁都于内地的彬马那并更名为内比都后，在经济、旅游上与国人关系大大降低，依惯性而行的怀旧思维进行报道就难免出错。2007年1月22日《中国石油天然气勘探开发公司在缅甸获得海上油气开采权》，就提到该公司"近日与缅甸一公司在缅甸首都仰光签订合同"。

西非的科特迪瓦1983年将行政机构由阿比让迁至亚穆苏克罗市。由于距离中国遥远，经济落后，加之1986年由原来的"象牙海岸"更名而成（实际上二者只是法文意译与音译的差别，含义没有任何变化），客观上增加了中国读者的认知难度。2019年12月8日《"万村通"给大家带来了欢乐》提到：

> 在科特迪瓦首都阿比让的四达时代营业厅，前来咨询安装高清数字电视的市民络绎不绝。

令人惊讶的是，文章最后落款"本报阿比让电"，说明作者本人亲赴该城市采访，酿成这样的错误实在是匪夷所思。

三、入亚还是入欧？屡陷困境

新闻报道中经常"摆不正"有些国家的位置。出现类似问题，有的是因为被报道国家地处两洲交界，有的则是由于记者臆想所致，莫名将一国从一洲"远迁"至另一洲。

偏近中东地区的地中海岛国塞浦路斯，在媒体上屡陷两难困境。它在地理上属于亚洲，但从政经和文化方面考虑又常被视为欧洲国家。作为一个发达的资本主义国家，塞浦路斯2004年5月1日加入欧盟。《世界知识年鉴》将其归入欧洲，但《世界地图》却将其视为亚洲国家。这些工具书矛盾的规定，令人莫衷一是。如2004年9月6日《黄菊会见越南、塞浦路斯客人》一文提到"来京参加第三届亚洲政党国际会议的……由代主席尼科斯·克利安瑟斯率领的塞浦路斯民主党代表团"，显然是把塞浦路斯作为亚洲国家来对待。而2005年3月27日《塞浦路斯：爱与美神的圣岛》一文，则将其视为欧洲国家。

一个国家是多元的，决定其"位置"的除了地理外，还有政治、经济、文化等考虑因素。日本经济发达、政治体制与西方国家接近，因此被列为"西方发达国家"，但在地理上却是不折不扣的亚洲国家。《塞浦路斯：爱与美神的圣岛》涉及旅游类的内容，应把该国视为亚洲国家。

在"洲籍"的归属问题上，南高加索三国格鲁吉亚、亚美尼亚和阿塞拜疆也不清晰。这三国都认为自己是欧洲国家，但在我们的传统地理概念中，它们都属亚洲国家，如2013年4月7日《（水球）格鲁吉亚获欧洲水球锦标赛预选赛小组第一》、2019年5月15日《格鲁吉亚总统：英国脱欧后，我们很愿意接替英国在欧盟的位置》等报道。其实南高加索三国不仅参加欧洲运动会，格鲁吉亚还在2015年举办了欧洲青年奥运会。

令人遗憾的是，作为我国的邻国也有被划错洲籍的情况。2006年3月10日《幸福的公式》指出：

上世纪60年代，非洲小国不丹制定出一套"全国快乐指数"，并以此来衡量和指导国家的发展。

在这则报道中，一个亚洲邻国被"迁"到了非洲。

无独有偶，2001年4月6日《文人七不可为》指出：

开篇善写忧民者，敢称自己是中国的托尔斯泰；下笔爱编个长短句现代诗的，则欣欣然以"东方泰戈尔"面世。

作为印度近现代诗人，泰戈尔是首位获得诺贝尔奖的东方人。上文顺序调整为"中国的泰戈尔"，方可"摆正位置"。

将亚洲的柬埔寨界定为"南太岛国"，这一错误则更为荒诞。2006年4月3日《温家宝首次访南太四岛国》一文，列出了澳大利亚、斐济、新西兰和柬埔寨等"四岛国"，并进行了国情详解。其中的"柬埔寨"，犯了双倍错误。首先，它不在南太平洋。南太平洋大约在赤道以南到南纬60度的海域，而柬埔寨位于北纬10度至14度，与南太还有上千千米之遥，是标准的亚洲国家。其次，柬埔寨也不是岛国，而是与泰国等其他6国同处中南半岛上。鉴于柬埔寨与澳大利亚、斐济和新西兰等南太国家的不同，最能"罩得住"的标题当是"亚太四国"。人民网和新华网等都正确无误地使用了《温家宝出访亚太四国》这一标题。

延伸阅读

岛（屿）是四面环水、涨潮时露出水面、自然形成的陆地。在海洋占71%的地球上，岛与大陆是相对的概念。国际上通常以格陵兰岛为界，小于或等于其面积的是岛，大于其面积的是大陆。澳大利亚面积为769万平方千米，是格陵兰岛面积的3.55倍，属于大陆毫无疑义，而且也是世界上唯一独占一块大陆的国家。即使将来火山喷发等产生面积比格陵兰岛更大的岛屿，澳大利亚"大陆"地位也不会发生动摇。

简称不能太"任性"

使用简称可以使新闻报道在有限的空间内传递尽可能多的信息。在标题中简化较长的地名，既是标题"短""实"原则的刚需，也是受"碎片化阅读"时代特点的驱使。这类问题主要有简称错误、简称冗长和简称缺失等三大类。

一、"广西省"：简称竟如此任性

2015年6月9日《广西将定向招收农村小学全科师范生》，开篇提到：

> 记者8日从广西省教育厅获悉：2015年广西继续实施农村小学全科教师定向培养计划，将面向79个县（市、区）定向招收和培养2991名全科师范生，其中高中起点两年制专科层次1984名（文理兼招），初中起点五年制专科层次1007名。

2003年9月20日某电视台关于广西大学附属小学学生家长"自愿捐资助学"问题的报道，荧屏上同样出现了"广西省"的字样。

两个例子中的简称"广西省"都用错了。

广西壮族自治区是中国五大自治区之一，成立于1958年，此前的"广西省"已是一个历史概念。自治区与省平级，但不能简称"省"。而略去通名"省"的"广西"，倒是可以作为该自治区的简称。

这些错误并非偶尔出现。Google"广西省"，竟有7400多万条相关内容，甚至很多官方网站都出现了这个词。如此随意简称，违反了国务院《地名管理条例》。

涉及国外名称简化时，更容易出错。2020年11月24日《中国山东省—密联邦科斯雷州视频交流会召开》中的"密联邦"，就属错用简称。

密克罗尼西亚联邦（Micronesia）由"小"（Micro）和"群岛"（nesia）两部分构成，意为"小群岛"，其简称最起码可以略去"联邦"，而更简洁的简称完全可取两部分的首字"密尼"。这种做法与"印度尼西亚"（Indonesia，意"印度群岛"）简称为"印尼"是一个道理。作为通名的"联邦"并不是该国名的核心词。所谓核心词,指的是该国国名的固有部分。换言之,该国政体若发生变化,"联邦"可能不复存在,但"密克罗尼西亚"则不会轻易消失。上述简称采用首字加"联邦",似乎是"联邦"在简称中必不可少,但其他带有"联邦"的国名,简称从未使用这两个字,如"澳大利亚""瑞士"等。很多读者甚至没注意这些国名的全称带有"联邦"二字。

远在中美的哥斯达黎加(Costa Rica,寓意"富庶海岸")共和国,简称也存在问题。如2017年4月10日《哥斯达黎加的别样斗牛》一文,先后提到了"哥斯的斗牛非常大众化"和"哥斯人的爱心牵手和温情延伸"等。中国驻哥斯达黎加大使馆也使用了"哥斯"这一简称,如该使馆网站2021年2月19日《此心安处是吾乡——我在哥斯过大年》等文章。"哥斯"只是原文"海岸"的一部分,无法整体描述"富庶海岸"。若以此为标准,"美利坚合众国"的简称就是"美利","俄罗斯联邦"的简称就是"俄罗",岂不荒唐?简称要简洁,更要有意义。

二、"特多领导人",实际只有一位

只要含义清晰,简称是越简越好。但很多简称不到位,浪费了"寸土寸金"的标题版面,也降低了交流的效率。

上文提到的哥斯达黎加共和国,自2007年与中国建交以来,报道一律采用了5个字的冗长简称"哥斯达黎加"。2020年6月2日《驻哥斯达黎加大使:哥是中美洲首个对华出口猪肉国,中国是哥牛肉最大出口市场》一题,占用了多达36个字符的空间仍不使用简称。从该国结构上看,采用"哥黎"相对恰当。

有的国家简称已至两个字,似乎很到位,但仍不理想,而且还会引起误解。如巴布亚新几内亚独立国由巴布亚和新几内亚两部分组成。从理论上讲,该国可缩写为"巴布亚新几内亚"和"巴新"。但在2023年12月1

日《巴新总理：与中国合作主要在经济领域》中，"新"字不仅会被误解为该国新上任的总理，而且还有可能代指以"新"字开头的新加坡或新西兰。如果使用国名最短的简称——"巴"，则可避免"新"字平添的麻烦。

事实上，使用"巴新"两字简称不仅烦琐，有时也很怪诞。如对待2018年11月14日《期待中巴新关系在新时期实现新发展》这样的标题，不明就里者也许会认定是中国与以"巴"（有9个国家）"新"（有2个国家）开头的国家的三国关系，如中国、巴基斯坦、新加坡等。从表述形式来看，一个国家用一个字而另一个国家用两个字，既不对称也不对等。而真正表达三国关系时，则又担心被理解为两个国家，为此不得不刻意加上"三国"，从而增加了标题的长度，如2021年7月11日《中巴新三国线上共商经济走廊投资机遇》，指的是中国、巴基斯坦和新加坡。为此，有的标题退而求其次，将"中国"也采用两个字的简称，如2018年11月14日《中国-巴新：共享发展　续写情谊》。如此，则走向了标题简洁的反面。实际上，只要统一规定多个国家并列时国家简称使用一个字，"巴新总理"就不会被误解。

与巴新特别类似的另一个例子是特立尼达和多巴哥。在2021年9月5日《特立尼达和多巴哥驻华使节："一带一路"惠及加勒比岛国》这一报道中，标题占据26个字符。最起码，7个字的国名可压缩为"特多"。也许是担心"特多"引起实义联想，即"特多驻华使节"是特别多的使节，而不是一个。但新闻报道标题很少使用这类修饰性，而且加勒比国家总共只有十多个，其中与我国并无外交关系的圣卢（西亚）、圣尼、圣格等三个岛国也不可能参与"一带一路"倡议。

从严格意义上讲，特立尼达和多巴哥使用两个字的简称，也不够彻底甚至不妥。在2009年6月21日《中特多领导人互致贺电庆祝两国建交35周年》中，中国使用了一个字的"中"，且后面还有"两国"支撑，根本无须使用"多"字。而且"中特多"也远比"中特"更容易造成误解。

追本溯源，"特多"的表述属倒退行为。中特两国1974年建交，《人民日报》在1984年7月16日《我大使举行宴会庆祝中特建交十周年》一文中就使用了"特"字，尤其是2013年实现高访后，"特"字这一简称被认可和普及。

三、报道国名，记者变成"全称控"

有的国名在报道中以全称的面目出现，哪怕在标题冗长的情况下依旧如此，如2018年9月27日《土库曼斯坦总统介绍土交通运输领域发展成就》、2019年3月20日《无人机航拍土库曼斯坦燃烧48年"地狱之门"》等。原因大概有二：一是认为土库曼斯坦自身就是简称。土库曼斯坦虽然没有"人民""民主""合众国""共和国""联邦""王国"等通名，但在波斯语中寓意"国家""地区"的"斯坦"，实际上就是其"后缀"，因此简称可直接使用"土库曼"。二是周边国家形成了不使用简称的习惯。哈萨克斯坦共和国和塔吉克斯坦共和国的简称不使用"哈萨克"和"塔吉克"，也许是担心与我国境内的同名民族混淆。中国也有俄罗斯族，但并不影响"俄罗斯联邦"简称为"俄罗斯"。更何况，我国既不存在土库曼少数民族（只有同源的撒拉族），也不是土库曼斯坦的邻国，简称"土库曼"不存在任何后顾之忧。

地处中太平洋的岛国密克罗尼西亚联邦，多年来报道也基本都使用了8个字的冗长全称，如1987年2月17日《密克罗尼西亚联邦总统托西沃·纳卡亚马抵京》和2023年6月28日《密克罗尼西亚联邦总统说将推动密中关系深入发展》等。最起码，作为通名的"联邦"应该略去。也许是担心略去"联邦"后会与"密克罗尼西亚"群岛重复，但群岛是个地理概念，在上下文中绝不会引起误解。

与上面几个国家保留了通名"斯坦"和"联邦"一样，同样在大洋洲的所罗门和库克两个岛国，也没有甩掉"群岛"这个"尾巴"，如2023年9月28日《所罗门群岛总理：反感美国"说教" 拒绝出席美国–太平洋岛国峰会》等。这些国家国名不长，带上"群岛"就是完整的全称，而略去"群岛"也不会引起误解。毕竟，世界上没有其他国名带有"所罗门"或"库克"字样。2011年2月以前，同在南太的斐济国名中也带"群岛"，但中文简称一直采用"斐济"。

客观上，这些国家自身体量小、距离远，与中国建交时间较短，国人知之甚少。但归根结底，媒体人还是需要加强简称意识。

国家也能"被消失"

地名本是中性的客观存在，但在新闻报道中却存在着"被弱化"的现象。所谓"被弱化"，是指地名被人为地做了"减法"，导致其外延被无故缩小甚至"归零"。从洲到国家、州再到首都、普通城市等三大层级的地名，都存在这种情况。"被弱化"的原因有多种，包括约定俗成的惯性、规定不当的限制以及突出个案的偏好等，但归根结底还是对地名缺乏探究精神和敬畏之心。这种地名表述的主观错误，不仅导致报道失真失当，还可能引发外交纠纷，我们不得不审慎行事。

一、最大自然地理区划"人间蒸发"

也许难以想象，作为地球上超越国家的最大自然地理区划，洲和大陆在新闻报道中竟会"被缩小"乃至"人间蒸发"。如在2017年3月24日《桃李芬芳遍五洲》和2020年6月28日《五洲风物——芝加哥艺术博物馆》等报道中，代表全世界的"五洲"都将南极洲无端排除在外。

客观上，南极洲冰天雪地，远离其他大陆且无常住居民，其价值未被世人充分认识。这也是约束人类开发的《南极条约》在1959年顺利达成的重要前提。南极洲被忽略，加上南、北美洲合二为一，从而有了"五大洲四大洋"或"五洲四洋"之说。奥运五环所代表的五大洲，也强化了这一传统认识。

作为地球上最后一块净土，南极在资源、环保、科考等方面的重要性日趋凸显。新闻报道也应与时俱进，将"五洲"扩展为"七洲"。这对被委屈地合并的南、北美洲也算有个交代，避免了厚此薄彼，否则陆地完全相连的欧亚大陆也应被压缩为一个洲。

与南极洲相关的是，报道中普遍存在的"四大洋"的说法也有些以偏概全，当增补为"五大洋"。2015年2月19日《四大洋上，南通制造"洋新闻"》文章中的"四大洋"，实际内容已涉及第五大洋"南大洋"。

"南大洋"（Southern Ocean，Antarctic Ocean），也译"南冰洋"和"南极洋"等，是指南半球南纬60度以南、环绕南极洲周围的高纬度海洋，涵盖了太平洋、大西洋和印度洋南端的部分，面积约2030万平方千米。2002年，国际航道测量组织（IHO）经各会员国投票，正式认定"南大洋"的"世界第五大洋"地位。这个新晋的概念自成一体、性质独特：60度是高纬度的起始线，也是著名的"南半球西风带"，气候异常寒冷；区域内没有任何国家的领土或领海，是名副其实的国际公共海域，也是世界上唯一完全环绕地球却没有被大陆分割的大洋。需要说明的是，在19世纪法国科幻作家儒勒·凡尔纳的小说《海底两万里》中，就出现了"五大洋"概念。不过，限于当时的认知，该概念把整个南极洲视为海洋，而忽视了其中南极大陆的存在。

造成这种局面的原因可能有三。一是"大洲"的描述性太强，不"像"专名。实际上，简称是习惯成自然。当初将"America"译成"亚美利加"（作为国家则译成"美利坚"）并选择了第二个字"美"作为简称，读者并未因此感到别扭，也不会觉得这个国家就一定"漂亮"。同样，"亚洲"的概念并未使人认为其在各洲中"屈居第二"，"非洲"也不存在"不是洲"的误导。"大洋洲"压缩为"大"字，且通常与其他洲并肩而行，自然也不会引起误解。二是"大洋洲"使用频率远不如"美洲""欧洲"高，且在许多场合被"澳洲"越位取代。使用率同样低的南极洲迄今也未使用简称"南洲"或更易联想和理解的"极洲"。三是受到早期国内报道的影响。1964年8月22日《来自亚洲、非洲、拉丁美洲、大洋洲的三十七位科学家讲话热烈庆贺北京科学讨论会的召开》一文中的四个洲，本应用"亚非拉大"四字概括，既可节省空间，又可保持协调。1986年5月23日《亚欧美大洋洲国家谴责南非侵略行径》，同样存在着简繁混用的情况。

实践中，"大洋洲"简称"大"已不是什么新鲜事物，如在相关部门中，"美大局（司）"指的是负责美洲和大洋洲事务的部门。

百度"大洲"没有单独存在的信息，而"大洋洲"和"澳洲"的信息都达到了封顶的1亿条。事实上，只要央媒带头使用，就能推动现有名词的合理简化。

二、群岛"被代表"，变成一个岛

在国家层面，"被消失"的典型是新西兰。

2014年11月21日《中国愿同包括斐济在内的太平洋岛国加强合作——访中国驻斐济大使黄勇》提到"斐济是南太平洋地区重要国家，也是第一个与新中国建交的南太平洋岛国"。持有这一观点的文章，在网上比比皆是。

众所周知，斐济于1975年11月5日与中国建交，而新西兰与中国建交的时间是1972年12月22日，早了近3年。如果斐济是"首个与新中国建交的南太岛国"，同在南太的岛国新西兰往哪里摆？

从地理位置上看，新西兰是南太平洋最南的国家，位于该国中部的首都惠灵顿也是世界最南端的首都。新西兰在政治经济上属于西方发达国家，但在自然地理上却是不折不扣的南太岛国，正像日本无论其政治制度、经济水平等与周边国家有多么不同，但都不能被排除在东亚之外一样。

"最早建交国"这一不当表述在斐济与新西兰两国同时出现时，更是暴露无遗。2014年11月21日《国家主席习近平与南太岛国的渊源》一文提到，"南太平洋地区幅员辽阔，大大小小的国家有16个之多……斐济是最早同中国建交的太平洋岛国"，其中的"16个"自然包括新西兰。如此一来，斐济的"最早"从何谈起？令人遗憾的是，不少媒体照抄照搬，导致这一错误广泛传播。

新闻报道还有一种"被消失"，不是被完全忽略，而是被"代表"了。如俄日争端的"北方四岛"（俄称"南千岛群岛"）给人的感觉就是四个岛，而实际上却是不折不扣的群岛，仅"四岛"之一的齿舞岛（应该是"齿舞群岛"）就包括10多个岛。这10多个岛，就被齿舞岛一岛"代表"了。媒体使用这一错称，可谓比比皆是，如1999年9月4日《日俄达成放宽访北方四岛限制协议》和2016年2月12日《分管"北方四岛"日本官员出糗念不出岛名》等文章。

"被代表"的典型例子当数中途岛。中途岛的英语原名为"Midway Islands"，应译为"中途群岛"。这个群岛曾在"二战"中见证了美国海军对日本海军的以少胜多。这个6平方千米的群岛太小，没有几个中国人亲临探查游览。除了地名专家外，很少有人意识到该名称的错误，各类媒体也跟着一错再错，如2015年7月5日《中途岛战役：一场"明眼人与瞎子"的搏斗》等。更为离谱的是，这一错译还殃及源头。为了使中外文保持"高度一致"，很多报道还进行"溯源"，将英文的复数错改为单数，如2012年5月14日《绝世美景：盘点世界上最美丽的十二个地方》。

三、46万平方千米之广阔，竟是"袖珍国"

在国家和州这两个层面，被贬低或遗漏的情况也时有发生。

2014年11月21日《国家主席习近平与南太岛国的渊源》一文指出：

南太平洋地区幅员辽阔，大大小小的国家有16个之多。除了澳大利亚和新西兰两个发达国家,还有斐济、汤加、巴布亚新几内亚等发展中的"袖珍"国家。

巴布亚新几内亚被列入"袖珍国"真是太委屈了!

巴布亚新几内亚,简称巴新,陆地面积约46万平方千米,在大洋洲仅次于澳大利亚,比该洲的第三大国新西兰还多出近20万平方千米,在全世界190多个国家中排名第55。如果上述报道成立,那么世界上将有140多个"袖珍国"。

"袖珍国"是个什么概念?按面积排列,国家可分为巨型(大于100万平方千米)、大型(50万—100万平方千米)、中型(10万—50万平方千米)、小型(5万—10万平方千米)、超小型(1万—5万平方千米)和微型(小于1万平方千米)6大类型。一般认为"微型"中面积小于500平方千米的国家才是"袖珍国",目前全球共有19个。

面积接近大型国家的巴新被如此微型化,原因大概有三。一是巴新是不发达国家,块头大但影响小。大部分人对其一无所知,有的人甚至将其与另外3个含"几内亚"字样的国家一并视为非洲国家。二是巴新地处袖珍国集中地,易遭"裹挟"。南太有6个名副其实的袖珍国,其中最小的瑙鲁只有21平方千米。三是英国作家乔纳森·斯威夫特小说《格列佛游记》中的著名"小人国"利立浦特,即以南太为背景,容易让人产生联想。

巴新面积是瑙鲁的2.2万倍,二者完全不在一个数量级。巴新还有310万平方千米的海洋专属经济区。按人口衡量,2014年人口接近800万的巴新在世界排在100名左右。当然,上文提到的斐济,领土面积达1.8万平方千米,也不属"袖珍国"行列。只有面积747平方千米的汤加,可勉强算是。

除了国家外,相当于我国省一级的行政区划,有时也会遭贬。美国的夏威夷群岛被降格为港口,就是典型的例子。1997年2月21日《我海军编队出访美洲》提到我海军"将先后对美国的夏威夷和圣迭戈、墨西哥的阿卡普尔科、秘鲁卡亚俄、智利瓦尔帕莱索等四国五港进行友好访问"。

夏威夷是美国第50个州，由132个岛构成，陆地面积达1.67万平方千米，与北京市非常接近。编队所要访问瓦胡岛的"珍珠港"是港，但"夏威夷"却不是！

这样的错误不是个案，2015年12月14日多家媒体刊发《中国海军152舰编队抵达夏威夷港开始对美友好访问》，再次大面积重复了这一错误。

在国内的新闻报道中，省级单位遭"贬"最多的是贵州省。2008年3月8日某电视台"铿锵玫瑰"节目里，字幕多次把"贵阳市公安局刑侦支队"误打成"贵州市公安局刑侦支队"。名中含"州"，但不同于扬州、柳州等地级市，贵州是省一级行政区划。

四、有一种"小城"，叫作媒体认为"小"

城市数量远多于洲、国家和州，遭降格的情况自然也就更多。

一是首都被降格为"首府"。2002年3月21日《奥斯卡实力派》一文提到：

> 1964年7月，拉塞尔·克劳出生在新西兰的首府惠灵顿，4岁时便举家移居澳大利亚。

惠灵顿是新西兰首都，在这里却被降格为"首府"。

首都通常指主权独立国家的中央政府所在地，多是历史悠久、地理位置重要的城市。首府则是地区中心，该地区可以是联邦制国家的州、邦或自治共和国，如澳大利亚新州首府悉尼、俄罗斯鞑靼斯坦共和国首府喀山等；也可以是国际上享有高度自治权的政治实体的政府驻地，或海外自治属地的行政中心，如法属圭亚那的首府卡宴、美国波多黎各首府圣胡安等。

此外，在州这一层面，首府也可称为州府。1865年新西兰尚属英国殖民地时，首府即从北端的奥克兰迁至中部的惠灵顿，以便南岛更接近政治中心。文章讲述的事情发生在1964年，惠灵顿成为新西兰首都已有57年时间，用首府显然是时空错位。

在英、法、德等印欧语系的语境中，首府与首都是同一个概念。作为约定俗成的典型，美国首都华盛顿也时常用首府，如"首府华盛顿""华盛顿首府"等。"华府"也因此常用来代指美国政府，是华盛顿政府的简称，如2016年1月27日《暴雪对美国华府地区影响严重　联邦政府再度关闭》一文。这也是西方国家用首都代指国家的习惯使然，与首府二字无关。不过，媒体报道最好还是统一使用首都，以免因此造成过多例外。

需要强调的是，与上文提到的多个被弱化的纯政治中心相比，华盛顿是罕见的例外。作为世界上建立的第一个纯政治中心，华盛顿人口尚不足最大城市纽约市的1/13。由于美国是超级大国，首都的知名度自然水涨船高。加之华盛顿作为美国首都已有230多年的时间，厚重的历史、文化积淀也提升了其知名度，至少在官方媒体中尚未出现报道错误。

二是将城市"小化"。对一座不太熟悉的城市，媒体喜欢用"小城"来反衬新闻事件的重要性，却忽略了被描述对象的实际规模。俄罗斯联邦巴什科尔托斯坦共和国首府乌法就是典型的"受害者"。

2015年7月9日上合、金砖"双峰会"在乌法举行，媒体进行了大量报道，如《俄罗斯唯美小城乌法冬日美景》《小城迎宾　乌法新建7座酒店》等文章数次提到"乌法小城"。但事实上，无论人口还是面积，乌法都是响当当的大城市！

俄罗斯人口只有中国的1/10，除了1400万人的莫斯科和500万人的圣彼得堡两个"大块头"外，没有200万人至400万人的过渡城市。乌法2015年人口116万，在俄罗斯排名第11。即使按人口大国中国的标准衡量，城区常住人口超过100万也属大城市之列。若按面积计算，乌法则更不能"小"觑。700多平方千米的乌法在俄罗斯排名第五。而俄罗斯第一大城市莫斯科在2013年扩展之前，面积是1000多平方千米。乌法之大，去过的人都深有体会。《俄罗斯唯美小城乌法冬日美景》在正文中还专门提到了乌法是"第五大城市"，与标题明显矛盾。

乌法不是唯一被媒体"小化"的城市。2011年6月9日《巴西小城交通全球最佳》一文中的库里蒂巴是巴西巴拉那州州府，当时人口约160万，在接近2亿人口的巴西排名前十，绝对不小。其实网上搜索一下，世界各国的"小城"数不胜数，其中错被"小化"的大城市屡见不鲜。

现代汉语偏好双音节，直接用一个"城"字似显突兀，在找不到其他恰当的词汇修饰时，"小"就成了万能选项。人们倾向于选用"小"字，主要原因是其在修饰人或物时常有小巧可爱之意，令人陡然心生欢喜。客观上，很多文学和文艺作品赋予了"小城"诸多美好寓意，产生了深远影响。新闻报道贵在客观，对于乌法、库里蒂巴等大城市，主观地加上"小"字误导了读者。

链接　瑞士首都，主角与配角悲情错位

在我们心目中，首都通常是占尽天时地利人和的全能型城市，既是政治中心，也是经济中心，同时还是交通、文化、艺术、体育等几乎一个国家的所有中心。与此相反，作为单纯政治中心的首都，受关注程度低，在报道中就容易被其他城市喧宾夺主。

在多个纯政治首都中，最"冤"的非瑞士首都伯尔尼莫属。网上的错误可谓五花八门，其中最"放肆"的就是2019年8月29日《瑞士的首都日内瓦》一文，开篇就是"我们终于到了瑞士的首都日内瓦"。有时即使是认知正确，译写也存在问题。2018年9月2日《走进瑞士：古韵幽情话伯恩》一文，标题和正文都将伯尔尼写成了"伯恩"。这是中国台湾的译法，与中国世界地图和世界地名词典使用的"伯尔尼"相差甚远。

报道伯尔尼产生的这些错误，原因是多方面的。

与之相关的其他城市太"靓"，这应该是最重要的原因。日内瓦素有"国际城"之美誉，很多国际组织总部都设在这里，如联合国欧洲总部、世卫组织、国际红十字会等以及联合国前身——国际联盟的总部。苏黎世是瑞士最大、最富裕的城市，也是瑞士经济、文化和交通中心，是国际足联总部和很多全球闻名的银行总部所在地。"鸡鸣三国"的巴塞尔是瑞士第三大城市，拥有发达的化学和制药工业。恰恰因为低调，伯尔尼才被异常重视分权和制衡的瑞士民众在1848年表决时选为首都。事实上，这一抉择也促进了国家的均衡发展，瑞士也因此有了自己的"三都赋"：行政首都伯尔尼，外交首都日内瓦和经济首都苏黎世。客观上，伯尔尼的地理位置适中，处在苏黎世、日内瓦、巴塞尔中间，交通便利。这对于素有"欧洲屋脊""山地之国"之称的瑞士尤为重要，定都伯尔尼堪称明智之举。

作为中立国，瑞士很少有爆炸性的热点新闻，与中国的关系也不存在极热极冷或忽热忽冷的情况。就城市而言，我们国内关于瑞士的报道基本局限在日内瓦的国际新闻、苏黎世的金融形势以及卢塞恩、因特拉肯的美丽风光等，很少涉及伯尔尼。在了解情况的人心目中，它可能是世界上最低调的首都。

从法理意义上讲，伯尔尼并不是首都。瑞士法律并没有明确规定联邦首都，正如东京不是日本的法定首都一样。但瑞士相关法律规定，联邦议会、政府、各个部门和联邦委员会办公的常驻地为伯尔尼，因此伯尔尼算是"事实首都"。

加拿大首都渥太华也常被媒体忽略。渥太华市区人口只有100万，是加拿大第四大城市，比其人口多的多伦多、蒙特利尔、温哥华等三个城市，时常被媒体视为加拿大首都。这样的错例在网上不难找到。历史上，魁北克省说法语的人口居多，主要城市是蒙特利尔；安大略省说英语的人口居多，主要城市是多伦多。今天，多伦多是加拿大最大的城市，也是该国经济、金融、航运和旅游中心，世界著名的国际大都市。蒙特利尔是加拿大第二大城市。而作为人口第三大的温哥华，华人占比超过20%，在国内的知名度颇高。

类似的情况还有很多。摩洛哥的卡萨布兰卡是该国第一大城市，因《北非谍影》而闻名。而首都拉巴特寂寂无名，人口只有卡萨布兰卡的1/10。面积分别为世界第五和第六的巴西和澳大利亚，其首都在我们的媒体报道中更是数次被张冠李戴。如2008年2月春节到3月底不足2个月内，同一家媒体3次将澳大利亚首都说成是"悉尼"。

叁　人物：名实不符

　　人名是新闻要素之一，在报道中也存在诸多不当，如把姓名写错或读错，把非人名无中生有地"译"成人名等。

人名是新闻要素之一，在报道中也存在诸多不当，如把姓名写错或读错，把非人名无中生有地"译"成人名等。有的违背约定俗成原则，随意使用台湾译写，导致名称混乱。有的该用简称时用全称，或该用姓时用名，或滥用同位语，从而导致繁简失当。

Tán还是Qín? 覃姓读音要当心

也许难以想象，新闻报道中的很多人名被错写或错读，甚至来自军衔、介词、冠词、爵位、职业称谓等词语的误译。这类做法，遗漏了原有信息，背叛了新闻的真实性，可谓"名不正则言不顺"。

一、写错15人姓名，媒体闹出大乌龙

一个人的名字被无端写错或读错在新闻报道中属于失实。2019年12月9日《厉兵东亚》一文列出的出征东亚杯的23名国脚中，有15人的名字被写错，如张稀哲和韦世豪分别被写成了"张贤哲"和"魏士豪"等。这些名字并没有生僻字，如此大比例地出错原因非常蹊跷。对此，网民认为是报道的记者遭到了陷害，或是记者在用黑色幽默嘲讽国足。该报后来在道歉中给出的解释是：记者未按要求核对名单所致。但这样的解释说服力不足：一篇文章的刊发，要经过多道程序，绝非记者一人可以包揽。

同样，2023年10月26日某电视台播报神舟十七号载人飞船发射取得圆满成功时，将航天员"汤洪波"说成了"杨洪波"。"汤洪波"三个字都比较好认。除了播报重大新闻时"容易紧张"，其他似乎找不到为错误开脱的理由。

实际上，即使有生僻字，媒体人也应提前做足功课。2022年10月13日某电视台主持人在播报欧冠赛时，全程将韩国运动员孙兴慜（mǐn）的名字说成"孙兴憨"（hān），遭到了观众的广泛吐槽。有人认为，可能是编辑打错了字，导致主持人读错。但身为体育节目主持人，若前期做足功课，即使编辑流程出错，也可以避免播报这个最终环节的错误。

对于多音字，书写时没有问题，但读出来则需留心。2023年7月29日某电视台的新闻主播在播报蛙泳名将覃海洋200米蛙泳打破世界纪录并获得冠军时，将其姓氏覃（Qín）读成覃（Tán）。"覃"字为多音字，作为姓时两个音都可以。类似一姓双音的还有乐、盖、隗、郁等，这类问题时刻考验着播音员的汉字素养。

无论是主播还是记者、编辑、校对，在对待汉字的书写和发音时，应克服得过且过的侥幸心态，拿出鲁迅所说的"纠缠如毒蛇，执着如怨鬼"的劲儿，不会就查，日积月累，才能避免低级失误。

二、军方发言人为何屡屡"撞名"

2005年至2009年的报道中，菲律宾军方发言人中先后有数名"科洛内尔"亮相。如2005年9月13日《阿罗约出国 菲军方进入"红色警戒"状态》一文提到：

> 菲律宾军方发言人科洛内尔·布埃纳文图拉·帕斯夸尔12日说，由于有传闻说，总统阿罗约参加国际会议可能引起局势不稳，因此军队将进入高度戒备状态。

叁 人物：名实不符 051

2009年11月24日同一天，《菲大选伊始引发血案40人遭劫36人已遇害》和《菲律宾武装人员劫持34名记者和2名女律师等》两篇报道先后出现了军方发言人"科洛内尔·乔纳森·庞斯"和"科洛内尔·罗密欧·布劳纳"等。

这些人都有一个共同的名字："科洛内尔"。"科洛内尔"在菲军方发言人中为何如此"扎堆"？

经查证发现，上述名字中的"科洛内尔"都源自英语"中校"（Lieutenant Colonel）或其缩略形式（Lt.Col.）。也就是说，"科洛内尔"不仅把本该意译的军衔错为音译，而且还漏译了"中校"的前部分从而自动地"晋升"为"上校"。

在2020年1月5日《突发！两个美军基地遭多枚火箭弹袭击》一文中，驻扎在伊拉克的美军也有一个名为"科洛内尔"的发言人出场，其"全名"为"科洛内尔·迈尔斯·B.卡金斯三世"。

事实上，这样的错译并非只出现在菲律宾和伊拉克。据笔者不完全统计，涉及"科洛内尔"发言人错译的国家还有美国、巴西、印度、阿富汗、尼日利亚、斐济等。这一错译也并非一时之误。网上可找到的最早例证是2000年一篇关于斐济的报道，但实际情况应该更早。西方发言人制度由来已久，在网络普及前相关报道难以精准追溯。从逻辑上讲，此前媒体若充分认识到这一错误，后来不可能反复走回头路，毕竟记者的外语水平总体上在不断提高。

延伸阅读

除了巴西外，"科洛内尔"所在地的官方语言都是英文。在英文国家，"科洛内尔"作为男性名字非常罕见。以美国为例，自1880年至2012年全国共有205个男孩以此命名，且大多集中在1880—1890年代。这些人到21世纪，肯定早已作古。更关键的是，放在美国3亿多人口中，这个数字几可忽略，怎么可能如此密集地簇拥到军方发言人之列？常识也告诉我们，英美人士姓名通常只使用两部分，而不是三部分乃至四部分。而且面对军方发言人一身戎装，驻外记者也应联想到名字之外的元素——军衔。

比较而言，2013年报道的美驻韩军方发言人"科洛内尔·艾米·汉娜"，错得更为离谱。"艾米"（Amy）明显是一女性名字，且英语原文报道使用了"女发言人"（spokeswoman），怎么可能阴错阳差地变成了男性名字？而"Col."作为名字，缩略通常就是昵称，此时无须使用下脚点。而军方发言人这样的官方身份和发言的场合，使用昵称也很不得体。

无论是"上校"还是"中校"，都没有超出中国记者的军事知识和英语词汇范围。二者在任何一部中型英汉词典中都可以查得，很多工具书还将"英美武装力量军衔表"列为附录。而且，仅从工具书中"colonel"首字母小写也可判断其并非专有名词，怎么可能成为一个人的名字呢？作为常驻记者，还有可能亲临发布会现场，更有理由弄清发言人的军衔和姓名。

毋庸置疑，"科洛内尔"的长期大量存在，作为把好最后两道文字关的"暗哨"——编辑和校对也难辞其咎。

三、译写"凡·高"，当省略隔字号

介词和冠词是虚词，名字作为名词是实词，新闻报道却时常将两种不同词性混为一谈。

2011年10月17日《美作家称凡·高死于误杀　好友弟弟玩枪走火夺命》一文中的"凡"字，即属"经典"错例，其错误性质甚至比同音字酿成的"梵高"书写谬误更为严重。此处的间隔号"·"给人的感觉是："凡"系名，"高"为姓。实际上，"凡"（van）在荷兰语中是介词"来自"的意思；"高"（Gogh）是地名，即凡高的祖籍。"凡"与"高"结合构成姓氏"凡高"，中

间不能加间隔号。间隔号只能用在凡高全称"文森特·威廉·凡高"中的教名、中间名和姓氏之间。

"凡"有时还被写成同音字"范"字，如世界首位诺贝尔化学奖得主雅各布斯·亨里克斯·范托夫和赋予狄仁杰"神探"威名的荷兰外交官罗伯特·汉斯·范古利克（中文名"高罗佩"）等。报道中的"范·托夫"和"范·古利克"写法，都属错误。

在世界范围内，"凡"字还有含义相同的众多"表戚"，如德语的"冯"（von）、法语的"德"（de）以及西语、葡语和意语的"达"（da）等。在实际报道中，类似的错误也是屡见不鲜。仅以"冯"为例，德国前国防部长、欧盟委员会主席的姓名是乌尔苏拉·冯德莱恩，但被媒体拆得支离破碎、五花八门，既有"乌尔苏拉·冯·德莱恩"，也有"乌尔苏拉·冯·德尔·莱恩"。同一家媒体，2010年6月3日《德国劳工部长有望成为德首位女总统》一文用了"乌尔苏拉·冯·德尔·莱恩"，2017年4月18日《德防长喊话土总统：应展现继续留在北约的意愿》中又出现了"冯·德莱恩"。而2020年10月6日《防患于未然，欧盟委员会主席和马来西亚总理自我隔离》将其名字写成了"乌尔苏拉冯德莱恩"，省略了中间本该有的间隔号，又走向了另一个极端。

同理，"文艺复兴三杰"之一的列奥纳多·达芬奇，也不应写成"达·芬奇"，但这样的报道错误比比皆是，甚至早已"约定俗成"，如2019年4月26日《达·芬奇：天才与他的旷世杰作》、2019年6月12日《〈达·芬奇的艺术：不可能的相遇〉展览在广州举行》等文章。尤其是2017年9月12日《笔杆子注意：文稿校对要特别小心这几个"雷区"》这种带有训导性质的文章，坚称"达"是达芬奇的名、"达·芬奇"不能写成"达芬奇"等。

荷兰姓氏除了上述介词"凡"（范）+姓氏外，常见的还有定冠词"德"（de, den, der）+姓氏、介词"凡"（范）+定冠词"德"（de, den, der）+姓氏等两种形式。这些冠词和介词是姓氏不可分的组成部分，汉译时需连写，如荷兰物理学家、诺奖得主约翰尼斯·迪德里克·范德瓦尔斯。但有的报道不明就里，将其名字拆得七零八落，如2013年7月9日《法科学家首次直接测量范德华力》一文中的"约翰尼斯·迪德里克·范·德·瓦尔斯"等。

四、"哥德史密斯"，误将职业当名字

除了上文的介词和冠词外，报道中的爵位、职业、称谓等也有被误译为名的情况。

2004年5月31日《韩正晤马来西亚总理》一文提到的时任马来西亚总理达图·斯里·阿卜杜拉·哈吉·艾哈迈德·巴达维，间隔号多到眼花缭乱的全名本应写成"达图斯里阿卜杜拉·哈吉·艾哈迈德·巴达维"。"达图斯里"是一种勋衔，不是姓名自身的组成部分。始于1958年的马来西亚封勋制度，旨在奖励有功人士，最高勋衔为"敦"，依次为"丹斯里""达图斯里（拿督斯里）""达图（拿督）"，以及在美国和部分英联邦国家常见的"太平绅士"等。马来西亚人名通常是名在前、姓在后，勋衔置于名字之前。如果说上述约定俗成不便于改变，至少勋衔与名字之间的间隔号应该省略。

受限于外语的认知，还有的报道将职业错译成名字。1997年11月14日《千年纪》一文讲到了1445年欧洲第一个发明活字印刷的发明家古腾堡时，用了"哥德史密斯·古腾堡"。古腾堡的全名是"约翰内斯·古腾堡"，平地冒出来的"哥德史密斯"其实是德语"金匠""首饰匠"（goldschmied）的音译。

德语的称谓，有时也会被译为名。2020年7月29日《希特勒什么时候死的》一文提到的希特勒两名秘书弗劳·荣格与弗劳·克里斯蒂安实际上是"荣格夫人和克里斯蒂安夫人"。文章误将德语的"夫人"（Frau）视为她们的名字而进行了音译。

与德语一样，在报道中西语也有被误译为名的称谓。西班牙作家塞万提斯长篇小说《堂吉诃德》（*Don Quixote*）就是典型的错例。"堂吉诃德"中

的"堂"（Don）在西语中是一个尊称男子的古老词语，相当于今天的"先生"；"吉诃德"（Quixote）是西语中的一个姓氏，二者合起来就是"吉诃德先生"。既然"堂"表示的是"先生"，后面自然也不应加间隔号，否则"堂"就会被误解为姓名的一部分。事实上，这个翻译经常出错，如"堂吉柯德"和"唐·吉诃德"等不同错误版本。1957年11月16日《古老的骑士梦　看影片"堂·吉诃德"》一文正文使用了与标题不一致的"吉诃德先生"，也许恰巧表明作者在两个译法之间举棋不定、难以决断。

就汉语习惯而言，使用"吉诃德先生"更为合理。不过，《辞海》等工具书、外国文学史和中文译本多作"堂吉诃德"，这一写法已约定俗成，不宜再进行更改。但无论如何，"堂·吉诃德"中的间隔号应略去。

同理，以15世纪西班牙贵族唐璜为原型的拜伦的同名长篇叙事诗、莫里哀的同名喜剧以及莫扎特的同名歌剧，中间的间隔号都必须略去，但"唐·璜"的错误写法仍不时出现在报道中，如2015年6月6日《世界顶级古乐团"古法"演绎〈唐·璜〉》等文。

名不正则言不顺

报道弄错名字，不仅会让当事人尴尬，也会导致公信力弱化。报道涉及外国人名译写时，若不统一规定，会出现一人多名的混乱局面。对于早期零散、缺乏统一规定而定型的译名，报道则应遵循约定俗成原则。无论是历史人物还是文学作品虚构的人物，都应按这一原则和规范书写。

一、偌大电视台，竟无一人识雷军

2022年1月14日某网站发布的一段关于西安的视频中，赫然出现了两个"马雪娥"，身份分别是药店店员和水果店老板。而此前另一段关于疫情采访的视频中也有一个"马雪娥"。这三个同名女性外貌相似且都戴着口罩，如此短时间在西安媒体出场，网民禁不住怀疑是媒体请来的分身有术的群演。"马"姓在西安虽进入了前十名，但三个同性同姓名的"名人"密集在视频中扎堆，还是有些太过巧合。面对公众的质疑，涉事媒体当天发布致歉声明，表示因剪辑粗心，误将药店店员陈淑亚名字录成"马雪娥"。此前的"马雪娥"的报道截图出自河南焦作武陟县广播电视台的一篇报道，该"马雪娥"是当地的卫生院院长。

2021年10月2日晚某卫视一档新闻类节目的字幕将小米科技的创始人雷军认成了周鸿祎。这无疑让两位科技界大佬尴尬不已，也引发网民尤其是科技迷的广泛吐槽："任何一条新闻或节目，至少需要记者、编辑、主任或总监（包括分管副总编）签字审核，居然无人认识雷军！"

二、二简殃及肖邦，译名也"躺枪"

国际报道人名的译写，当严格遵守约定俗成原则。

英国文豪George Bernard Shaw，直译是"乔治·伯纳·萧"。过去译者按汉语传统写成"萧伯纳"，目前业已定型。但有些报道背离了这一约定俗成原则，错误地写成了"肖伯纳"，如1983年10月11日《"肖伯纳"岛》和1991年6月20日《肖的笑声——北京人艺演出〈芭巴拉少校〉观后》等文章。

与"萧伯纳"相反，波兰音乐家肖邦和苏联作家肖洛霍夫两位名人的"姓氏"都不带草字头。遗憾的是，张冠李戴的报道从20世纪50年代延续到新世纪，如1958年2月4日《伏契克的形象搬上银幕 萧洛霍夫新作拍成电影》和2010年11月30日《秋天去看萧邦》等文章。

上述"萧""肖"混乱，除了记者个人的粗心外，与中国大陆在20世纪70年代推行第二次简化字（简称"二简"）也有一定关系。根据规定，"萧"字的所有义项都被合并到"肖"字中，所有"萧"姓被写为"肖"姓。在二简被正式废除之后，户籍管理部门的相关规定使得更改姓氏异常困难，因此很多人保留了简化版的姓氏。

除了几位"萧"（"肖"）氏，其他欧洲名人也屡遭错译。

俄罗斯著名音乐家柴可夫斯基常被错写为"柴科夫斯基"，如1985年9月15日《柴科夫斯基故居行》、2013年11月7日《柴科夫斯基逝世120周年故居交响音乐会举行》等文章。正确书写的"诀窍"是："二战"英雄、后来担任苏联国防部长的朱可夫元帅，其名字也使用了同一"可"字。

在历史名人中，译写错误花样最多的当数米开朗基罗。作为"文艺复兴后三杰"之一，意大利伟大的绘画家、雕塑家、建筑师和诗人米开朗基罗的译写业已固定，新闻报道随意更换即属错误，如2015年7月31日《米开朗琪罗：大师当年也造假》等文章。关于"米开朗基罗"的错误还不止于此。习惯上，他与另一"杰"拉斐尔使用的都是名，两人的姓氏"博那罗蒂"和"桑西"反而不为人所熟知。在这种情况下，报道就没有必要使用其全称，在标题中尤其如此。在2020年6月8日《米开朗基罗·博那罗蒂：用一生追求艺术的完美》一文中，姓氏"博那罗蒂"加上间隔号占用了5个汉字的空间，略去也绝不会引起误解。而书写时若单独使用其姓氏，还会让读者陷入"儿童相见不相识，笑问客从何处来"的尴尬。

文艺作品中塑造的人物，在报道中也时有错误。莎士比亚的《罗密欧与朱丽叶》中的"罗密欧"就被写成"罗蜜欧"，如1959年10月14日《芭蕾舞音乐的典范》等文章。译写的一个重要标准是汉字含义越淡越好，避免让人产生联想，而且以名字来界定人物个性，也失之偏颇，否则"罗"字还可以写成菠萝的"萝"。

三、扎克伯格≠祖克伯，不宜借用台湾译写

在对待外国人名翻译上，大陆与台湾有很大区别，大陆媒体报道不宜借用台湾译写。

首先，大陆选用的汉字相对固定，重视淡化译名的含义，同时对英文人名的音译力求精确到位，哪怕是尾音的"姆"或"尔"字也不会遗漏。而台湾则相反，即尽量将外国人名汉语化，且按照中国人名习惯，译写人名往往不超过3个字。如对于美国第34任总统，大陆译为"艾森豪威尔"，台湾则译为"艾森豪"；对于脸书创始人兼首席执行官，大陆和台湾的译名分别为"扎克伯格"和"祖克伯"。

其次，台湾贴近名字的发音自身，而大陆则追求本源、遵守"名从主人"原则。如对待美国前总统Obama，台湾根据美式发音译成"欧巴马"，大陆则根据其非洲姓氏发音译为"奥巴马"。目前，在非洲国家肯尼亚，"奥巴马"这一姓氏有近万人。大陆媒体使用台湾译法，同样属"跑偏"，如2009年9月16日《美国华商会发声明反对欧巴马对华征惩罚税》一文。

近年来，由于中国的国际地位不断上升，欧美政商界人士倾向于给自己起中文名，这从客观上避免了两岸译写的分歧。根据"自名原则"，一个人自认叫什么就叫什么。精通汉语的澳大利亚前总理凯文·迈克尔·拉德（Kevin Michael Rudd）为自己起的"陆克文"，大陆与台湾媒体都无一例外地使用这一中文名，几乎看不到含有"凯文·迈克尔·拉德"或"凯文·拉德"的标题，如2016年7月30日《"娘家"封杀陆克文无缘联合国秘书长职务》等。同样，对待各国汉学家，我们一般都称呼他们的中文名，而不是使用其姓名的音译。如俄罗斯著名翻译家德米特里·沃斯科列辛斯基，报道基本都用其中文名字"华克生"，既尊重了本人，也节省了篇幅，如2015年2月10日《俄罗斯著名翻译家华克生：中国文化让我年轻》。

化名让人无语："马某"并非"马某某"

中国人的名字通常只有一个字的姓氏加上一到两个字的名，遗漏任何一个都"伤不起"。而西方人姓名通常只使用姓氏而不是名或全称，以免语气亲昵、有失客观或增加篇幅。但报道中，遗漏名字或单独使用西方人的名或全称的情况却屡见不鲜。

一、张艺谋老师≠张艺谋的老师

有些名字的遗漏，是标题党为引流而刻意为之。2023年9月6日《张艺谋老师逝世》一题，正文则是张艺谋的老师司徒兆敦去世了。

对于漏掉"的"字的大乌龙，网民们十分愤怒。著名导演司徒兆敦老师被誉为"中国纪录片之父"，桃李满天下，居然不配有自己的姓名？！报道刻意冠其学生的名字，无非是赚流量和点击率。事实上，将"老师"改成"恩师"即不会造成误读。

即使是报道中的化名，也不能遗漏。2022年5月3日，多家媒体客户端报道，杭州国安局对马某采取刑事强制措施，罪名是危害国家安全活动。

"杭州""马某""国家安全"等关键词，无疑牵动着社会各行各业的敏感神经。"杭州某知名马姓人士"所属的某知名企业开盘暴跌9%，连京东、小米也不幸被牵连，分别下跌8%和6%。后经证实，被抓的不是"马某"而是"马某某"。消息一出，市场反应迅速，上述公司股票迅速回升。

基于新闻的真实性原则，当事人应该用真名；但出于保护当事人隐私等，报道一般采用真实姓氏并在后面加上"某""某某"而隐去名字部分。

一场化名乌龙事件竟然引发资本市场的恐慌性动荡，真可谓"一字千金"，也更让人感叹新闻稿件"三审三校"制度的必不可少！

二、女国务卿有名无姓，算不算"语言霸凌"

在过去30多年来，报道使用名最多的外国人士非美国前国务卿希拉里·克林顿莫属，如2000年9月29日《希拉里在纽约州参议员竞选中领先》一文提到：

> 最新民意测验结果显示，美国第一夫人希拉里在纽约州联邦参议员的竞选中支持率首次达到50%，领先对手、共和党众议员拉齐奥7个百分点……希拉里说最新的民意测验结果"令人振奋"，拉齐奥承认他目前屈居下风，但表示他并不太看重民意测验结果。

在英语国家中，女子婚前从父姓，婚后改随丈夫姓。希拉里虽是女权主义者，但在婚后第10年的1985年已改随丈夫比尔·克林顿的姓氏。遗憾的是，从其1992年成为第一夫人，尤其是2000年计划竞选参议员以来，"希拉里"在我们媒体里就"被行使"了姓氏职能。在客观、中性的国际新闻报道中，如此直呼其名显然有失严肃。在其出任国务卿后，媒体仍沿用这一"芳名"。对负责一国外交的国务卿如此"亲昵"，真不知其他外国同行是否会因此"吃醋"。此后，从其退休到两次竞选美国总统再到目前赋闲在家，国内媒体似乎已绕不过"名"这道坎，几乎所有报道都不使用其姓氏，甚至在文章中首次出现时连全称都不提及。

出现上述错误的一个重要原因是记者担心只使用姓氏，会与其曾出任美国总统（1993—2001年）的丈夫比尔·克林顿"撞姓"。实际上，这种担心完全是杞人忧天。此"克林顿"（妻）与彼"克林顿"（夫）存在着巨大的时空差，完全是风马牛不相及。在此"克林顿"任国务卿期间，且不说作为丈夫的彼"克林顿"已是明日黄花，美国政坛也迄无"夫妻店"，从未有二人同时出现在一个舞台上的情况。更何况，两人职务不同，丈夫克林顿从未担任过国务卿。即使丈夫也担任过这一职务，新闻有具体时间限定，读者也不会混为一谈。担心此"克林顿"被其丈夫遮住了光环，自身就是一种大丈夫心态在作怪，本质上也是一种性别歧视。因此，媒体完全可以放心地使用正确的称谓"（国务卿）克林顿"。

类似的情况还有阿根廷政坛女强人克里斯蒂娜。在阿根廷和其他西语国家中，已婚女子的正式称呼是教名+夫姓，可简称夫姓，前面冠以职务或"女士"等。但曾两次出任阿根廷总统、2019年10月又出任副总统的克里斯

叁 人物：名实不符 061

蒂娜·费尔南德斯·德基什内尔，报道迄未见到使用其全称或带有姓氏的报道。相反，我们媒体几乎是清一色地选用了名，如2007年12月12日《"接班"老公克里斯蒂娜就任总统》和2019年5月19日《阿根廷前总统克里斯蒂娜：不参选总统竞选副总统》等文章。后者提到：

> 克里斯蒂娜在2007年至2015年任阿根廷总统，是阿根廷第一位民选女总统……目前任参议员的克里斯蒂娜曾在多个场合表达参选下届总统的意愿。

这个问题的成因与前文"希拉里"一样。但让媒体更为纠结的是，克里斯蒂娜在其丈夫卸任后紧接着就担任了相同职务，故2007年12月11日至12日两名记者分别"推敲"出了这样的标题：《阿根廷：总统卸任 第一夫人"登基"》和《完成"夫妻交接"阿根廷首位民选女总统宣誓就职》。这两个报道回避得可谓彻底：干脆连名字也抛弃了。

三、这些"盖茨"，都"盖"不过世界首富

与上述该用姓时而用名不同，有的报道该用姓时用了姓名全称。为简洁，新闻报道尤其是标题通常只使用姓氏，对于世界名人，更无须加上烦琐的全称。曾经的世界首富比尔·盖茨，知名度不亚于国家元首、诺奖得主、奥运冠军等名人，报道中即使不带"名片"也不致被误解。但匪夷所思的是，我们很多报道都使用了全称，如2006年1月6日《比尔·盖茨称新一代"视窗"操作系统即将问世》和2021年1月31日《比尔·盖茨：如何应对下一场疫情？》等文章。

报道为何揪住这位世界名人的全称不放呢？究其因，大概有二。

一是其姓名较短尤其是名较短。"比尔·盖茨"姓和名共有4个汉字，即使用全称在标题中也不太占空间。如果是其他富翁如美国的阿比盖尔·约

翰逊、俄罗斯的弗拉基米尔·波塔宁或德国的安德里亚斯·斯特朗格曼，恐怕早被简化了。

二是担心其他同姓"干扰"。"盖茨"（Gates）这一姓氏源自中世纪的英格兰，当时大门常为两扇，故用复数。这一姓氏并非名门望族，按人口数量在全球排名6000多位，名人重复率并不高。但21世纪前十年，美国出现了另外两位同姓名人：美国防部长罗伯特·盖茨和哈佛大学教授亨利·盖茨。不过，后两位"盖茨"在知名度上都无法"盖"过世界首富。通过上下文也可辨别、排除干扰。如关于军事、冲突方面的报道，通常是国防部长；而关于财富、捐助等方面的报道，则同"首富"关系较大。正常情况下，为避免误解，一般是知名度相对小的两位"盖茨"使用姓名全称。

有些报道为了简化，使用了国家领导人的绰号，更是违背了新闻报道的客观性。2003年、2010年和2022年三次当选巴西总统的路易斯·伊纳西奥·卢拉·达席尔瓦，媒体一直在使用"卢拉"，如2019年11月9日《巴西前总统卢拉暂时出狱》等。卢拉既不是其教名，也不是其中间名，更不是其姓氏，而是绰号，在葡语中意即"鱿鱼"。据说卢拉是家中皮肤最白的孩子，父母因而联想到了这一海洋动物。作为新闻报道，最好在正文中使用其全称或"路易斯·达席尔瓦"，在标题中可使用其简洁的姓氏"达席尔瓦"。

赘述的"倔强"

新闻报道需要在有限的读者关注时间内传递关键信息，标题尤甚。因而媒体人必须有避繁就简的意识，避免冗长烦琐的表述挤压重要信息的空间。

一、姓氏较长时应简化

名人姓氏较长时，通常采用其缩写形式。缩写方式有三。

一是姓氏首字加"氏"字。外国人姓氏尤其是名人姓氏超过或等于4个汉字时，可使用其汉译首字加"氏"。但遗憾的是，这样的简称使用情况偏少。如对于2001年至2006年担任小布什政府国防部长的唐纳德·拉姆斯菲尔德的报道，绝大部分都没有使用其姓氏简称"拉氏"。同样，标题中含有苏联总统戈尔巴乔夫简称"戈氏"的报道，也非常罕见。事实上，即便冗长姓氏导致标题偏长，有的报道仍拒用简称。如2003年9月28日《时事评论：美国国防部长拉姆斯菲尔德的尴尬》标题多达19字，在有"美国国防部长"做铺垫的背景下，更当使用可节约4字的"拉氏"。当然，"美国国防部长"也可缩为"美防长"。更为遗憾的是，有的冗长姓氏在有特殊背景的情况下，媒体仍不使用简称，如2019年3月14日《走进奥斯特洛夫斯基故居 看"钢铁是怎样炼成的"》一文。《钢铁是怎样炼成的》是奥斯特洛夫斯基的名作，这在中国已是妇孺皆知的常识。使用简称"奥氏"，完全不会导致误解。

新闻报道还存在乱用简称的情况，即简称的使用不以姓氏长短为标准。如1996年10月8日《美国大选两党总统候选人电视辩论 克氏摆政绩多尔攻时弊》一文中的"克氏"，指的是时任总统克林顿。这一只比姓氏全拼少一字的简称，不仅未增添任何新闻要素，反而模糊了核心要素"谁"，可以说是多此一举。

二是姓氏首字加表示职务的"卿"字。美国的外交部长——国务卿，是报道中的常客。历史原因使得该职务的译写无法正名，但却因祸得福：这一与众不同的职务因此与各类同级"部长"区别开来，并得以独享"卿"字简称。在1999年10月25日《美国务卿缘何访非》一文中，美国前国务卿奥尔布赖特的简称"奥卿"没有出现在标题中，而是出现在正文中。"奥卿"比"国务卿"不仅少一字，而且传递了姓氏这一重要信息，让读者一看即知是"谁"。再如，1993年2月27日《美撤销恢复阿以和谈建议被逐者称克氏中东行失败》，使用了泛泛的"克氏"代替了国务卿"克里斯托夫"。这一做法虽达到了简化目的，但本可显示出具体职务的"卿"字却"被下岗"。换言之，"克氏"与"克卿"虽字数相同，但所含信息流量有异：前者仅是姓氏，后者在姓氏的基础上多了一重身份。从这个意义上讲，即使对于姓氏只有两个字的美国前国务卿康多莉扎·赖斯和约翰·克里，标题中也宜使用"赖卿"和"克卿"，以在相同空间内传递出更多信息。

三是姓氏首字加表示年长的"翁"字。"翁"是"年老的男子"，在新闻中多用于尊称姓氏拼写较长的高寿名人，如莎士比亚、托尔斯泰等。使用"翁"字不仅可表达敬意，而且可简化标题、增加韵律美，如《人民日报》2009年6月2日《书写莎翁大文章》和2013年3月11日《莎翁戏剧进小学》等标题，都符合七言诗的韵律美。但很多文章缺乏这样的意识，如2019年7月4日《"莎士比亚影像展"再现经典艺术魅力》，标题占了17字空间。

在俄罗斯近现代文学史上有三位著名的"托尔斯泰"，但"托翁"专指寿命最长、成就最大的列夫·托尔斯泰。使用"托翁"二字，不仅比"列夫·托尔斯泰"节省了5字空间，而且也清晰地与其他两位同姓者区别开来。2014年3月18日《俄国首位战地新闻记者托尔斯泰笔下的克里米亚战争》一文，在标题冗长到23字时仍未使用简称"托翁"。含"列夫·托尔斯泰"全称的报道比比皆是，大都是缺乏简称意识所致。

二、奥巴马不差"衔"，可略去"总统"名片

国际新闻背景知识不像国内新闻那样为读者所熟知，很多作者会设身处地、情不自禁地进行解释和补充。其中，使用最多的是行政职务加姓氏型的主语同位语，常见的职务有总统、副总统、议长、总理、首相、总督、国务卿、部长、州长以及国际和地区组织的主席、秘书长等。百度网站上含有上述同位语的报道大都达到了"封顶"的10亿条。对总统等进行如此

不厌其烦的介绍，增加了标题的长度，实际上等于拒绝认可其知名度，本质上也有失对总统本人和读者的尊重。在2010年3月29日很多关于美国总统奥巴马访问阿富汗的报道中，"美国总统"与"奥巴马"基本上都是同时亮相。而2010年3月30日《奥巴马首次访问阿富汗》的报道则省略了同位语。这就充分说明，带有解释性质的"美国总统"并非必不可少。

与美国总统相反，知名度不高者即使借助同位语也达不到"留下印象"的目的。在2011年9月13日《安提瓜和巴布达总理斯潘塞高度评价中加经贸合作论坛》这一24字标题中，"斯潘塞"这个姓氏基本没有必要。距离遥远、双方往来少等诸多因素，使得加勒比海的这个岛国很少被我们媒体提及，自然也不会被使用简称。比较而言，2018年4月4日《巴布亚新几内亚外交与贸易部长帕托将访华》标题，就更没有摆正位置：位于大洋洲的这个国家一般读者尚不清楚其国名及位置，甚至还常被误解为非洲国家，作为部长级的人物姓名更没有必要置于标题中。

当然，同位语的省略并不绝对，在下列几种例外情况下可视情予以保留。一是"初出茅庐"时。如2017年5月14日马克龙就任法国总统，最初的报道都对其身份进行了介绍。鉴于法国在世界舞台的重要地位和马克龙这一法国史上最年轻总统的特殊身份，此后很多报道对其身份都进行了简化，如2018年12月12日《马克龙"花钱"缓危机 半数法国人支持》。在这一点上，美国总统属于例外。美国大选是新闻报道最多的大选，候选人在"预热"阶段即为世人所熟知，因此"美国总统"这样的同位语即使在其上任初期都没必要。二是职务与人并非一一对应时。同位语的内涵与外延通常与其修饰的姓名（主语）完全一致，但也有例外。在2010年1月1日《就印尼前总统瓦希德逝世外交部发言人答记者问》一文中，"前总统"与"瓦希德"的关系就不可互逆：瓦希德是前总统，但前总统未必是瓦希德。如果省略一方，当省"前总统"。但没有这一同位语进行界定，孤立的"瓦希德"又缺乏分量，读者又弄不清此人的身份。三是身份存在变化时。如2008年8月7日《俄罗斯联邦政府总理普京指出俄全力支持北京奥运会》。众所周知，普京曾任代总理、总理和总统，标明身份可避免那些对其一知半解的读者产生误解。

新闻报道强调客观性，即使是反面人物乃至臭名昭著者，只要其知名度高，同样应"享受"省略同位语这一"特权"。在这一点上，新闻报道关于"拉登"的处理总的来说比较到位。

拉登自1998年"闪亮"登场以来，也许是因同位语"'基地'组织头号人物"过长，相关报道从未使用，如1998年8月23日《拉登向美国发出警告苏决定撤回驻美使团》等。当然，知名度是相对的，而且读者也有个"被培养"的过程。总之，在可有可无时，同位关系中的任何一部分都可省略。

链接　"拉登"还是"拉丹"，这是个问题

一人多名是翻译之大忌，正如动植物一物多名容易导致混乱一样。遗憾的是，作为知名度最高的反派人物，拉登自"震撼登场"以来，其名字始终存在着两种版本，且两个版本都存在问题，甚至与其曾祖父名字混为一谈。更为遗憾的是，在拉登"谢幕"后，这些问题已"盖棺论定"，根据"约定俗成"原则而"不能改一字"。一个名字，如此"重病缠身"，非常有必要作为个案进行专门"诊治"。

"本·拉登"在报道中，始终存在着与"本·拉丹"两名并存的乱局。9·11事件发生后，广播电视媒体根据英语的发音突击译成"拉登"。但在阿拉伯语中根本没有"登"这个音节，正确发音是"丹"，整个名字当为"本·拉丹"。由于恐怖袭击事件空前的震撼效果，这一错译几乎在一夜间"尽人皆知"。

"拉丹""拉登"是近几十年来国际新闻报道中人名译写出现的最大正误之争。这一争论，初看起来是小事一桩，且有很多解决手段，但落实起来却困难重重。

首先，由政府有关部门强行规定，大家一律采用标准化的"拉丹"，但很多媒体尤其是自媒体不会在意，普通读者更不以为意。其次，召开由相关专家和新闻主管部门参加的座谈会，对"拉登""拉丹"进行论证辨析以达共识，未免显得兴师动众。最后，少数服从多数。2022年6月16日搜索引擎做了一个统计，使用"拉登"的消息有9600多万条，使用"拉丹"的消息则只有760多万条，"拉登"是"拉丹"的12倍多，而且随着时间的推移，这个比例还可能会扩大。

而细推敲起来，无论是"本·拉登"还是"本·拉丹"，都不对。

阿拉伯人只有名而没有姓，常见的名字结构是"本人名·父名·祖父名·曾祖父名"。拉登的全名"奥萨马·本·穆罕默德·本·阿瓦德·本·拉登"是其祖传四代名字的组合。其中，"本"是"之子"的意思，全名音译为"拉登之子阿瓦德之子穆罕默德之子奥萨马"，意译则是"名叫狮子、是先知的儿子、报答的孙子、红土的曾孙"。

媒体所用的"拉登"只是其曾祖父的名字，称其为"奥萨马"或"奥萨马·本·拉登"才是符合阿拉伯人的命名习惯。英语媒体、大部分美国政府机构都用"奥萨马·本·拉登"（Usama Bin Laden）或其英语首字母缩写形式"UBL"。在刺杀"本·拉登"的行动中，美军海豹突击队引诱其现身时喊的就是"奥萨马"。媒体称其"本·拉登"，套用欧美的姓氏标准，误解了阿拉伯人的命名习惯。

从书写的角度看，无论是"本·拉登"还是"奥萨马·本·穆罕默德·本·阿瓦德·本·拉登"，其中的"本"字都不应视为独立的部分，应略去"·"而与后面的名字连为一体，成为"本拉登"或"奥萨马·本穆罕默德·本阿瓦德·本拉登"。

中 篇

新闻报道不但涉猎面广,有时媒体人还得往专业的深处"扎"。这就需要媒体从业人员不断完善知识结构,积学以储宝、集腋而成裘,成为学有所专的杂家。

肆 政治外交：点滴尽致，报道"无小事"

政治外交上的错误，多是缺乏积累，对时事认识不及时、领会不深入所致。这类错误比文字和普通知识错误的后果严重，因此报道时需要慎之又慎。

政治外交上的错误，多是缺乏积累，对时事认识不及时、领会不深入所致。这类错误比文字和普通知识错误的后果严重，因此报道时需要慎之又慎。

从三亚到三沙：最南端城市已变化

关乎我国领土主权完整的情况，报道时用词不当，很可能倒持泰阿，授人以柄。

在2005年3月10日《日本决定在冲之鸟岛建灯塔以抢夺海洋权益》中，"冲之鸟岛"当改为"冲之鸟礁"。遗憾的是，次日多家媒体大面积地重复了这一错误。

冲之鸟是西太平洋上远离日本本土的孤立岩礁，涨潮时露出海面部分的岩石不足10平方米。日本坚称其为"岛"，目的就是据此"合法拥有"数十万平方千米的"专属经济区"和"大陆架"。为将"岛"坐实，日本大兴土木30多年，不断对其进行"增高"。不仅如此，2008年11月日本还对冲之鸟礁石200海里以外的大陆架提出要求，企图借"大陆架界限委员会"之手，为其非法主张披上合法外衣。"冲之鸟礁"与"冲之鸟岛"两个概念虽然只有一字之差，但关系到我领土主权问题，是不可触碰的红线和不可逾越的底线。

为此，2012年5月18日《人民日报》和《光明日报》分别刊文《国际正义不许冲之鸟变礁为"岛"》和《冲之鸟是礁不是岛》，专门进行了批驳和纠正。在报道中同时出现两种称谓时，中国媒体应以我方态度为准，直接使用"冲之鸟礁"，对"日本称之为冲之鸟岛"进行括注即可。遗憾的是，个别媒体行文以日本的"冲之鸟岛"为主，将"中国称之为冲之鸟礁"放在括号内加注，完全颠倒了主次。

同样，钓鱼岛作为我国固有领土，报道时也不得使用"尖阁群岛""尖阁列岛"或"尖阁诸岛"等。如果外文如此使用，在翻译或引用时应按"'尖阁诸岛'（即我钓鱼岛及其附属岛屿）"模式操作。

与钓鱼岛类似，南沙群岛有时也被错称为"斯普拉特利群岛"。如2011年4月14日《菲扩充军备控南沙岛屿　拉美军为自己"撑腰"》提到：

> 近来，菲律宾武装部队还投入3100万比索（约合71万美元）修复"斯普拉特利群岛"（即我南沙群岛）上的机场跑道，并购买炮舰和远程巡逻机。

南沙群岛是中国人起的名字，西方一些国家称之为"斯普拉特利群岛"。中国记者撰写文章，当直接使用"南沙群岛"。对于外国人撰写的文章，中文翻译时可按原文格式先写出"斯普拉特利群岛"，然后再对其进行括注："（即我南沙群岛）"。2015年8月14日《美称中国填海装备世界第一　造岛面积是越南50倍》就采用了这种做法。

同样涉及海南辖区，还有其他表述失误。2012年7月2日《1997年，中国护卫舰雄赳赳逼退英舰挑衅》提到"我们驻守在祖国最南端三亚"，显然犯了常识性错误。三亚只是海南岛的最南端，祖国的最南端在南沙群岛曾母暗沙西南约15海里的立地暗沙，与三亚相距近2000千米之遥。从这一意义上讲，传统的说法"曾母暗沙是中国的最南端"也应予以纠正。此外，关于"祖国最南端城市"的说法也需与时俱进，避免惯性思维带来误解。位于北纬18°09′34″~18°37′27″之间的三亚市，曾是中国最南端的城市。2012年6月21日管辖南海的三沙市成立，取代三亚成为我国最南部的城市。

三沙市政府驻地位于西沙永兴岛，岛中心地处北纬16°50′，比三亚更靠近赤道。

朝鲜半岛报道"伤不起"

国名，不仅是个地理概念，也属政治外交范畴。在报道中，对于邻邦尤其要用心，不能想当然，更不能以民间说法替代官方用语。以下重点探讨简称不当和国名混淆两大类错误。

一、新闻中的国名，并非"短"才是简称

简称规定不像国名那样规范，包括随意减字或添字等错用现象屡见不鲜，从而导致简繁失当。概而言之，国名报道错误主要有两类。

一是方位词赘余。即在地名前加上多余的方位词，从而导致"方向性"错误。2015年4月17日《朝鲜女留学生与义工身穿艳丽服装　集体游吉林》一文提到：

> 在吉林省吉林市北山风景区，来自北朝鲜的女留学生们身穿鲜艳的服装兴高采烈地游览北国江城吉林市的春日风光。

这里的"北朝鲜"即犯了方位词赘余的错误。

从新中国成立至今，媒体始终视朝鲜民主主义人民共和国为合法政府，简称时一律采用"朝鲜"名称。"北朝鲜"用法不规范。同样，"北韩"也属表述不当。"北韩"是韩国的叫法，媒体不可借用。

2010年6月14日，朝鲜队主教练金正勋在答记者问时，一名韩国记者称金正勋的国家为"北韩"而不是其官方名称"朝鲜民主主义人民共和

国",引起了金正勋的不满。他义正词严地指出:"没有一个叫作'北韩'的国家。"他拒绝回答该问题,并说"请下一个提问"。

同样,对待韩国,新闻报道中的"南朝鲜"也属不当,当改为"韩国"。

从1949年新中国成立到1992年中韩建交前,我们视朝鲜民主主义人民共和国为唯一合法政府,故称大韩民国为"南朝鲜"。1992年中韩建交后,中国大陆媒体在一如既往地对北部政权使用"朝鲜"的同时,对南部政权改称"大韩民国",简称"韩国"。

二是错用简称。"孟加拉国"被错误地简化为"孟加拉",就是典型的例子。按照一般规律,我们南部的邻国"孟加拉人民共和国"的简称当使用其核心词"孟加拉",但实际则是非常特殊的"孟加拉国"。在世界190多个国家中,带"国"字的简称只有中国、韩国、泰国、孟加拉国、美国、英国、法国和德国8个。孟加拉国这一相对烦琐的简称有其特殊来由。

1971年该国独立前,"孟加拉"多用于印度的省、邦名;该国从印度独立后,"孟加拉"单独使用时主要构成"孟加拉虎"和"孟加拉湾"。1975年8月31日我国承认该国之后,为了避免混淆,即规定了"孟加拉国"这一标准用法,但媒体误用情况迄未断绝,如1976年3月16日《孟加拉拒绝印度关于分配恒河水谈判条件》、2016年8月7日《2020年孟加拉将成为全球最大棉花进口国》等。

有些记者没有意识到这一错误,使用"孟加拉"具有相当的随意性。如2011年2月28日《中国帮助孟加拉越南撤侨》一文,标题错用了"孟加拉",而正文则正确地使用了"孟加拉国"。也许上述标题是出于简化的考虑,但"孟加拉国"已是简称,不能再"瘦身",除非在与其他国名的合用中,使用一个"孟"字,如《中孟联合声明》等。

与孟加拉国相反,我们北面的邻国蒙古国的简称是"蒙古",却常被错写成"蒙古国",如2020年3月1日《除了3万只羊,这份来自蒙古国的礼物也很特殊》等文章。

"蒙古国"与"蒙古"的关系,就像"日本国"与"日本"的关系一样，尽管只有一字之差，却是全称与简称的区别。外交部、《世界知识年鉴》用的简称都是"蒙古"。

错用全称"蒙古国"也许有两个原因：一是认为"蒙古国"就是简称，就像英国、美国和孟加拉国一样。的确，1924年11月成立的"蒙古人民共和国"全称较长，但该国1992年2月已更名为只有3个字的"蒙古国"，此时"蒙古国"已是全称。二是担心使用"蒙古"会与我国的内蒙古自治区的简称混淆。内蒙古自治区的简称是烦琐的"内蒙古"3个字，与其他省、市、自治区只有一个字的简称相比显得特别另类。实际上，世界通行的国家简称都是两个固定英文字母，如中国用"CN"、美国用"US"、蒙古用"MN"等，不存在重名的可能。

无论怎样，自1992年以来，"蒙古国"的全称在中国报道中占据了统治地位。最新的例子是2023年12月20日《携手并进　共绘蓝图——蒙古国中华总商会2024迎新晚会举行》。如此错用，就导致了两个问题：一是全世界带"国"的国家中，包括字数差距最小的日本（日本国）在内，没有任何国家的全称与简称相同，"蒙古国"也不应例外。二是假如"蒙古国"真是简称（显然不是），那么，那些使用"蒙古"的标题便是错误的。

二、一字之差，巴基斯坦沦为"背锅侠"

国名的张冠李戴有横向上的混淆和纵向上的穿越两大类。
2002年9月21日《"慕尼黑事件"死难者获赔偿》一文称：

（在1972年慕尼黑奥运会上）8名全副武装的巴基斯坦"黑九月"恐怖分子，趁着漆黑的夜色，突然闯入奥运村以色列代表团驻地……劫持了以色列9名运动员和两名教练作为人质。

这里明显是将"巴基斯坦"与"巴勒斯坦"混为一谈了。

众所周知，巴勒斯坦地区阿拉伯人与以色列人因领土争端而产生的仇恨与冲突由来已久，并爆发多次战争。作为巴勒斯坦激进派组织，"黑九月"曾策划实施多起针对以色列的恐怖活动。而巴基斯坦与以色列相距3000多千米，没有领土争端和仇恨，不可能做出如此举动。这个错误多年未更改，2015年11月27日《1972年慕尼黑奥运会 惨案玷污五环旗留下创伤》旧事重提时，仍称"8名全副武装的巴基斯坦'黑九月'恐怖分子，趁着漆黑的夜色，突然闯入奥运村以色列代表团驻地"。

"黑九月"恐怖组织在20世纪70年代"知名度"不高，但40多年后早已是臭名昭著。更为荒唐的是，该文前部分称"9月5日5名巴勒斯坦'黑九月'成员袭击奥运村的以色列选手，造成了流血事件"，而在后部分对恐怖分子的国籍和人数都进行了更改。若是较起真来，可能恐酿成外交风波。

客观上，这两个国名都有4个字，且3个字重复，容易混淆。但巴基斯坦不仅是我们的邻国，而且是我们的老朋友，报道将其混同于巴勒斯坦也有违常识。

与不同区域的横向混淆相比，纵向穿越则是对历史无知所致。2017年10月18日《"俄版教父"涉腐被捕 彰显俄罗斯反腐决心》，提到了"俄联邦加盟共和国总统"。苏联的全称是"苏维埃社会主义共和国联盟"，由15个加盟共和国组成。苏联解体后，俄罗斯实行的是联邦制，目前由80多个联邦主体组成，包括联邦直辖市、自治共和国、边疆区、州、自治州和自治区等，但就是没有"加盟共和国"。

"成员国"与"成员"，切勿混为一谈

在新闻报道中，国际组织与单个国家处于同等重要的位置，也同样存在着诸多错误。概而言之，这些错误主要分为混淆和臆造两大类。

一、"东"字代指"东南"，习惯成自然

2010年1月21日《从"金砖四国"到"基础四国"》称：

> 从去年（2009年）12月在哥本哈根召开的全球气候会议起，中国外交部把盛行一时的"金砖四国"（BRIC）改译为"基础四国"，是非常高明和值得称道的。

这种说法显然是望文生义。"基础四国"并非"金砖四国"的改译，而是完全不同的两套班子。前者是巴西、南非、印度和中国四国英语字母的缩写"BASIC"（为了凑音节，从巴西国名中多取了字母"A"），也喻指中国、印度、巴西、南非为当今世界最重要的发展中国家；后者则是巴西、俄罗斯、印度和中国等四国首个英文字母名的合并"BRIC"。错误的原因主要是对"基础"和"金砖"的外语来源没有弄明白，而且两个组织中都有中国、巴西和印度。

2016年2月16日《青秀山》提到"东盟友谊园，展现着东亚10国友善和宽容"。此处"东亚10国"显然是"东盟10国"之误。东亚只有中国、日本、韩国、朝鲜和蒙古等5个国家，而不是10个国家。

东南亚国家联盟的前身是由马来西亚、菲律宾和泰国三国于1961年7月31日在曼谷成立的东南亚联盟。1967年8月印度尼西亚、新加坡、泰国、菲律宾四国外长和马来西亚副总理在泰国首都曼谷举行会议，发表了《东南亚国家联盟成立宣言》即《曼谷宣言》，正式宣告东南亚国家联盟（简称东盟）的成立。东帝汶2022年11月加入，从而使东盟拥有11个成员国。

上文采用"东亚"，也许想避免与前文的"东盟"近距离重复，但文字表述要服从于内容和逻辑。客观上，"东盟"这一简称有一定的"迷惑性"，感觉上是"东亚联盟"的简称。"东盟"虽也有个"东"字，但从方位上代

指了"东南"。虽然在国际组织中这样的代指非常罕见,但使用得多了即习惯成自然。

在中国的报道中,"欧盟"与"欧洲"有时也混淆不清,如2016年6月30日《为什么英国总想脱离欧洲?》。欧洲是一个自然地理概念,身处其中的英国,是无论如何也无法脱离的。英国真正想(能)脱离的是经济政治组织——欧盟,即欧洲联盟。欧盟是一个推行欧洲经济和政治一体化的组织。英国在1973年加入其前身——欧洲共同体,1991年签署《欧洲联盟条约》,2020年1月31日正式脱离欧盟,结束了长达47年的欧盟成员国身份。

有的报道将欧盟视为一个国家,更是于理不通。2009年3月31日《中国提出20国峰会的新议题》和2013年9月6日《二十国峰会上的"夏尔巴"》中的"国",都应改为"国集团"。

"二十国集团"(Group 20,G20)由七国集团财长会议于1999年倡议成立,由阿根廷、英国(2020年1月31日脱离欧盟)以及欧盟等20方组成。其中,欧盟自身就有20多个国家,与法国、德国、意大利还存在着包含与被包含的关系。因此,报道要么用"20国集团",要么用英语简称"G20",而绝不能用"20国"这一表述。

同样,2014年5月20日《21个成员国同意制订"路线图" APEC致力推进亚太自贸区》中的"成员国",也属表述不当,当改为"成员"或"经济体"。

亚太经济合作组织,是亚洲及太平洋地区的经济合作组织,1989年11月成立。1991年11月,中国以主权国家身份,中国台北和香港(1997年7月1日起改为"中国香港")以地区经济体名义加入。该组织现共有21个正式成员,其中既有主权国家,也有地区经济体。为避免二者混为一谈,"成员国"当改为"成员"或"经济体"。总之,凡是有大陆与台湾同时参与的国际组织,都不能使用"成员国"。

涉及亚太经济合作组织的报道,除了"21国"外,还有"首脑"这一错误,如2004年11月21日《APEC峰会今日启幕 21国首脑齐聚智利圣地亚哥》、2005年11月19日《APEC峰会闭幕 各国首脑穿韩服照"全家福"》等。两个标题的相关错误可分别改为"21个经济体的领导人和政商精英"和"21个经济体领导人"。

二、悬挂"联合国国旗"？这是降维打击

在涉及国际组织的报道错误中，数量最多、波及面最广的是联合国。2010年1月19日《一面特殊的五星红旗》一文提到：

> 2003年，在神舟5号飞船上，航天员杨利伟首次向人们展示了五星红旗和联合国国旗，传达出中国人和平开发宇宙空间的美好祝愿。

这里的"联合国国旗"说法不当。

联合国不是一个国家，而是当今世界最大的国际组织，故其旗帜不应是"国字"号的"联合国国旗"，而应是"联合国旗"或"联合国旗帜"。

同样，在主席台上悬挂的联合国标志，也应叫"联合国徽记"，而不能叫"联合国国徽"。如2005年10月25日《联合国诞辰60周年庆祝活动侧记：祝你生日快乐》称，"蛋糕中间是联合国国徽图案和用联合国6种工作语言写就的'60周年——革新之时'的字样"。与上述错误并行的还有"联合国国歌"。1995年10月17日《联合国的徽记、旗帜和国歌》，标题即暴露了这一错误。

诞生于1945年的《相逢之歌》，是美国诗人罗梅根据苏联作曲家肖斯塔科维奇的同名曲调重新填词而成，其正式名称为《联合国进行曲》。迄今为止，联合国有关于印章、徽记、旗帜的决议的记载，却没有制定任何一首歌曲来代表这个组织，自然也就不存在什么"联合国国歌"了。

上述错误的原因可追溯到1945年8月15日日本宣布无条件投降。当天，重庆电台赶录了这首歌曲向全国播放。一时，"《联合国歌》"成了最流行

的群众歌曲之一。

关于联合国的错误,通常都是综合性的。如2015年10月26日《鲜为人知的〈联合国国歌〉》,开篇提到联合国"作为一个'联合国家',它不仅有自己的国旗、国徽,还有国歌"。短短的一句话,即犯了三个常识性错误。

职务随意编造,瑞士"总统"中招

关于国家领导人职务以及相关的表述错误,本质上是对该国的政体及其历史缺乏了解。

一、佛系翻译:州长秒变"总理"

2019年9月9日《外交部就德国总统默克尔访华等答记者问》中的"总统",明显系"总理"之误。之所以有这样的错误,可能是录入失误,也可能是潜意识里认定总统拥有实权、真正代表着一个国家。

德国实行议会制共和制,总统作为国家元首统而不治,国家实权掌握在政府总理手中。截至上文刊发时,默克尔作为德国总理访华已达12次之多,知名度颇高,但德国总统施泰因迈尔却不太为国人所知。

澳大利亚的州长一职也有被错报的情况,如2003年8月3日《韩正会见西澳大利亚州总理》中的"总理"。作为澳大利亚一级行政区划的负责人,各州州长与美国的州长属同一级别,而总理是澳大利亚的联邦政府首脑。上述错误也许是受到其英文"premier"传统翻译的影响。《英汉大词典》即将其误译为"(加拿大等英联邦国家的)省总理",但在澳大利亚,当译为"州长";在加拿大,当译为"省长"。

2019年2月27日《特朗普到达越南总统府 会见越南主席阮富仲、总理阮春福》,将越南主席府误称为"总统府"。自1945年"八月革命"胜利后，越南国家元首称国家主席。目前越南国家主席和副主席的办公地是河内的主席府。

二、"官方长官"，肯定是山寨版

2017年12月25日《瑞士总统：希望通过公投来决定瑞士与欧盟关系》一题中的"总统"，纯属主观臆造，当改为"瑞士联邦主席"。

与世界其他国家的政体不同，瑞士既没有总统，也没有总理，实行的是集体元首制。其国家元首兼政府首脑是联邦委员会主席，联邦委员会由7名部长组成，主席由7名部长轮流担任，任期1年。

作为中立国家，瑞士为保持中立姿态，对各国不偏不倚，轮值主席基本不出访外国，也不邀请外国首脑来访。加之逐年轮换，无论在瑞士国内还是国外，轮值主席的存在感都不高，其准确姓名往往连瑞士国民也难以脱口而出。

至于网上出现的瑞士"首相"，与"瑞士总统"犯的是同样错误。

将日本内阁官房长官写为"日本官方长官"，同样属于臆造，2015年10月1日《印尼雅加达-万隆高铁　日本出局》中两次出现"日本官方长官菅义伟"。这一说法给人的感觉似乎是日本还有"非官方长官"。正确说法当为"日本内阁官房长官"。

内阁官房长官在日本是一个非常重要的职务，有点类似于中国的国务委员兼国务院秘书长，但职权和地位要更高。日本各省厅机构庞大，事务繁杂，政策的上传下达、各省厅之间的沟通交流，都由内阁官房长官负责协调。在新首相组织内阁时，内阁官房长官被首相首先任命，作为首相的左右手，参与组阁的全过程，并代担任内阁发言人。首相不能行使职务时间超过5天，内阁官房长官则代理首相职位，是日本内阁中首相以下最重要的阁僚位置。

"内阁官房长官"这一职务拗口，且"方""房"音近形似，快速录入时更容易犯此错误。

媒体也是蛮拼的：华人也能"做中国人"

六千万华侨华人，是新闻报道的重要对象。尤其是在涉及重大事件纪念、欢度传统佳节、爱国声援和捐献等报道中，"华侨""华人"更是频频露面。但很多记者由于不熟法规、混淆近义词和难以割舍同胞情，导致报道时常出现一些表述错误。

一、"英籍""华侨"，鱼与熊掌不可兼得

2020年12月20日《英籍华侨继承姨妈万亿家产，将6万件文物捐回祖国，总价超上百亿》一文，提到了"英籍华侨赵泰来1992年移居英国并加入英国国籍"。此处的"英籍华侨"明显自相矛盾。

华侨是侨居国外具有中国国籍的人，"英籍华侨"顾名思义则是侨居在英国的既有英国国籍又有中国国籍的人。换言之，这个人拥有双重国籍。而我国国籍法遵循的一项基本原则是不承认双重国籍。1955年万隆亚非会议期间，我国正式宣布不赞同华侨的双重国籍，并与有关国家签订了关于解决华侨双重国籍问题的条约。1980年9月我国政府《国籍法》又做了明确阐述。

从文中来看，"华侨"当为"华人"之误。"英籍华人"是已加入英国国籍的具有中国血统的英国国民。如果说这些人具有中国国籍，那么他们就只是侨居在英国的华侨。这种情况下，当称之为"旅英华侨"。

网上的"日籍华侨"等表述都犯了相同错误。要么是"日籍华人"，要么是"旅日华侨"，二者只能选其一。

"华人"一词有广义和狭义之分。广义的华人包括华侨，指所有中华民

族的人，包含中国境内各大小民族以及这些民族在海外的后裔。他们是具有华夏民族血统的人，与国籍无关。狭义的华人指已加入或取得了所在国国籍的具有中国血统的外国公民。其含义与"华侨"相对，且二者常常连用。在提及海外华人时，通常也是狭义上的。我国不承认双重国籍，故狭义上的华人不是中国人。如2006年9月27日《做中国人自豪》一文中的纽约华人社团联席会主席乔立华，20世纪70年代赴美求学，已成为美国华人中有成就的企业家。从情感上讲，华人与我们同根同源，彼此都可以为对方的成绩自豪，但报道称呼上还是要严谨准确。此外，作为华人的后代，华裔也是一个道理。2008年6月1日《3名中国女留学生在美遇车祸身亡》一文表明，4名留学生都是中国籍公民，但该文同时又言之凿凿地称其为"华裔女生"，显然犯了前后不一的逻辑错误。

新闻报道还常将"华人"与"祖国"联系在一起，也属逻辑不通。根据《现代汉语词典》的定义，"祖国"是"自己的国家"。对于华人而言，中国只是他们的"祖籍国"而非"祖国"。遇到这类情况，采用"祖（籍）国"进行括注不失为两全之策。因此，2020年2月5日《驻柬大使：感谢华侨华人与祖（籍）国同胞一起坚决打赢"防控疫情阻击战"》这一标题，兼顾了前后一致，避免了逻辑错误。

二、"炎黄子孙"与"（海内外）中华儿女"不能画等号

在2020年3月26日《全球华人线上线下同拜轩辕黄帝：炎黄子孙心相连》一文中，"炎黄子孙"这个高频词犯了以偏概全的错误，带有严重的民族分类色彩，也为一些少数民族群众所忌讳。同样，加了约数修饰的"13亿（或14亿）炎黄子孙"也属表述不当。

中国原始社会末期中原地区崛起的炎、黄两大部落集团成为汉民族的主源，故"炎黄子孙"或"炎黄世胄"等主要指汉族。但在中华大地上与炎黄同期生息的还有蚩尤等部落集团，在历史发展过程中其后人有的融入

了汉族，有的则演变为今天的苗、瑶、畲等少数民族。因此，黄帝、炎帝、蚩尤同被尊为"华夏文明三始祖"。此外，大陆的藏族、满族、蒙古族、俄罗斯族以及台湾的高山族等都有其独特的民族历史，同样不属"炎黄子孙"范畴。用"炎黄子孙"代表中华儿女，就有违我们的民族思想。

早在1985年中宣部就要求在党和国家机关文件及领导人的正式讲话中，用"中华民族"而不是"炎黄子孙"代称"中国各族人民"，以加强对各族人民的感召力。1993年，第十八次全国统战工作会议首次使用了"海内外全体中华儿女"。此后，在官方文件和领导人的正式讲话中，"中华民族""中华儿女"这两个词逐渐代替了"炎黄子孙"。在提到巩固和壮大爱国统一战线时，也多用"海内外中华儿女""海内外全体中华儿女的大团结"等。为进一步规范新闻宣传用语，2002年4月广电总局发出《要求切实把握好民族宗教宣传的正确导向的通知》，再次强调是各民族共同创造了中华文明，因此务必慎用"炎黄子孙"。

链接 "前苏联"的"前"字，这个通常"不可以有"

在国名简称的方位词错误中，最常见也是最为纠结的是"前苏联"的"前"字。

1991年12月25日莫斯科克里姆林宫的镰刀锤头旗降下后，苏联这个国家即不复存在，但"前苏联"的说法却应运而生，在报道中迄未断绝，如2020年8月20日《前苏联最高苏维埃主席：戈尔巴乔夫有机会避免苏联彻底瓦解》。

这一用法通常是站不住脚的。国名中的"前"字应有所对比。按照传统的观点，有"前汉"就当有"后汉"，或更确切地说，因为有了后来的"汉"（即"后汉"），最初的"汉"才变成"前汉"。"前苏联"说法若合理，就当对应"现苏联"或"后苏联"，而后者根本不存在。这样，"前"字也就成了拍不响的一只巴掌。

"前苏联"之说在个别语境中，还会造成歧义和时空错乱。2014年3月10日《一名合格航天员的成长史：在严苛考验中百炼成钢》一文，提到"1961年4月12日，前苏联宇航员加加林乘坐'东方1号'宇宙飞船进入太空"。其中，"1961年4月12日"这个时间状语与"前苏联"互为矛盾。

当然，"前苏联"有时也能较清晰地表述某种时空交错的情况，舍此别无他路。苏联的解体并未使所有的"苏字"号随风而逝。尤其以前属于苏联而今天属于其他独联体国家的人或物，在表述其曾经的所有关系或地理位置时，"前苏联"即派上用场，如1992年3月8日《美国将廉价聘用前苏联科学家》、2004年11月11日《我境外加工贸易投资成倍增长 在亚非和前苏联东部的项目数占九成多》等多篇文章。2004年11月12日《参考消息》也提到"欧洲复兴开发银行预测：前苏联地区向市场经济过渡仍需要一定的时间……前苏联12个国家的经济增长率将达到7.4%"等。在上述例子中，"时"是苏联解体以来的10多年，而"空"则在以前的苏联境内。"前苏联"3个字兼顾了时空二维，否则，只能用解释性的"以前的苏联境内"。这一表述冗长烦琐，明显不符合语言简洁的表达习惯和短标题的要求。从这个意义上讲，"前苏联"也可称作"原苏联"。

伍 经济科技：报道不应言必称"美元"

经济是新闻报道的重要领域。其中，货币又是报道的重中之重，堪称"甚高频词"。但诸多因素如习惯势力、望文生"译"、常识缺失、规定不详等导致有关货币的报道错误频出。

数字书写也要"清零"

经济是新闻报道的重要领域。其中，货币又是报道的重中之重，堪称"甚高频词"。对外投资、对外援助、进出口、人均收入、汇率以及与民生有关的各类报道，无一不涉及货币。但诸多因素如习惯势力、望文生"译"、常识缺失、规定不详等导致有关货币的报道错误频出。这些错误主要有三大类：货币单位的穿越、遗漏和篡改，货币兑换的空缺和偷换，货币数额表述的复古、混淆和赘述。

一、人民币还是美元，这是个问题

我们的新闻报道面向的主要是国内读者，使用的货币单位自然应是国人使用的"（人民币）元"。但非常怪异的是，媒体似乎"爱"上美元，很多文章都会不自觉地使用这一外币。

2020年1月17日《中国人均GDP突破1万美元意味着什么？》、2020年12月24日《贵阳对外贸易5年进出口额累计达194.63亿美元》、2020年12月25日《商务部：预计今年我国实际使用外资超1400亿美元》等三家重要央媒的报道，都无一例外地使用了"美元"。媒体的这一做法不是偶尔为之，而是几乎全时空的。

不仅如此，报道遇到外币时，也没有将其转换为人民币并进行括注，而是莫名其妙地转换成了美元。如2019年9月7日《瑞典政府向环保和气候领域投巨资》提到"瑞典政府6日宣布，将投资29亿瑞典克朗（约合3亿美元）用于保护自然和应对气候变化"。还有的在标题里就直接兑换成了"美元",如2021年1月25日《澳大利亚将斥资7.7亿美元开发海军武器》等。

尤其在一些涉我的报道中,不做换算给读者带来较大阅读障碍。如2021年2月7日《新西兰2020年红肉出口创纪录 中国仍为最大市场》一文的标题和正文"2020年新西兰红肉出口额依然创下新纪录,达92亿新西兰元（1新西兰元约合0.72美元）",都清晰地说明了新西兰的贸易对象是中国。此时,用人民币兑换92亿新西兰元可以更加直观地表意。

客观上,很多国际标准都是以美元为标准制定的,报道使用"美元"似乎更容易衡量,如人均GDP达到2万美元以上为低等发达国家,3万美元到6万美元为中等发达国家等。如换成人民币,则要重新确定一个标准,而且也不是整数,感觉有些怪异。当然,随着中国国力的提升,采用"人民币"报道的数量也在不断增加,如关于"2020年中国GDP首次突破百万亿元"的多种报道。

美元的"优先",还可能是澳元、加元等货币的误译所致。如2021年2月24日澳大利亚主流媒体《先驱太阳报》刊文,其意是：一位老师喜爱澳大利亚博物馆,生前为其捐出"$7million"。这里的符号"$"是"dollar"的意思,根据常识似乎应译成"美元",但实际则是"澳大利亚元",即这位老师捐出了700万澳元。此处的"$",虽未用"澳大利亚"进行修饰,也一定是澳元而不是美元,因为这是在澳大利亚境内,是澳大利亚本国媒体在进行报道。同理,上文提到的澳大利亚斥资$10亿开发海军武器,也无疑是10亿澳元。

媒体对"dollar"言必称"美元"也是望文生义。实际上,"dollar"及其简称"D"和代表符号"$"有两层含义：一是众所周知的"美元",这个在全球范围内已带有特指性质；二是一些国家和地区使用的货币单位"元",如加拿大、澳大利亚、新西兰、新加坡、密克罗尼西亚、埃塞俄比亚、萨尔瓦多、巴拿马以及中国的台湾、香港地区等。这些国家和地区的货币上都印有dollar（s）,如1000新加坡元上的英文就是"One Thousand Dollars",

20澳元纸币和1澳元硬币上分别印有"Twenty Dollars"和"One Dollar"。

外媒报道以本币为主。外国媒体是如何处理货币单位的呢？可分为两种情况讨论。

一是中文媒体。兹以新加坡媒体《联合早报》为例，该报网的新闻在涉及货币金额时，都是清一色的"新加坡元"（新元）。如果有"美元"，则必须进行括注。如2020年4月初该国推出第三轮纾困计划，6日《联合早报》报道称：

> 这一预算计划总额为51亿新元（约合35.5亿美元），其中40亿新元将支持企业与员工，11亿新元将用于向每一名新加坡人发放现金补贴。

二是外文媒体。以与美国同属"五眼联盟"的澳大利亚媒体为例，上文提到的《澳大利亚将斥资7.7亿美元开发海军武器》一文，在澳大利亚媒体上都是"投资10亿澳元发展新的海军武器装备"，包括澳主流媒体澳电视台"7 News"、《悉尼先驱太阳报》、澳国防部网站、澳新网，等等，"美元"连在括号内也没有出现。

事实上，即使美国人出"钱"，澳大利亚的报道也依旧是"澳元"。澳大利亚知名媒体《每日电讯报》2021年2月17日一则报道，提到Google近日与澳本地媒体达成协议，支付每年"$30 million"的新闻内容使用费。此处英文"$"虽未标清是澳元（Australia dollars，AD）还是美元（US dollars，USD），但作为澳媒体报道，则肯定是"澳元"无疑。而中国媒体不明就里，看到该内容涉美，自然就错误地联想到"美元"。如2021年3月19日《新闻媒体斗得过科技巨头吗？》一文，开篇提到澳媒"与谷歌签每年3000万美元协议"，此处的"美元"实为澳元。

报道货币单位常犯四大错误。

一是未标清货币使用国家。2020年11月9日《为庆祝2021年中国农历

春节　澳铸币厂推出牛年纪念币》一文，提到该系列包括"50分面值14边形非流通硬币……100元面值的金质圆顶金币""新硬币的价格从12.5元到3630元不等"等。如果只看货币单位"分""元"等，感觉该文似乎是在报道国内新闻，或者说是澳大利亚为了中国春节，制造的硬币也使用了"人民币元"。尤其是"12.5元""3630元"等有零有整，给人的感觉是该文作者非常用心，已将整数的澳元兑换成了人民币。但澳大利亚发行的纪念币，主要面向的是本国民众，绝不会是外币，而只能是该国的澳元、澳分。据国际市场规定，任何国家都不得以任何形式私自印刷他国货币。因此，上述错误无疑是"死译"和"硬译"的结果。

二是使用两种货币单位。2020年5月20日《伊朗货膨胀一万倍：1万旧币换1新币！百姓一夜间财富归零》一文，既有"开心果等干果更是飙到了每公斤200万里亚尔（约合100元人民币）以上"，也有"新冠病毒导致伊朗酒店业损失30万亿里亚尔（约1.87亿美元）"。同一篇文章的同一外币里亚尔，应统一转换成"人民币"一个币种。

三是遗漏货币单位。2021年1月27日《美国出技术，澳大利亚出钱，斥资10亿打造远程导弹，针对的是谁？》一文的标题，看不出"10亿"后面的货币单位。从正文来看，"澳大利亚要斥资10亿澳元（约8万美元）研制新型制导武器，加强澳大利亚海上安全"。这里"10亿"应增补"澳元"。

上述文章标题容易误导，给人以"（人民币）元"之错觉。作为美澳合作项目，"斥资"易被误解为主流货币"美元"。当然，既然是澳大利亚"出钱"，正常情况下使用的肯定是"澳元"。标题略去"澳元"也许旨在达成"短"的目的，但更可取的做法是，将两个国名进行简化并略去重复的"斥资"，从而精简为《美出技术澳出钱，10亿澳元打造远程导弹针对谁？》。这样，标题在减少8字的同时，内涵却更加充实。

我们的报道有时会受到海外媒体的影响。如2021年2月25日澳大利亚主流媒体《澳大利亚人报》的中文版，即把澳航2021财政年度上半年的"1.47 billion Australian dollarstatutory loss"译成"14.7亿的法定亏损"，并没有使用"澳元"。由于身在澳大利亚，且全文使用了统一的"澳元"，因此货币单位的省略似可理解。但读者并不熟悉"澳元"，媒体报道则不可如此省略。在货币单位不相同时，更不能省略。如在2020年10月14日《中国股市总市值突破11万亿美元！茅台独超2万亿，市值攀升显著受三大因素影响，外资净买入近2800》这个长标题中，由于"美元"打头阵，一般读者自然会认定后面的货币单位是因完全相同而省略，而实际上却都是人民币"元"。

还有一种遗漏，本质上是对"人民币"与"元"关系的误解。如2021年2月26日《朴槿惠未交1亿人民币罚款：卖房子也凑不够　或干3年苦役》一文，"人民币"前明显遗漏了"元"字。正文里出现的"合计215亿韩元（约合人民币1.26亿元）"也说明了这一点。但"人民币"与"元（人民币）"并不是一回事。众所周知，人民币（RMB）是中华人民共和国的法定货币，"元"只是其主币单位，还有辅币单位"角"和"分"，尽管在国际报道中通常不会涉及这两种数额较小的辅币单位。标题在已长达26个汉字符号的前提条件下，也根本不差"元"这一字。当然，标题最好使用"韩元"，否则只提及未交的"1亿人民币"，读者就会不禁质疑：难道另外2600万元就不了了之了吗？

四是篡改货币单位。2016年7月12日《众筹买新西兰海滩（组图）230万新币=11382700人民币》一文开篇提到：

> 四万人众筹买下新西兰海滩，共募得230万新币（约170万美元）。根据最新汇率换算：2300000新加坡元=11382700人民币元。这真是一个能记录史册的举动啊。

新西兰人用新加坡元，这个举动也绝对能"记录史册"！此处的"新币"明显是新西兰元的俗称，而绝不可能是"新加坡元"。

上述报道的是新西兰著名的众筹事件。众筹，钱自然来自成千上万的普通民众。作为新西兰的普通国民，怎么可能做到人人拥有"新加坡元"？就货币流通量而言，新西兰元位列"全球前十大贸易货币"，名次远高于新加坡元。

另外一个篡改货币单位的例子是将美元偷换成了澳元。

2021年9月30日《中国钢铁限产，澳看跌"铁矿石经济"》提到"澳大利亚9号新闻网报道称，铁矿石在今年5月12日创下233澳元的历史新高"。这里的"233澳元"错得非常不应该，当改为"233美元"。

全球大宗商品的贸易都是用美元结算。石油、铁矿石等只要达到了一定的额度，更是要用到美元。中国每年都需从其他国家进口大量商品，进口使用美元结算货币已是常态。

澳大利亚9号新闻2021年8月23日发表了《为何铁矿石价格猛跌且它对澳大利亚和澳元意味着什么》一文，其中的"233美元"原文使用了"$US233"，清晰无误。该文其他地方使用的澳元，用的符号是简单的"$"。如"每吨铁矿石价格降低10美元（$US10），澳大利亚名义GDP和联邦政府税收将分别减少65亿澳元（$6.5 billion）和13亿澳元（$1.3 billion）"等。

二、"1500万基那"，究竟折合人民币多少元

上一部分讨论了报道中的外币应尽量换算成人民币，本部分则重在阐述该如何换算，包括不换算的危害，换算的精度、次数、次序与位置等。这几个方面也是货币兑换易陷的坑。

及时换算，让数据发挥应有的表意功能。

2020年3月8日《中国旱稻技术为巴新乡村带来勃勃生机》一文两次提到该国货币单位：

> 2019年8月11日，中国援巴新菌草、旱稻技术项目在东高地省戈罗卡市启动，中国政府支持1500万基那用于该项目的运行……经过中

国专家的帮助，2020年2月26日"经取样测产，平均鲜稻谷产量达7.9吨/公顷，预计此次收获的稻谷约100000基纳（约万人民币）"。

毫无疑问，这里的"基那"，都应换算成人民币。

世界上现行货币有170多种。读者一般对世界主流货币，如美元、日元、英镑、欧元等以及周边国家的货币如越南盾等印象较深。也有不少人对周边国家货币知之甚少，如蒙古的图格里克、老挝的基普等，更不用说万里之外的巴新货币了！

实际上，即使耳熟能详的外币，一般读者也未必知道其与人民币的具体换算关系。不同国家的货币与人民币的汇率有着天壤之别，读者难以估算。如科威特第纳尔对人民币的汇率是20多，而伊朗里亚尔只是人民币的约1/6500。

文章既然列出了数字，就需要具体量化。如："1500万基那"是中方的援助数额，究竟折合人民币多少元？另外"收获的稻谷约100000基纳"，也是体现中国技术援助的直接结果，折合人民币多少元？没有换算，这些数字的量化功能将大打折扣。

虽然不同货币间的汇率在网上都可以查到，但这是记者的责任，而非读者的义务。而且，不少国家的货币不像强势货币那样容易准确地查到汇率。对于非现行的货币，查准的难度就更大。

令人啼笑皆非的是，文章中的"（约万人民币）"还为读者出了道"填空题"。这原本是作者本人该交的"作业"：当时1基那约合1.73元人民币，收获稻谷"100000基纳"约合17.3万元。

记者在处理换算问题上应坚持以下几个原则。

一是数额较大时取小数点后两位数。2021年1月27日有报道提到"澳大利亚将斥资10亿澳元（约8万美元）研制新型制导武器"。括号的"约8万美元"即使纠正为"约8亿美元"，也过于"整"。根据当天的兑换率，1美元约合1.29224澳元，10亿澳元约合7.7385亿美元。精确到小数点以后两位数,并根据四舍五入原则,当为7.74亿美元。相比之下,"8亿美元"就平白无故地多出了2600万美元,有失精准。

二是汇率使用的次数可视情而定。如果货币单位只出现一次,就直接换成人民币元。2018年9月26日《中企疏浚技术为巴西港口带来活力》一文,提到"进入现场施工前,该港口已停运9天,累计直接经济损失超过3100万雷亚尔(约合6510万元人民币)"。由于全文只有一处提到雷亚尔,故直接换算为人民币即可。至于雷亚尔与人民币的汇率也可略。

如果出现多次且兑换率相同,可在正文首次出现时采用括注的办法写成"1外币约合多少元人民币"。这样,全文贯通,可避免同一篇文章出现多处外币兑换。如2016年1月30日《巴新警察送华人大肥猪 以谢救命之恩》一文出现了两处当地货币"基那":2015年6月,"捐款10万基那(约合21万元人民币)";2015年10月,"承诺拨款500万基那(约1050万元人民币)用于当地抗旱"。两个数据相差4个月,汇率没有变化,基那与人民币汇率都是1∶2.1。这样,只需在第一处"捐款10万基那"括注"(1基那相当于2.1元人民币)"即可。

三是如果兑换率特别大,可直接采用人民币数额。有些国家货币贬值严重、购买力低,以致用括注兑换率后读者难以快速算清,此时直接括注"相当于多少元人民币"即可。有些文章就照顾到了读者的这一感受。如2020年5月6日《伊朗通货膨胀一万倍:1万旧币换1新币!百姓一夜间财富归零》一文,即有"伊朗民众节日家庭必备的开心果等干果更是飙到了每公斤200万里亚尔(约合100元人民币)以上"。如果按照兑换率写成"每公斤200万里亚尔(1元人民币约合2万里亚尔)以上",读者一下子难以算出。如果兑换率有小数点,且原数字并非整数,则更是无法计算。

对于人类货币史上曾出现的购买力低得夸张的货币津巴布韦元和委内瑞拉玻利瓦尔,媒体大多如此处理。

四是在次序上,建议按照价值先"高"后"低"排序。以美元与人民币的换算为例,写成"1美元约合6.46元人民币"易于理解,但写成"1元人民币约合0.15美元"则不便于计算。如果差距特别大就更难计算了，如2021年2月25日1元人民币约合6512.839598伊朗里亚尔。略去小数点后的数字并进行四舍五入，可变为6513伊朗里亚尔。但若是反过来计算，则成了1伊朗里亚尔=0.00015354元人民币，大部分读者都会"抓狂"。

汇率应该精确到什么程度？实际报道中的写法五花八门。建议统一精确到小数点以后两位数，并遵循四舍五入的原则。

标题中外币的处理要注意下列问题。外币首次出现在标题中，尽量在正文首次出现时再进行换算。

一是避免冗长。2019年7月24日《双方将签下为期一年、价值260万美元（1美元约合6.88元人民币）的合同》一文，全文去掉电头共计69个字的空间，标题就占用了31个字的空间，而且与正文内容完全重复。括号中的"1美元约合6.88元人民币"就超过了一般标题的长度，模糊关键信息的同时给读者带来压迫感。

二是避免怪异或突兀。这里指的是换算之后出现的数据可能并非整数。如对于2020年12月23日《美国国会通过9000亿美元纾困案》一文，若根据该法案通过时的12月21日的汇率1：6.463，标题就成为《美国国会通过58167亿元人民币纾困案》，就显得非常怪异。

在实际报道中，类似上述标题的做法并不少见。如2015年1月29日《2016年里约奥运会预算追加2.43亿元人民币》一文，在正文里又有"增加了1亿雷亚尔（1雷亚尔的参考汇率约合2.43元人民币）"。这种情况下，标题应直接使用"1亿雷亚尔"。

三是避免标题与正文数据不一致。如，2021年2月26日《朴槿惠未交1亿人民币罚款：卖房子也凑不够 或干3年苦役》一文，正文里又出现了"合计215亿韩元（约合人民币1.26亿元）"。与标题里的"1亿人民币"相比，2600万元人民币跑到哪里去了？这个数据，即使对朴槿惠，也不是个小数。此种情况，标题中还是使用韩元更合适。

当然，有两种情况可以例外。一是一句话新闻。如2012年8月27日的一则消息《埃及2012年贸易出口额将降至1300亿埃镑（1美元约合6.08埃镑），低于1600亿埃镑的原计划出口额。——埃及工贸部长萨拉赫》。因为只有一个短句，没有选择余地，所有信息都必须在这里"扎堆"。二是专门探讨汇率的文章，如2013年10月14日《人民币对美元中间价6.1406元　再创汇改新高》。汇率是重点，必须在标题中出现。

需要警惕的是，有的报道移花接木，竟然用中国的人民币"元"直接替换外币，且丝毫不顾及兑换率。2021年11月4日《在澳背包客屡遭剥削　公平工作委员会终裁决：工人有权获最低时薪》一文，讲的是工人在澳大利亚农场遭受剥削之事，但其中两个小标题"华人采摘工时薪仅10元""公平工作委员会：工人时薪至少应达25.41元"给人的感觉是：澳大利亚工人挣的时薪是人民币元，但实际是澳元。该报道开篇称"去年12月，曾有报道称澳大利亚农场工人时薪不足2元（澳元，下同）"。这种表述不仅怪诞，而且容易误导读者。作者直接使用"元"会给读者造成农场时薪不足2元人民币的错觉。正确的做法是：要么直接用"澳元"，要么折合成人民币，切忌如此"等量齐观"。

再如2017年2月24日《贪污近八千万元越南两名前国企高管被判死刑》一文开篇提到：

> 越南首都河内一家法院22日以贪污罪判处一家大型国有航运企业的两名前高级管理人员死刑，两人合计贪污2581亿越南盾（约合7775万元人民币）。

很明显，标题用的是兑换过的数额，当时1元人民币约合3320越南盾。如果像上面那篇文章那样随意更换货币单位，两名越南前高管贪污的数据将达"2581亿元"。越南人均收入不到中国的1/4，这样的贪污恐怕空前绝后。

三、20个"0"当写成"万亿亿"

本部分涉及货币单位的综合错误，包括货币单位和数字书写两类。

一种货币竟有四种写法。外国货币单位的书写错误，主要有三类。

一是沿用淘汰的货币单位。"美金"已是明日黄花，当改为"美元"。

百度"美金"，得到的信息数量是封顶的1亿条。如2020年9月25日《大事件！超1000亿美金要来了》一文的标题即错用了"美金"。众所周知，"二战"后美国拥有全世界黄金储备的2/3，1944年布雷顿森林体系遂确立了实行美元和黄金直接挂钩以及固定汇率制度。20世纪60—70年代，在经历了多次美元危机后，美国到1971年已无力继续实施这一挂钩计划，被迫于8月15日宣布脱钩。以当年12月的《史密森协定》为标志，布雷顿森林体系下的金本位制名存实亡。自此，各国货币之间实行浮动汇率，黄金也实行浮动价格。由于这段与黄金挂钩的历史，美元习惯性被称为"美金"。严格地讲，1944年7月至1971年8月期间这两个表述可以互换通用，但之后的时间用"美金"则属历史错位。

与"金"有关的还有另一个错误，个别文章将瑞士货币与黄金挂上了钩。2011年7月11日《黄金疯涨　瑞士议会或将讨论金本位复辟》指出，"瑞士2000年成为最后将瑞郎与黄金脱钩的国家之一"。这一说法完全是凭空捏造。除美元外，包括瑞士在内的其他所有国家的货币都未曾有过与黄金挂钩的历史。

二是同一种货币存在两种翻译。同为巴布亚新几内亚的货币单位"kina"，报道既有"基那"也有"基纳"。在巴新自身并没有更换货币的前提条件下，同一个媒体使用两种译写，于理不通。而最极端的情况是，同一篇文章使用的货币单位也不相同，如2020年3月8日《中国旱稻技术为巴新乡村带来勃勃生机》，该文就在两种译写之间来回"切换"（如前文提到的1500万基那、100000基纳）。

这两种译写究竟哪个正确呢？外交部网站和中国驻巴新大使馆使用"基那"，但作为习惯，译写的规则是尽量使用含义不明显的汉字，因此比较而言又应该选用"基纳"。如最初随意翻译的美国州名时一个"na"音却先后出现了"北卡罗来纳""蒙大拿""亚利桑那"等不同音译，就是因为美国州知名度高而被约定俗成。无论是"那"还是"纳"，还是建议统一标准为好。

三是一种货币多种叫法。一个国家的货币如何使用，是音译还是意译、是简称还是全称，都需要有统一的规定。对于白俄罗斯的货币单位，报道既有"白俄罗斯卢布"和简称"白卢布"，也有"白俄卢布""白币"等不同版本。建议国内制定统一标准，如简化为两个字的"白卢"等。

类似情况还有很多。如新西兰货币，既有全称"新西兰元"，也有称"新元"，还有借用该国音译"纽芬兰"而称为"纽币"的。至于巴西货币Real，在媒体报道中则有"雷亚尔""巴币""黑奥"（葡语音译）三副面孔，等等。

具体到货币的数字写法，国际报道也存在诸多问题。

一是误用"兆"字。2017年11月20日《津巴布韦：昔日"面包篮"何以变成高通胀率国家》提到：

> 到2008年5月，津巴布韦央行不得不发行面值1亿元和5亿元的钞票，之后甚至出现了面值100兆的钞票。

此处"100兆的钞票"，被少算了百万倍。

根据第7版《现代汉语词典》，兆是百万，100兆是1亿。而津巴布韦发行的人类货币史上"零"最多、面值最大的100 trillion津巴布韦元（津元），是100万亿津元！

上文将"兆"当成"万亿"，是穿越回到了古代。中国古代的计数有个、十、百、千、万、亿、兆、京、垓、秭、穰、沟、涧、正、载、极、恒河沙、阿僧祇、那由他、不可思议、无量、大数等。万以下是十进制，万以上则是万进制，即万万为亿，万亿为兆，万兆为京，万京为垓……依此类推。文章使用"兆"，也许是受到了日本的影响，按1兆=1万亿计算。但在我国，"兆"只有"百万"之意，是旧"兆"的百万分之一，二者不可同日而语。

二是采用了太多"0"。上文提到的《中国旱稻技术为巴新乡村带来勃勃生机》一文，同时使用了"1500万基那"和"100000基纳"，后者显然应简化为"10万"。2017年11月20日《津巴布韦：昔日"面包篮"何以变成高通胀率国家》称，该国"通胀率已高达8970000000000000000000%"。这么一大堆"0"，让人眼花缭乱、头晕脑涨，极易数错，因此应使用"万""亿"或更大的数词表示，如897万亿亿%等。

上述书写不当的原因是多方面的。受英语书写影响，有的记者倾向于直接"拿来"。英语每隔三位数加个逗号，从个位数开始分别是千、百万、十亿、万亿，十分清晰，但放在汉语语境中则不妥。更令媒体担心的是，使用比"亿"更大的数，一般读者很可能看不明白。如上文的"897万亿亿%"，根据古代"亿亿为京"和"万京为垓"的算式，可改为"897万京%"或"897垓%"。但这种故纸堆里汉字，即使专业人士也未必能第一时间反应并理解。

延伸阅读

英文里的"googol"是10的100次方，即数字1后跟100个零，常指巨大的数字。1998年美国一家新创的搜索引擎公司命名时采用了这个词，但却错写为"google"。该公司将错就错，于是有了今天众所周知的"谷歌"。实际上，该公司本来打算使用更大的数"googolplex"（10的googol次方），以体现其编组信息量之大。但这个词普通美国人不认识，加之书写复杂，于是退而求其次，选用了"googol"。

如此多的数字，在表述上也显得啰唆。如2017年3月29日《货币界的

"耻辱"——津巴布韦元曾经比美元还值钱》提到过去"1美元可以兑换35千万亿津巴布韦元",同时写出了具体数字"1美元=35000000000000000津巴布韦元"。实际上,这个"35千万亿"完全可简化为"3.5亿亿"。

比较而言,新华网的做法值得提倡。如该网站2015年6月7日《财经随笔:津巴布韦的"天价"货币》一文提到:

> 世界上含"零"个数最多的钞票——津巴布韦100万亿(14个零)津元纸币仅值40美分!……虽然津元面值量级并未高于匈牙利过去发行的货币1垓帕戈(1垓等于10的20次方),但匈央行没把20个"零"印到纸币上,100万亿津元的"零"数还是最多。

用"多少个0"或"10的多少次方"进行计数,不仅一目了然,而且也更易为读者接受。

三是"亿""万"混淆。2021年1月27日《美国出技术,澳大利亚出钱,斥资10亿打造远程导弹,针对的是谁?》开篇指出:"澳大利亚要斥资10亿澳元(约8万美元)研制新型制导武器,加强澳大利亚海上安全"。括号的"约8万美元"明显是"约8亿美元"之误。2020年澳大利亚从美军购买的AGM-158C远程反舰导弹平均每枚售价在495万美元,区区"8万美元"如何"打造远程导弹"?

"陶醉于镁光灯",肯定是穿越了

科技术语是通过语言文字来表达或者限定科学技术概念的语言符号,具有定义规范、概念准确和表达简明等特点。口语表达相对随意,但媒体报道必须严格遵循规定，不能任性更改或替换。总的来说，新闻报道涉及科技术语的错误有三类：混淆、重复和臆造。

一、打捞残骸，已无法使用"声纳"

在科技新闻报道的诸多错误中，同义混淆数量最多、分布最广。这其中，既有规定发生变化的原因，也可能是报道未能与时俱进所致。

2018年1月7日《漫漫回家路 美军将实施"史上最深"飞机打捞》称：

> 美国海军计划打捞残骸及死亡水兵遗体。打捞队将在今后数周内重返坠机地点，用声纳和遥控潜水器测绘残骸所在位置海底地形，继而用缆绳把残骸打捞出水。

这里的"声纳"，应改为"声呐"。

声呐译自英语sonar，是"声导航和测距"（sound navigaiton and ranging）的缩写，是利用声波在水中的传播和反射进行导航和测距的技术或设备。20世纪50年代以后的出版物中有"声拿""声纳""水声测位仪""声呐"等译名。1988年由物理学名词审定委员会审定并由全国自然科学名词审定委员会公布的规范名为"声呐"。1996年公布的《物理学名词》已明确"声呐"是规范词。但由于"声纳"通行时间较长，目前媒体甚至一些工具书仍将sonar错译为"声纳"。

将sonar规范为"声呐"，原因有二：一是在sonar被译为"声呐"前，早已把Acoustic susceptance译名为"声纳"，表示某物质容许声音通过的能力。因此如果把sonar译作"声纳"，就会造成"声纳"一个科学术语表示着两种科学内涵或科学概念。二是从形、声、义的角度分析，将sonar译为"声呐"与汉语中的意义相符。根据《现代汉语词典》，"纳"有接受的意思，可以表达声波通过和接受电流通过的意思；"呐"有呐喊和大声喊叫的意思，可以用来表达声学现象。"声呐"既表现和发挥了汉语中声义兼顾的特点，又避免了一词两义的缺点。

通信被错写为"通讯"，也是特别常见的混淆的例子，如2020年11月13日《鼎点视讯携手iTSCOM 强势进军日本通讯市场》。

"通信"特指用电波、光波等传送语言、文字、图像等信息，如"通信设施""通信卫星"等。而"通讯"则专指一种新闻体裁。因此，"通信员"是部队、机关担任递送公文等联络工作的人员，而"通讯员"则是业余写通讯报道的人员。

在2014年的马航MH370失联事件报道中，这个错误曾大面积出现。

需要注意的是，作为中国最大的通信设备上市公司之一和全球领先的综合通信解决方案提供商，中兴通讯股份有限公司一直使用"通讯"的表述，原因是该公司早在1985年即成立，当时"通讯""通信"通用。鉴于其知名度高，更名成本过大，因此作为专有名词即沿用至今。但也偶有"中兴通信"的错误表述。

与通信被错写为"通讯"相比，医学领域的"症""征"更容易混淆。2015年2月14日《唐氏综合症患者纽约走T台》一文中的"症"字，应改为"征"。"症""征"看着仅是两个字的区别，实际上代表了一大类表述错误。语言中只有"综合征"，没有"综合症"。如全国科技名词审定委员会已经公布其规范译名为"唐氏综合征"，但一些报道依然出现"唐氏综合症"。在报道中，常被写错的类似表述还有干燥综合征（Sjogren Syndrome）、经济舱综合征（Economy Class Syndrone）、慢性疲劳综合征（Chronic Fatigue Syndrome），等等。

医学报道中的"症"与"病"，也常常混为一谈。2017年8月30日《阿尔茨海默症或将终结 美科学家有望将其消灭于萌芽中》提到的"阿尔茨海默症"，当改为"阿尔茨海默病"。

症又称症状，是疾病的表现和病人主观的异常感受，如头痛、发热、呕吐等都是我们的一种主观上的异常感受。病是对疾病的总概括，如感冒这个病名是对疾病发展过程中所有病理状况的总概括。症不是诊断，病才是诊断。

根据国家卫生和计划生育委员会、中国国家标准化管理委员会在2016年10月联合发布的国家标准，其中的权威、规范表述为"阿尔茨海默病"（Alzheimer's Disease）。此外，帕金森病、亨廷顿病也常被错写为帕金森症、亨廷顿症等。

二、变"或"为"和"，这样的诺奖无人获得

简明性是科技术语的重要特征，违反了这一要求就容易导致重复。2019年6月18日《孝顺渔歌小镇的"低田高作"》提到：

> 低田位于婺江之畔，金东、义乌交界处。这里的企业群对接义乌小商品市场，在20世纪八九十年代发端，曾是孝顺镇实体经济的"大本营"。方圆2.5平方公里的低田区块，在集纳500多家企业后，一度沦为低散乱污的"重灾区"。

上文的"方圆2.5"若指面积，就与"平方公里"重复；若是指周围的长度，就应该使用长度的计量单位公里而不是平方公里。因此，要么略去"平方"，要么略去"方圆"。

诺贝尔奖报道中的"生理学或医学奖"，被误为"生理学和（与、及）医学奖"，本质上也是一种重复。2015年，诺贝尔"生理学或医学奖"因屠呦呦获奖而被广泛报道。但在表述中却存在着想当然，将其中选择性的"或"改为并列性的"和"。同为连词，一字之差，却判若天壤。2013年10月8日《诺贝尔奖生理学和医学奖揭晓　物理学奖存悬念》、2019年10月8日《2019年诺贝尔医学奖和生理学奖揭晓》等文章中的连词"和"，都应改为"或"。

从翻译角度看，这是明显的不"信"。该奖项的英文名称，在两个学科

间用的是表示选择关系的"or",而非表示并列关系的"and"。生理学与医学有一定的交叉却有着质的不同。"生理学或医学奖"中的"或"字清晰地表明,只要在其中一个领域获得突出成就,便有资格获奖;但若采用"和"字,则需要在两个领域同时取得建树。这不仅有违该奖项的设置本意,也成了几乎不可能完成的使命。为此,《咬文嚼字》在2015年即将其列入该年度"十大语文差错"。

有些疾病的表述也会出现重复。如在近年报道中不时出现的"炭疽病"和"炭疽热",都应简化为规范的"炭疽"。

炭疽是由炭疽杆菌所致,一种人畜共患的急性传染病,人因接触病畜及其产品或食用病畜的肉而发生感染。炭疽作为一种病,表述未必一定要加"病"字,感冒、沙眼、天花、霍乱、鼠疫等表述都非常简洁。同样,"热"也是赘述,原因是发热并非炭疽的主要症状。有的报道同时犯了多种错误,如2001年10月18日《揭开"炭疽"雾一层》一文,先后出现了"炭疽""炭疽病"和"炭疽热"等表述。其实,三者是一回事。

三、脑补画面:如何从"宇宙边缘"跳伞?

2010年7月18日《"超音速跳伞" 挑战3万米高空 奥地利跳伞狂人将从宇宙边缘自由落体到地面》一文"发明"了"宇宙边缘"这一概念。宇宙浩渺无边,到2020年人类发现的最远天体离地球130亿光年(一光年等于9.46万亿公里),而文中所说的高度只有3.6万米,仍在地球的大气层中,与130亿光年相比几可忽略。将其视为"宇宙边缘",可谓"不知天之高也"。

新闻报道不与时俱进也会犯错。镁光灯就是相机的闪光灯,早期闪光灯用燃烧镁粉的方法来发光,故名。但镁光灯曝光的效果难以控制,易造成空气污染并产生刺鼻气味,因此20世纪30年代以来逐渐被电子闪光灯取代。在这种背景下,即使采用"镁光灯"作比喻,也不太理想。如2019年9

月27日《世界的镁光灯聚焦！国庆70周年阅兵在即，外媒这样说……》标题中，"镁光灯"完全可用"闪光灯"代替。将"镁光灯"作为一个具象化的表述就更是指鹿为马了。如2012年12月14日《距离产生美》讲到了一位好莱坞明星收养的两个孩子在澳大利亚悉尼被娱乐记者偷拍，提到"只见镁光灯对准两个孩子便是'咔嚓咔嚓'一阵闪动"。同一家媒体，在2006年6月17日《霍金的分量》一文中提到，霍金"在舞台上聚光灯强光灯和镁光灯作用下，矜持地接受人们的欢呼和致意"。

2015年10月17日《人休息了，奉献不能止步》提到"冒着摄氏零下三四十度的严寒隐蔽在冰天雪地里"。其中，关于摄氏度的表述属想当然。

物理量摄氏度是一个固定单位和整体，不可随意简化或拆分，表达"多少摄氏度"时不能拆分为"摄氏多少度"。《出版物上数字用法的规定》在"物理量"部分所举的例子是"34℃~39℃（34摄氏度~39摄氏度）"。据此，上文的"摄氏零下三四十度"当改为"零下三四十摄氏度"。

"摄氏度"也不能简化为"度"，否则容易与美国等少数国家使用的华氏温度相混淆。摄氏度与华氏度差距较大，二者的换算公式为：华氏度=摄氏度×1.8+32。这样，水的冰点分别是0摄氏度（0℃）和32华氏度（32℉），一个人发烧37.8摄氏度时就达到了100华氏度。美国作家海明威的经典微型小说《一天的等待》，讲的就是一个小男孩因不懂两种温度的区别、担心发烧死去而备受精神折磨的故事，借此也说明了普及科学知识的重要性。

延伸阅读

一天的等待

9岁的斯加茨是一个性格内向的孩子。在医生给他量体温之前，他虽然已经发烧，但自我感觉没病。在医生告诉他体温达到102度后，他的精神世界立刻坍塌了。他默默地躺在此前不愿躺的床上，痛苦地等待着死亡的到来，因为他听说人发烧到44度就会死去。但当爸爸告诉他，102度指的是另一种温度计后，斯加茨呆滞的目光立即活泼起来，等待死亡的紧张心情也放松了，第二天就什么病也没了。

数据比文字更有说服力，但随意引用的数字则会起反作用。2019年底至2020年初的澳大利亚大火导致的动物死亡数据，相关报道就是反面典型，具体表现在以下三方面。一是局部与整体的矛盾。2020年1月9日《澳洲大火丧生动物数量翻倍！1个州8亿只，244个物种或彻底消失》视频，提到的1个州（即新州）8亿只动物丧生。而一天后的另一篇报道《澳大利亚大火疯狂燃烧　5亿只动物被烧死，受伤不计其数》则称"澳大利亚全境有5亿只动物被烧死"。时间靠后，范围更广，动物死亡反而比一天前一个州的数据少3亿只，明显不符合逻辑。二是同一时间同一范围，统计数据矛盾。2020年7月29日《最新调查曝光：澳洲大火竟烧死30亿只动物，为当代史动物最大浩劫》，提到"世界野生动物基金会最新的调查显示，年初澳大利亚夏季的森林大火造成了大约30亿只野生动物丧生"。而同一天另一篇报道《澳大利亚山火共造成30亿动物死亡或流离失所》中的"30亿动物"，则包括了"死亡或流离失所"两大类。三是同一种动物，在几乎同一时间的数量也不统一。2020年1月7日《澳洲大火里的这只考拉是幸运的，然而它的两万只同伴却永远留在了火场里》，提到的丧生考拉数量是2万只。次日，《大火烧澳大利亚，烧死了8000多只考拉》视频却将其数量降为8000只。

澳大利亚动物死亡的新闻，牵动着全世界亿万读者的心。媒体急于奉献作品，导致同一时期援引了不同资料或不同时期援引了同一资料。另外，动辄数亿的动物统计数据包含了昆虫。世界范围内，昆虫是数量遥遥领先的动物。大多数昆虫个体微小，根本不可能进行精确统计。而且很多昆虫生命只有几天时间，有的甚至朝生暮死。即使没有大火，这些昆虫也会自然灭亡。将其无谓地计入被烧死动物的范围，有失公允。

> **链接**　一人检测，"被支付"了全家费用

2021年11月，澳大利亚逐步开放边境后，规定即使是完全接种疫苗的澳人，返澳前在海外必须做至少一次的检测，价格约为150澳元。抵澳后，维州和新州等要求入境者在第一周至少进行两次检测，这样每人三次检测就需要花费450澳元，一个家庭平均则需花费1800澳元。但相关报道大多算错了"账"。

少算。2021年11月17日《账单成入境"绊脚石"？赴澳病毒检测费用高达千元》一文中的人民币"元"，与实际账目有出入。2021年11月15日1澳元约合4.65元人民币。每人检测费若按150澳元算，则折合约698元人民币。这个数目离千元还差300多元，尚算不上"高达"。如果按3次450澳元计算，则折合2093元。这就不是"千元"的问题。"高达千元"应该在1000元之内，即使多，也不应多出1000元。对于"2093元"，应该说"高达2000多元"才合理。

多算。2021年11月16日《想入境澳洲？新冠检测费高达\$1800！专家：或妨碍经济复苏》一文中的"\$1800"，给人的感觉是"1800美元"，而实际上是"澳元"。对于澳大利亚媒体，"\$"代表的是"澳元"；若是美元，则增补为"\$US"。这种用法符合"距离越近越简洁"原则。虽然上述文章正文也说清了"澳元"，但标题容易误导。通常情况下，在国人眼中的"\$"就是"美元"。2021年11月16日1美元约合6.39元人民币，这样1800美元就是11502元。这个费用说成"高达万元"才有震撼力。

事实上，无论是"千元"还是"\$1800"，算法都有误。

这两个数据给人的感觉是入澳的个人费用，而实际上是整个家庭的费用。澳《金融评论报》2021年11月15日采用的标题《家庭面临1800澳元的新冠检测费》，显然指的是"病毒检测费户均1800澳元"。澳大利亚每户平均是按4人计算。也就是说，中文的这些标题，只要不带"户"字，就等于多说了3倍。况且，即使按家庭计算，很多在外工作、求学的也不是举家行

为。因此，无论是"千元"还是"$1800"，都不成立。

2021年11月17日《病毒检测费比机票还贵？澳大利亚旅游业不满现有入境规定》一文中的"比机票还贵"，偏差更大。

从面积上来看，中国和澳大利亚都属"巨型国家"。同是从中国到澳大利亚，不同航线的距离有着天壤之别。通常，泛泛而言的两国距离，指的是两个首都之间。由于澳大利亚首都堪培拉是纯政治中心，迄无堪培拉直达中国的国际航班，因此，上海到澳第一大城市悉尼或第二大城市墨尔本的航线可视为参照系。非疫情期间，中澳两地的经济舱约1万元人民币，疫情期一票难求，价格更是离谱得高。而从上文来看，一个人即使进行三次检测，花费也只相当于2093元人民币，只相当于机票的1/5。"比机票还贵"从何而来？

澳大利亚实行的"自我隔离"，也就是待在自己家，而不是在酒店。这样，即使按照最少的14天计算，澳大利亚人也节省了一笔不小的费用。正常情况下，隔离酒店每天约100美元，14天就是1400美元。美元与澳元的兑换率按1∶1.4计算，1400美元约合1960澳元。

总之，中性客观的标题可改为《澳回国检测人均需450澳元》。

陆 法律军事：文物流散，岂能倡议？

法律报道的错误主要有相互交叉的三大类：混淆、遗漏和错位。

军事是新闻报道中的重要领域，但一些记者对军事术语一知半解，导致在军衔、编制与职务以及武器装备等三大领域的表述错情不断，出现了诸如主观臆造、叠床架屋、近义混淆和标号滥用等错误。

罪犯"伏法",记者成"冤案"幕后推手

有些法律术语,尽管只有一字之差,但却分属不同的法律范畴,在适用范围上有明确差异,不能混为一谈。记者应对这类法律词弄清原委,避免成为制造"冤案"的幕后推手。

总的来说,法律报道的错误主要有相互交叉的三大类:混淆、遗漏和错位。

一、"被告"与"被告人",不可相提并论

法律报道最常见的混淆词汇有四组。

一是"抢夺"与"抢劫"。2016年9月5日《玉林男子飞车抢夺路人财物致一人死亡 被执行死刑》指出:

> 9月2日,经最高人民法院核准,抢劫致人死亡罪犯周学录在玉林市被依法执行死刑。

标题和正文分别使用了"抢夺"与"抢劫",明显混淆了这两个词的区别。"抢夺"与"抢劫"性质不同,前者未对人使用暴力,后者对人采取了强制手段,同时威胁到受害人的人身安全。前者判不了死刑,而后者最高可判死刑。既然是"抢夺",就不可能"被执行死刑"。

2007年9月21日《淮南"飞车党"强拉硬拽劫财致人死亡 案犯伏法》

一题，在正文"安徽省高级人民法院判处的首例飞车抢夺致人死亡的罪犯赵伟9月20日在淮南市被执行死刑"中，使用了"抢夺"而不是"抢劫"。

二是"嫌疑人"与"罪犯"。2003年8月8日《印尼巴厘岛爆炸案主要嫌疑人被判死刑》一文指出：

> 印度尼西亚一家法庭8月7日宣布一名伊斯兰武装分子阿姆奥兹（中）在巴厘岛爆炸案中犯下的恐怖罪罪名成立，并判决他死刑。去年10月12日，印尼旅游胜地巴厘岛一家夜总会发生爆炸，造成200多人死亡，330多人受伤，其中多数为外国游客。

从以上可以看出，标题与正文明显矛盾，混淆了"嫌疑人"与"罪犯"的区别。在刑事诉讼中，有作案嫌疑的人在起诉前叫犯罪嫌疑人；起诉后，叫被告人；在判决有罪后，叫罪犯。标题中的"嫌疑人被判死刑"，属于提前量刑且量刑过重：未审即判死刑，司法公正何在？而正文表明："嫌疑人"罪名成立，已被判死刑。这样，"嫌疑人"当改为"罪犯"或"案犯"。2017年5月15日《与前任唱反调？美政府寻求重判犯罪嫌疑人》中的表述，犯了相同错误。

三是"被告"与"被告人"。2023年12月13日《长春"游客遭高空抛砖砸中致死"一审宣判：被告被判处死刑，赔偿被害人家属4万余元》一文指出：

> 12月13日，长春"一游客遭高空抛物砸中身亡"案在吉林省长春市中级人民法院一审宣判。法院以危险方法危害公共安全罪，判处被告人周某死刑，剥夺政治权利终身，赔偿被害人家属经济损失43000余元。

标题和正文分别使用了"被告"和"被告人"，表明作者没弄清二者的区别。

我国法律规定，在刑事案件中，被公诉机关指控涉嫌犯罪的当事人称作"被告人"，而在民商事、行政案件中的一方当事人称作"被告"（与"原告"相对应）。反过来看，刑事案件中不存在"被告"这一称谓，民商事、行政案件中也不可能有"被告人"之说。在上文中，周某高空抛物致人死亡且已被判死刑，是刑事案件当事人，故应称"被告人"。

这类错误在报道中较常见，如2007年7月3日《被告一审判死刑　受害人高额赔偿无法落实引争议》。

国际新闻涉及"被告"与"被告人"的错误报道，与这两个词在英语中被混淆有关。百度"被告"与"被告人"，出现的英文分别是the accused和defendant。而《英汉大词典》中对这两个词的释义都是"被告"，但所举例子都属"被告人"范畴，如"臭名昭著的阴谋案件的被告之一"（one of the accused in a notorious conspiracy）。都上升到"臭名昭著"的"阴谋案件"了，当事人显然当为"被告人"。同样，"这个被告被控犯有谋杀罪"（This defendant is charged with murder），"被告"更应改为"被告人"。

"被告"与"被告人"在外语中的混淆，也直接导致了报道的错误，如2009年8月7日《孟买爆炸案3被告被判死刑》、2018年7月11日《中国姐妹在日本遇害案再开庭　检方：行为残暴　要求判被告死刑》等。

四是"服法"与"伏法"。2018年1月25日《从"神医"到性侵罪犯，美国体操队医纳萨尔终伏法》一文指出：

> 前美国体操队队医纳萨尔性侵犯案件的审理24日在美国密歇根州首府兰辛市结束，这位曾经为美国女子体操奥运冠军队伍保驾护航的业界"神医"，终因性侵犯被处以最高达175年的刑罚。

上述标题混淆了"服法"与"伏法"的区别。

"伏法"，是指因犯罪而被判死刑并已执行，即"伏于法"。与"伏法"发音完全相同的"服法"指服从法令，愿意认罪，即罪犯承认自己所犯的罪行，服从法院的判决等。其内容可包括自首、投案、坦白交代罪行、戴罪检举他人以及其他改恶从善的行动等。"服法"通常与"认罪"连用，二者相辅相成：认罪是基础，服法是行动。简言之，"服法"是一种主观态度，而"伏法"则是一种客观事实。上文的纳萨尔因性侵被处以最高达175年的刑罚，且肯定会死于狱中，但却不是被处以死刑，因此仍不能用"伏法"。根据文中纳萨尔对此前犯罪事实供认不讳这一情况，也可将标题中的"伏法"改为"服法"。

同样，2009年12月30日《美国信用卡黑客伏法认罪 面临17至25年监禁》中的"伏法"，要么略去，要么将"伏法认罪"改为"认罪服法"。

对于2012年1月5日《英国黑人青年因种族歧视被杀 18年后凶手终伏法》一文，标题似乎看不出问题，但正文指出："1993年杀害黑人青年斯蒂芬·劳伦斯的两名英国男子被判终身监禁。"因此，即使两名凶手老死于监狱，与被执行死刑也有着本质区别。更何况，英国早在1969年即废除死刑，该国罪犯已不存在"伏法"的可能。

对于那些没有死刑的国家，凡是出现"伏法"的报道，都歪曲了该国法律。2005年5月12日《德国一"食人魔"伏法》一文，对于了解德国没有死刑这一常识的读者而言，不看内容即知"伏法"属错用。事实上，正文内容也清晰地表明：柏林法院以谋杀并企图吃掉尸体为由判处一名德国男子13年监禁。因此，标题可改为直白的《德国一"食人魔"被判13年监禁》。

二、"家庭暴力"竟有"暂行规定"

遗漏是指省略了不该省略的词语，在简短的题目中容易出现语法甚至逻辑错误。遗漏最多的是动词、名词，偶尔也有副词和助词等。限于篇幅，本节只探讨动词的遗漏。

1997年4月13日《〈湖南省家庭暴力暂行规定〉列入立法议程》这一标

题，令人读后惊掉下巴：在大力推进民主与法治建设的今天，对众人痛恨不已的家庭暴力行为竟然还要立法予以"保障"？！通过正文可知，"家庭暴力"显然是"禁止家庭暴力"之误。真可谓一词之差，谬以千里！

1996年6月11日有一篇题为《国际拐卖妇女大会10日在维也纳开幕》的报道。拐卖妇女者竟敢堂而皇之地召开"国际大会"？"拐卖"实为"制止拐卖"。两字的遗漏，导致意思南辕北辙！

2010年10月18日《圆明园发布流散文物全球倡议书》一文的标题，同样令人困惑：难道圆明园文物流散得还不够？还要公开"倡议"？毋庸置疑，"文物"之后应加"回归"。该文也指出，"该倡议将陈设于圆明园，进行为期一年的签名征集活动，旨在唤起全人类的共识，使圆明园的文物回归不再是一个梦想"。遗憾的是，全国数十家媒体转载时照抄照搬，导致错误信息在全国"流散"。

同样，2020年9月15日《特朗普这次真急了，花10万美元悬赏枪杀警察凶手：抓到就判死刑》，这一标题也让人感到不可思议：对于枪杀警察的凶手，还要"悬赏"？这里"悬赏"针对的显然是"缉拿"者。应在"枪杀警察凶手"前加上"缉拿"二字。

个别遗漏具有一定的隐蔽性，在标题中难以看出，如2013年2月15日《"刀锋战士"情人节枪杀女友被捕》。但从正文得知，"枪杀"尚未最后定罪，故标题应在"枪杀"前加"涉嫌"。事实上，该文开篇也清晰无误地指出，南非残奥会冠军"刀锋战士"在"14日因涉嫌枪杀女友被逮捕"。人命关天，兹事体大，标题不能如此惜字如金！同一天，有的媒体就注意到这一点，如《情人节变"情人劫"："刀锋战士"涉嫌枪杀女友被捕》。

新闻报道的这类遗漏错误，除了对法律、案情缺乏了解外，还有三个原因。

一是外文的漏译。外文有时不使用动词，但译成汉语时需要补译，否则就会导致含义相反，显得荒唐异常。

2013年1月10日《欧盟网络犯罪中心11日正式成立》一文的标题就令

人惊愕：欧盟作为世界最大的国际组织之一，竟如此冒天下之大不韪，成立"网络犯罪中心"？

原来，欧盟成立的"网络犯罪中心"是"EUROPEAN CYBERCRIME CENTER"的"直"译。而"网络犯罪"（CYBERCRIME）是原文"打击网络犯罪"（fight against cybercrime）的节略。正文中欧盟委员会内政事务委员马尔姆斯特伦也明确表示，"这一机构将提高欧盟打击网络犯罪的能力，从而维护一个自由、开放和安全的互联网"。从这一表述来看，欧洲成立的显然是"打击网络犯罪中心"。全球每天约有100万人沦为各种网络犯罪的受害者，而网络犯罪每年导致损失约3000亿欧元，成立打击网络犯罪中心势在必行。退一步讲，即使是原文因语言表述习惯看起来有遗漏，中文报道也应予以增补，达成自圆其说，故需增译为"欧盟成立打击网络犯罪中心"。同理，正文中提到的与会代表"美国网络犯罪专家马特"，也当增译为"美国研究网络犯罪问题的专家马特"。有的媒体发现了这一问题而力图"挽救"，如2013年1月10日《欧盟成立网络犯罪中心打击网络不法行为》一文，但标题后半部分的"抢救"显然有心无力，导致前后矛盾，给人以"黑吃黑"的感觉。

二是受当地华文媒体的影响。中国驻外记者发回的报道，难免受当地华文媒体的影响。如澳大利亚华文媒体《澳洲都市报》2018年5月22日《全澳去年因加密货币欺诈损失高达200多万澳元》一文提到"澳大利亚竞争和消费者委员会（ACCC）在周一发布了《年度目标欺诈报告》"。这里的"欺诈"显然是"防欺诈"之误。受此影响，国内媒体2021年6月8日《报告：2020年澳大利亚人因诈骗损失达8.51亿澳元》开篇提到澳"7日发布的年度目标诈骗报告"，几乎完全重复了这一错误。

三是只看原文标题，不看全文。由于网络诈骗溯源和破案难度大，因此最有效的防范措施还是从个人防护做起。早在2016年，澳大利亚竞争和消费者委员会便发行了《防诈骗袖珍黑皮书》。这个黑皮书的原文为"Little Black Book of Scams"，直译就是《诈骗袖珍黑皮书》。但是打开扉页，就可看到醒目的说明:"袖珍书旨在指导你发现骗局并保护你自己不受骗。"如果细看目录和全文,就更不会只根据外语标题而望文"生"译。

> **延伸阅读**

英国1715年通过法案"Riot Act"。该法案按字面意思就是"暴乱法",但显然于理不通:哪个国家会堂而皇之地通过这样的法?这实际上是防止暴乱的法案。该法虽然在英格兰和威尔士已被1967年刑事法废除,但在英式英语中却留下了一个固定习语:read(sb)the Riot Act,意即"严厉警告(某人)不得再犯"。Riot Act在英国通过约300年后,这个表述在英联邦的澳大利亚又得以"复活",且非常巧妙。众所周知,澳大利亚首都堪培拉(Canberra)的官方名称是"澳大利亚首都领地"(The Australian Capital Territory),简称"ACT"。这个简称与议会通过的"法"(act)拼写完全相同。因此,堪培拉在2000年借助英国的"read(sb)the Riot Act",在当地建立了一个同名论坛"Riot Act",并在2015年转型为颇具影响力的媒体。这个媒体表述一语双关:在汉语中既可译成"反暴乱(反闹事)法",也可译成"澳大利亚首都领地"。

三、比赛中的"弑杀",既错位又血腥

错位的情况大概可分为四类。

一是词性错位。2003年1月17日《香港一媒体报道手法令人恶心 刊登娈童案连环照》一文指出:

> 香港一家媒体因在上周报道补习老师涉嫌淫辱儿童的案件,并刊登了疑犯性侵犯小童过程的连环照片,惹来继《东周刊》登女星裸照

后,受到香港各界的强烈批评。截至昨日,影视及娱乐事务处已收到15宗有关投诉。

与正文对比可以看出,标题中"娈"字明显被用作动词,指"性侵犯、猥亵"等犯罪行为。实际上,"娈"在《现代汉语词典》第7版只有一个词性一个含义,即形容词"相貌美"。娈童是一个有特定含义的词语,在南北朝左右开始专指被女性玩弄的美少年。1993年和2003年,美国的天才歌手迈克尔·杰克逊两次卷入儿童性骚扰案,"娈童"一词在媒体报道中变得高频,如2013年6月6日《经纪人还原杰克逊娈童案真相:整个世界误解了他》、2021年1月2日《狱中自杀的娈童嫌犯并没有死? 2021美国如此开局》等。

二是主被动错位。2012年5月22日《利比亚:洛克比空难定罪者去世》中的"定罪者",出现在新闻报道中就颇为蹊跷。"定罪者"是法院审判员一类的司法人员,他们的去世通常不会成为新闻,何"蹊跷"之有?事实上,文中"去世"的是制造空难而被判处"终身监禁"的利比亚人迈格拉希,故"定罪者"当改为被定罪者——"罪人"。

三是尊卑错位。"弑"是古语词,指臣子杀死君主或子女杀死父母,但2020年11月14日《恐怖,公鲨鱼怀孕,开始弑杀报复人类》一文中的"鲨鱼"与"人类"却不存在这层关系。2023年9月14日《打蒙德国打服土耳其令人震惊?日本足球已然质变》提到了日本队完成了对德国和土耳其两个强队的"弑杀",不仅错位,也太过血腥,使用"击败"即可。2014年11月21日《江苏男排球迷喊声震耳欲聋 新接应"弑杀"家乡队》一文虽将"弑杀"置于引号之内,但还是改用"击败"或"打赢"为好。

四是形似字错位。"囹圄"一词偶尔被误用为"囫囵",如2020年11月9日《美国深陷囫囵前途未卜,白宫错误害惨美国人,中国释放重要信号》。"囹圄"(líng yǔ)也作"囹圉",即监狱,通常用于"身陷囹圄"。"囫囵"(hú lún),意思是完整、整个儿的,通常只用于成语"囫囵吞枣",比喻学

陆 法律军事:文物流散,岂能倡议? 119

习上不加分析，不作消化理解，含糊笼统地接受。上述错误的根源也许是"囫囵"与"图圄"字形相似。

士官不是军官，也不是官员

军事是新闻报道中的重要领域，但一些记者对军事术语一知半解，导致在军衔、编制与职务以及武器装备等三大领域的表述错情不断，出现了诸如主观臆造、叠床架屋、近义混淆和标号滥用等错误。这就需要记者在不断提高自身军事知识修养的同时，注重咨询相关专家并借鉴专业报道，从而使军事报道同时满足两个标准：业外人士看得懂，业内人士看得顺。

一、"文职专业技术三级"并非将军

2008年4月25日《宋祖英晋升为少将级文职将军 被授予一等功》一文开篇指出：

> 凭借《辣妹子》《好日子》等歌曲红透神州大地的军旅歌手宋祖英被海军军委授予一等功，同时调整专业技术级别到三级，这意味着宋祖英已经晋升为少将级文职将军。

从正文可知，宋祖英只是专业技术级别被调整到三级。这里的"文职将军"纯属臆造，也违反了《中国人民解放军军衔条例》。即使加上修饰语"少将级"，也不成立。

很多报道误将某些级别高的人称为"文职将军"，主要源于2001年2月军队四总部提高高级专家待遇规定中对服饰的更改。据此，文职专业技术

三级以上的人员的军装帽饰改金黄色，肩章加缀松枝叶，从外观看有点像已授军衔的少将。这些文职干部是现役军人，享受的政治和生活待遇相当于军级干部，但不授予军衔。军官军衔具有明确上下级关系、便于管理和指挥功能，而专业技术三级以上文职干部的服装标饰只表明享受相应待遇，不具备少将（将军）军衔的管理和指挥功能。

总之，中国军队的军事术语和衔级中没有"文职将军"。早在2010年3月，著名军史专家徐焰少将在人民网发表题为《军史六大虚假传言揭秘：中国军队有"文职将军"吗》的文章进行驳斥。《咬文嚼字》甚至将其列入"2013年十大语文差错"。

这样的报道可谓屡见不鲜，如2011年11月10日《文职将军黄传会受聘县文联顾问》、2023年9月25日《回顾：从"文职将军"到"为爱隐退"，66岁的阎维文走上别的道路》等。

与"文职将军"一样，报道中的美军"元帅"，也属无中生有，如2018年2月21日《阿灵顿国家公墓：30万美军士兵长眠，元帅士兵一起埋》。

从理论上讲，五星上将相当于其他国家的元帅，但就美军自身而言，却不能如此直呼。若想表达"元帅、士兵"这一集体概念，完全可用"将士"这一统称代指。当然，《阿灵顿国家公墓：30万美军士兵长眠，元帅士兵一起埋》这一题不仅语义重复，而且也前后矛盾：前面只有"士兵"，后面则是"元帅士兵"，尽管实际的"元帅"只有寥寥几人。为此，整个标题可修改为《阿灵顿国家公墓：30万美军将士一起长眠》。

有的报道则将士官直接"晋升"为军官，也属臆造。

2019年6月27日《带39公斤毒品！巴西总统G20随行军官被抓》一文中的"军官"，当改为"士官"。正文表明，这名"随行空军军官"名叫席尔瓦·罗德里格斯，是名中士。

上述错误主要是对"士官"这一军衔不甚了解所致。包括巴西在内，世界大部分国家军人按军衔都可分为士兵、士官和军官3类。其中，位居中间层的士官属于高于普通士兵的职业士兵，一般从服役期满的士兵中选拔，也可从军外直接招募具有专业技能的公民。不过,士官虽名为"官",其等级再高也是兵,也不佩戴资历章。巴西的士官与很多国家的士官一样,分为4级,由低到高分别为下士、中士、上士和军士长。文中携带毒品的那名士官是仅比最底层的下士高一级的中士。无论处在哪一级,士官都不是,也不能叫"军官"。

2019年6月27日《巴西官员随总统赴G20峰会 被查出走私39公斤古柯碱》一文称该士官为"官员",也同样不妥。既然士官本质上是士兵,在军队中不是军官,自然也不能被称为"官员"。

二、美军的上将,就是四星上将

2017年8月17日《一星准将3年直升四星上将》一文犯了赘述错误。其中的"一星"和"四星"属于蛇足。

根据美国军衔制度,一星为准将,二星为少将,三星为中将,四星和五星为上将。但在美军衔史上,五星上将出现的阶段较短。美国国会规定,该军衔只在战争年代授予。首次授予时间为1919年,最后一次是在1950年。1981年最后一位五星上将去世至今,美军再无五星上将。因此,只要不涉及1919年至1981年的人物报道,星与衔就构成了一一对应关系:一至三星分别对应准将、少将和中将,四星自然就是上将。在《一星准将3年直升四星上将》这一12字标题中,可略去"一星"和"四星"等重复信息,同时增补国别,从而修改为《美一准将3年直升上将》,标题短且实。

"四星上将"的错误,很多时候是对英语"four star general"的赘译。英语中的"general"有两种含义。作为泛指,是将军或将官等高级军官,有别于校官、尉官等中下级军官;作为专指,是(美陆军、空军或海军陆战队的)上将,有别于准将、少将、中将等。美军在报道时,凡是有"星"修饰的将军,大都是泛指的将军。

中文报道不明就里,将泛指的将军具体化,不仅导致赘译,还可能构成前后矛盾。如2021年3月8日《纽约时报》刊发了"Biden Elevates Two Female Generals on International Women's Day"的消息，次日即有中文报道：《拜登任命两名四星女上将，誓言终结美军内的"性侵之祸"》。英语标题讲的只是拜登在三八妇女节晋升了两位女将军，并不是专指的四星上将。实际上，其中一位原来已是上将（四星），另一位是中将（三星）。从"星"的意义上讲，只有后者属"晋升"，前者"星"数并未增加，也无法再增加，因为美军和平时期最高也就到四星（上将）。原文之所以用"晋升"（Elevate），是因为两位女性的实际职权比原来扩大了。而中文的标题似乎是原来两位女将军都不是四星，从而误导了读者。

三、印太司令部 ≠ 印太洋总部

2021年3月31日以来，中国媒体在此前报道"太平洋司令部司令"的基础上，如2015年5月29日《美军首位日裔太平洋司令部司令正式上任》，又增添了"印太司令部"的表述，如2021年3月31日《美印太司令部首次举行联合反导》等。无论是"太平洋司令部"还是"印太司令部"，其中的"司令部"（Command）都是错译，当改译为"总部"。

作为美军管得最"宽"的战区总部，印太总部（太平洋总部、太总）覆盖超过50%的地球表面面积，下辖太平洋舰队司令部、太平洋陆军司令部等4个军种司令部和驻日美军司令部、驻韩美军司令部等4个下属联合司令部。总部与这些司令部是上下级关系，存在着严格的等级，否则"单位"一词重复易导致混乱。更重要的是，这些不同的军事术语早已约定俗成，中国军方长期使用的都是"总部"，如《解放军报》2015年11月3日《范长龙会见美军太平洋总部司令》等。

有的媒体也许意识到这一点，力图进行补救。从1985年《赵总理会见美国太平洋司令部总司令》到2004年《美国海军太平洋司令部新总司令"难产"》的报道中，都出现了"总司令"的表述。试问：没有总部，哪来总司令？而且"总司令"这一职务又带来了新问题。美军参联会、各军种、各战区总部都没有"老总"一说，唯一的三军总司令是美利坚合众国总统。

在军事术语中，"总部"早已确定，使用"司令部"直接导致了属种错位。有的媒体也许明白了这一点，在正文中提到了"美军太平洋总部"和"印度—太平洋总部"，但因没有把握，在标题中仍坚持使用"司令部"，如2018年6月1日《美军更名印太司令部　我国防部：将关注形势发展》一文。

与"总部"有关的问题尚不止于此。2004年10月9日《美国海军太平洋司令部新总司令"难产"》出现了"美国海军太平洋司令部"的说法，但这里的"太平洋司令部"并不隶属"美国海军"，而是隶属美军。美军实行军政、军令分开制，即"养兵""用兵"分离。如印太总部下辖的太平洋舰队司令部，行政上隶属美国海军，但在训练和作战上则隶属印太总部。换言之，在太总范围内，真正从行政上完全隶属"美国海军"的只有太平洋舰队司令部。

在全球范围内，美军基地数量也常被算错。2021年9月17日《美国是全球稳定的最大阻碍》一文提到："'二战'以来，美国在70多个国家建立了近800个军事基地，几乎所有美国总统在任内都曾发动或介入过对外战争。"这里的军事基地数明显是少算了。

解放军出版社2014年版的《美国全球军事基地览要》指出，第二次世界大战结束后，美国为了与以苏联为首的东方阵营争夺势力范围，在海外建立的军事基地最多达5000余个。后因国内经济困难和驻在国人民反对，基地数量逐渐减少。冷战结束后，美国关闭了很多海外基地，撤回了大量驻外部队。由此可知，"二战"以来美国在海外建立的军事基地有5000多个。

上述错误也许是对美国海外军事基地的历史不太了解，将一般现在时的"近800个军事基地"视为过去完成时。根据华盛顿美国大学教授大卫·瓦因统计，截至2021年7月，美国当时在80多个国家约有750个军事基地。当然，实际数量会多一些，因为五角大楼并未公开所有数据。

四、"潜舰"与"潜艇"含义相同，但不宜借用

媒体报道武器装备的错误可归为三类。

一是书写错误。各国的武器装备通常都带有字母、数字和别称，以便分类与识别。如众所周知的美军F-16型"战隼"式战斗机，"F"是战斗机（fighter）英文首字母，"16"是其所排"辈分"，"战隼"则是其别称或昵称。媒体报道由于没有吃透这三类内容，导致各种错情不断。

2017年9月6日《美国一架F-16"战隼"战斗机坠毁》，语义重复。读者对于"隼"（falcon）这一以快速凶悍而著称的中型猛禽没有概念，在2017年6月13日《美国空军最大的轰炸机B-52H"同温层堡垒"》的报道中，极言飞行高度高的"同温层堡垒"也应略去，在正文中显示即可。有的报道则走向另一个极端。2004年2月4日《美将在关岛部署B-52H》一文，即忽略了最关键的要素"轰战机"。对于武器发烧友占有相当比重的专业军事报刊，这也许行得通；但作为大众媒体，这一核心名词却不能省略，毕竟普通读者弄不清字母"B"代表"轰炸机"（Bomber）。

武器装备中的字母还存在着小写之误。2004年2月4日《美将在关岛部署6架b-52h重型轰炸机以保持战力》中的"b-52h"，应写成"B-52H"。"B-52H"从1961年开始列装，是人类历史上服役时间最长的战机，其形象早已深入人心。

武器装备使用过于庄重的罗马数字，则走向了另一个极端。2003年7月12日《洛-马公司将改进"爱国者Ⅲ"导弹系统》一文中的"爱国者Ⅲ"，应改为"爱国者-3"。英文使用的就是"3"而不是"Ⅲ"，而且武器装备如何标注，中文拥有自己的"版权"。如作为中国唯一包含近程、中远程和洲际弹道导弹的"东风"系列，有"东风-1""东风-31""东风-41"等，使用的都是简洁醒目的阿拉伯数字。而烦琐的罗马数字，大到一定程度时不仅书写麻烦，普通读者也看不明白，如"东风-31"要写成"东风-XXXI"。

如果出现"东风-38",则成了眼花缭乱的"东风-XXXVIII"。

武器装备的报道,还存在错用台湾术语的情况。2021年11月30日《外媒曝至少7国暗助台军打造潜舰,期望2024年交付》中的"潜舰",当改为"潜艇"。"潜舰"与"潜艇"尽管在内容上是一回事,但在表述上却有所不同。

二是混淆属种、标号不当。武器装备使用引号的情况较多,主要是避免具有实际意义的代号被"坐实"。其规律是:引号只加在"级""号""式""型"等之前的武器代号上。其中,"级"与"号"是属种关系。通常某一级的武器装备会有多个号,如美国"尼米兹"级航母目前有10艘,也就是10个"号",包括众所周知的"里根"号、"布什"号等。当然,也有"独生子",即某一级只有一个号,如美国航母的"企业"级"企业"号。

2017年1月20日《见证日本投降的美国衣阿华战舰被出租开趴体》一文指出:"图为当年在东京湾衣阿华号见证了在密苏里号上日本投降的时刻。"这句没有标号的话完全不知所云:见证"密苏里"号上日本投降的时刻,为何要到"衣阿华"号上呢?显然是作者混淆了种属关系,当修改为"在东京湾'衣阿华'级'密苏里'号战列舰上见证了日本投降的时刻"。"衣阿华"级战列舰都是以美国的州命名,共4艘,"密苏里"号战列舰是其中的第3艘。

涉及"级""号""式""型"的错误,有的错误地略去了引号,如2020年12月12日《美国罗斯福号航母一水手失踪,美海军正在搜寻》和2003年6月24日《日拟自行生产爱国者-3型反导弹系统》等。美军最经典的第二代战机——F-4"鬼怪"式战斗机如无引号,"鬼怪"二字更显得突兀怪诞。还有的是引用过度,将不该引的"级""号""式"等也置于引号之内,如2020年4月5日《美国"罗斯福号"航母新冠肺炎确诊病例增至155人》。

链接 非专业报道，简直是弱爆了

不了解专业术语，在军事报道中就不得不采用描述性的语言，导致报道冗长啰嗦，缺乏军味，也让内行看着别扭。2007年1月26日《美军展示新式非致命性武器　将使美军获得目前所不具备的能力》这一27字的冗长标题，就是典型例子。

这一臃肿标题，需要"去脂"的部位很多。其中，后部分"使美军"与主语重复，当略；"目前所不具备"可替换为简洁的"空前"二字；"美军……的能力"显然就是"作战能力"或更简洁的"战力"。这样，后部分15字可压缩为"作战能力将空前提高"或"战力将空前提高"。而前部分"展示"这一"动作"，实际上只是表象而已，与"能力"并无本质联系。换言之，美军即使不拿出来"显摆"，同样也具备这种能力。历史上，很多先进武器都是在实战中首次亮相。"展示"虽在时间上起到切入点作用，但新闻重在结果和性质，故可略。此外，展示武器系美军方分内之责，农业部或劳工部等政府部门不可能如此越位，故"美军"可缩成"美"。事实上，很多情况下尤其在标题中"美军"都被缩成"美"；同样"美国防部""美国务院""美国会"等能代表美国的机构，都可用一个字"美"替换。综上所述，该标题可浓缩为《美新式非致命性武器将空前提高战力》。若不强调"非致命性"，还可进一步精简为《美新式武器将空前提高战力》，有效"瘦身"为12字。这一"重来"的标题虽谈不上多么优秀，但至少使"空前提高战力"这一"龙睛"被点出。

由于记者缺乏军事知识，一篇报道、一个段落甚至一个句子都会出现多种差错。1997年1月11日《美国着手研制新型战舰》就是反面典型。该文提到：

装备500个各种飞弹发射器，包括射程700海里的战斧式巡洋导弹和射程250海里的155毫米穿甲大炮。

30余字犯了5处错误：一是把导弹误称为"飞弹"。我国大陆和台湾地

陆　法律军事：文物流散，岂能倡议？

区使用的术语不同，大陆媒体必须遵循大陆规范。二是把巡航导弹误称为"巡洋导弹"。巡航导弹译自英语"cruise missile"，指的是主要以巡航状态在稠密大气层内飞行的导弹。"巡航"状态指导弹在火箭助推器加速后，以近于恒速和等高度飞行、单位航程耗油量最少的状态。而"巡洋"基本上只用于"巡洋舰"，指的是一种火力强、用途多、主要在远洋活动的大型水面舰艇，人类至今迄无"巡洋导弹"之说。二者一个强调空中飞行状态，一个强调水中远距离能力，没有交叉之处。三是将大炮误归类为"导弹发射器"。导弹与大炮原理不同，前者属制导武器，可以事先规定行程，而后者则是自由落体。四是夸大了大炮射程。舰艇上的大炮主要用于近程防御，射程一般不超过60公里，远小于250海里（约合463公里）。五是"战斧式巡洋导弹"中的"战斧"，应置于引号之内。

如此密集的错误令人禁不住质疑：美国真的在研制新型战舰吗？

柒 自然：因不知其所以然而想当然

人类的衣食住行医都离不开动植物，有些动植物还担当着国家符号和文化使者的重要使命。由于认知和译写的差异，一些报道容易因不知其所以然而想当然。

人类的衣食住行医都离不开动植物，有些动植物还担当着国家符号和文化使者的重要使命。由于已命名的动物和植物分别达150万种和40余万种，很多同科尤其是同属的动植物外貌特征非常相似，加之对来自异域的奇禽异兽、奇花异草存在着认知和译写等差异，一些报道容易因不知其所以然而想当然。因此，记者要避免犯错，就必须掌握生物基本知识，对相似的物种进行辨析，必要时请教专业人士。

动物名：因键盘无法输入而讹传为"耳廓狐"

新闻报道中涉及动物名称的错误主要包括错别字、混淆和臆造三大类。

一、蜂只会"蜇"而不会"蛰"

涉及动物的报道中，有很多错别字。其中出现频率最高的别字当数"蜇"字被误用为"蛰"字，如2006年10月25日《人头蜂蛰死六龄童》和2023年8月3日《一岁娃脸被蜜蜂亲成"小馒头" 医生：勿忽视蜂蛰伤，严重者可致命》等。

"蜇"，音zhē，指蜂等用毒刺刺人或动物；"蛰"，音zhé，是蛰伏之意。"蜇"和"蛰"字形相似，发音相近，容易弄混。从2005年11月8日《百万野蜂疯狂袭击一位南非妇女 当场将其蛰死》到2017年7月10日《泰国100多名游客被海蜇蛰伤 出现发红、疼痛等症状》，从2019年1月7日《澳大

利亚现毒水母　上万名游客被蛰多个海滩关闭》到2020年12月1日《巴西三名老人被蜜蜂蛰伤　其中一人脸上扎数百个毒刺》，这个别字走遍世界各大洲，真可谓放之四海而皆"蛰"！

另一个与昆虫有关的别字是"颚"字被误用为"腭"字。2014年8月某文摘所刊《非洲大腭蚁吃掉纳粹精锐》一文，讲到了"二战"期间1800名德军在迂回穿越非洲原始丛林、伺机背后偷袭英军时被非洲蚂蚁吃掉的故事，实际上"大腭蚁"不存在，当改为"大颚蚁"。

比较而言，关于美人鱼报道中的错别字，似乎更不应该。2012年2月24日《拥抱澳大利亚阳光　体验运动和冒险》和2016年10月17日《美媒发表大堡礁"讣告"》，分别提到了"探访世界最大的海牛（懦艮）群居地"和"大堡礁拥有世界上数量最多的懦艮以及最大的绿龟栖息地"。在上述文章中，"懦艮"都应改为"儒艮"。

儒艮（dugong或dugon），是热带和亚热带海域的大型哺乳动物，也称人鱼、美人鱼、鲛人（中国古名）、海牛等。无论是从马来语音译而来，还是从日语直接转写而来，"儒艮"都只是取了音，与意无关。因此，儒艮既不"儒雅"，也不是代表"山"的八卦之一。"儒艮"二字一般人不熟悉，且非常拗口难听，远不如"美人鱼"美好，甚至感觉比"海牛"还生硬。由于使用的人偏少，"儒""懦"二字字形又非常相似，故有了上述错误。

录入不当的本质上是别字，但在动物的报道中却实实在在地存在一个错字，不仅把一个字人为地肢解为两个字，而且是连拼写带发音都错了。

2020年9月7日《萌萌哒　广州动物园耳廓狐"姐妹花"即将与游客见面啦》一文中的"耳廓狐"是不科学、不规范的称呼。

"耳廓狐"是世界上最小的犬科动物和中国国家二级保护动物。娇小的体形，毛茸茸的身躯，再配上超大的耳朵使其看起来十分呆萌。这种原本默默无闻的动物，在2016年迪士尼影业出品的3D动画片《疯狂动物城》热播后而广为人知，片中配角狐狸芬尼克（Finnick）原型即为"耳廓狐"。

根据生态学中的阿伦定律，生活在热带地区的恒温动物，其体表的突出部分相对较长以利于热量散失。这样，来自撒哈拉沙漠的狐狸自然就拥有两只特别巨大的耳朵。这个动物在汉语中本叫作"guō狐"。guō的含义是"大耳"，书写形式是左为"耳"字，右侧为"郭"字，读音同"郭"，但在电脑里打不出来。

一个字的"guō"被拆分并演化为两个字的"耳廓"，原因是多方面的。从表面上看，这是动物园的责任。对于很少见的动物，其名字若是生僻字，最容易出现的场合自然是动物园。以前动物园的名牌，一般是手工书写，然后再烧在瓷砖上。后来对名牌进行更新时不再用手写，改为机打。"聈"一字无法录入时，便被一拆为二，扩展为"耳郭"。由于"耳郭"二字并无实指意义，后来不明真相者就把"郭"字加了广字头，变成了"耳廓"。表示"广阔"的"廓"字比较好理解，最终就由"聈狐"传为"耳廓狐"。不过，这个叫法又产生了一个问题："廓"指物体的外缘，如轮廓、耳廓等。这样"耳廓狐"中"耳廓"就很有些多此一举：任何狐狸都有耳廓！事实上，哪怕叫"耳阔狐"也有点道理，至少能说明"耳朵大"。

二、"雕"与"鹰"，傻傻分不清

2013年8月21日《石家庄警民帮受伤池鹭找归宿　动物园已收留》中的池鹭，实际上是黄苇鳽（jiān）。

动物园专家根据该鸟的嘴长、颈长、脚长特点，鉴定为"池鹭"，但"三长"并非池鹭独有，而是涉禽的普遍特征。实际上，同为中型涉禽，池鹭与黄苇鳽区别明显。池鹭头部和颈部的羽毛为红褐色，故又名红毛鹭、红头鹭鸶，黄苇鳽的脖子上纵向的褐色羽毛与芦苇丛的颜色相近。池鹭的背羽呈墨黑色并延伸至蓑羽，而黄苇鳽的背部羽毛呈黄褐色。

对于境外动物，报道混淆的情况就更多，哪怕是比较常见的哺乳动物和鸟类。

2019年1月12日《为什么树袋熊便便是方块的？》一文指出：

> "树袋熊是世界上已知的唯一一种会排出方形粪便的动物"，"方形粪便也有助于它们建造稳定的粪便堆来标记自己的领地"。

这里所说的"树袋熊"，都应改为"袋熊"。

袋熊与树袋熊只有一字之差，但区别很大。袋熊块头比树袋熊要大得多，平时生活在自身挖掘的多个洞中。方形粪便不会像球形的粪便那样容易滚动，有利于宣示领地范围。而树袋熊生活在树上，主要以躲藏作为逃避天敌的生存手段。如果有方形粪便，反而更容易暴露目标。

上文所说的内容源自年度"搞笑诺贝尔奖"，但该奖是对诺贝尔奖的有趣模仿，是对"不太正经"问题"正经"而深入的研究，而不是"指鹿为马"式的瞎编乱造。经查证，上述错误是将袋熊（wombat）译为树袋熊（koala）的结果。澳大利亚著名杂志《宇宙》2019年9月13日刊文指出，澳大利亚两位学者解释了袋熊（wombat）为何、如何排出方形粪便而获当年搞笑诺奖。上述网站"作俑"后，其他不明真相的媒体即照抄照搬，导致了错误的传播。

巴拿马2002年立法确定的国鸟角雕（harpy eagle）也被弄错了。2008年4月15日《巴拿马庆祝第七个"国鸟日"》一文多次提到巴拿马的"国鸟神鹰"，并配有该鸟的照片。该文随后被多家媒体转载。

这里的"神鹰"，显然系"角雕"之误。鹰和角雕虽都属猛禽，但有很大不同。在外形上，角雕的腿部羽毛十分茂密，一直覆盖到脚爪，而鹰的腿部基本没有羽毛。在体形上，角雕比鹰大，嘴和爪子也更为粗壮，被誉为"空中最凶悍杀手"。在捕食习惯上，鹰的捕食对象是蛇和老鼠等一些小型动物，而角雕猎物体形大且种类多，既有空中的金刚鹦鹉和树上的吼猴、长鼻浣熊、树懒，也有地上的鬣蜥、西猯和鹿以及水边的水豚等。在整体形象上，角雕外貌特征明显而矛盾：侧面威武无比，王者之气十足；正脸呆萌可笑，像个戴了头巾的保姆。别称"哈比雕"中的"哈比"正是"鹰体女面"之意。"角雕"则是因头上两个高耸的黑色羽冠如同"角"一样得名。

错译的原因也许是将英文eagle直接译成了"鹰"，但该词指的是鹰科猛禽，除了鹰外，还包括雕、鹞、鸳、兀鹫等。

"神鹰"一般是对鹰的美称，在南美洲则是当地人对"安第斯鹰"（The Andean Condor）的美称。其名字自身表明了其栖息地：海拔3000—5000米的安第斯高山，而角雕则生活在热带雨林中。"神鹰"虽为猛禽，但因爪子圆而短、无力抓撕动物，因此以腐肉为主要食物。"神鹰"翼展可达3米，是世界上最大的猛禽，且寿命可达75岁，被哥伦比亚、玻利维亚、厄瓜多尔、智利等国选为国鸟。享誉世界的秘鲁名曲《老鹰之歌》（El Conder Pasa）即借神鹰的高空翱翔表达了在西班牙统治下的印第安人对自由的渴望。

角雕的报道还存在其他错误。如"美国角雕"明显是"美洲角雕"（American harpy eagle）的误译。在动物区域划分上，类似于"美洲""美国"混淆的情况并不少见。这是个"系统性"错误，需要详细阐释。

在英语中，同一个America，既可译成"亚美利加"也可译成"美利坚"，简称分别为"美洲"和"美国"。如此一名两译，看似多此一举，实则有利于避免一名两地。遗憾的是，古人的这一智慧未被今人充分领悟。

如何辨清文中的America是"美洲"还是"美国"呢？这要从角雕的栖息地找答案。角雕，被动物学家界定为"新热带区"鹰。"新热带区"是动物地理区名称，包括整个中美、南美大陆、墨西哥南部以及西印度群岛，美国显然不在此列。此外，角雕因广泛分布在巴西境内，也被称为"巴西角雕"（Brazilian harpy eagle）或"皇家鹰"（royal-hawk）。而角雕之所以被称为"美洲角雕"或"巴西角雕"，主要是为与南太平洋的"巴布亚鹰"或"新几内亚鹰"划清界限。

相比之下，关于美国两大党象征的"旧"错重犯，似乎更不应该。2016年9月15日某卫视节目称，美国总统大选"已经不再仅仅是民主党与共和党的龙象之争"。其中的"龙象"显然系"驴象"之误。

众所周知，美国的两大政党民主党与共和党，分别被称为"驴"和"象"。美国自身并不产象，这些别称源自1874年美国著名画家纳斯特的一幅漫画：用倔强、笨头笨脑的驴表示民主党，但后来民主党人视驴为既聪明又勇敢的动物；用大而无当、保守愚昧的大象象征共和党，但共和党人却视大象为尊严、力量和智慧的化身。从此驴和象成了两党的党徽与象征。而"龙象之争"或"龙象共舞"则用于中印关系，如2006年9月13日《由龙象之争走向龙象共舞　中印悄然领舞世界》等。

三、见怪不怪，树袋熊育儿袋朝后开

臆造的内容较多，本部分拟剖析两个典型例子。

一是"美洲豹"被臆造为"美洲虎"。这样的例子比较多，如2017年3月21日《给美洲虎做手术（图片频道）》提到：

> 3月20日，在萨尔瓦多一个国家动物园，一只美洲虎接受外科手术治疗。这只美洲虎在一个马戏团遭受驯养人虐待后被警方和动物园工作人员解救。

关于"美洲虎"的报道，网上不时可看到。

无论什么时间、哪个媒体，所有带"美洲虎"报道都是编造。即便有照片证明，也是典型的"有图无真相"。哪怕记者在野外"觑得真切"，也是"眼见不为实"。世界上根本就没有"美洲虎"这种动物！虎的8个（现存5个）亚种都在亚洲，美洲根本没有虎。

从体形上看，老虎要大得多，可达300多公斤，美洲豹尽管是第三大猫科动物，比花豹和猎豹大不少，但通常不足100公斤。从花纹上看，豹身上布满黑斑（美洲豹、猎豹、花豹三种豹的斑点不同），虎则是黄黑相间的条

纹，二者花纹是点和线的区别。

二是树袋熊的口袋存在"方向性"错误。2017年1月11日《树袋熊的口袋在哪里？》一文指出：

> 和袋鼠的育儿袋不同，树袋熊的口袋并不在它们的肚子上，而是位于它们的背上。

澳大利亚有袋动物（marsupial）共计约250种，袋子无一例外都长在腹部，方便养育幼崽。

树袋熊宝宝出生后爬到妈妈的育儿袋里，在那里生活半年多，然后爬到妈妈背上活动并学习生活技能。一岁左右，小树袋熊开始单独生活。

还有些报道想当然地认为，树袋熊与袋鼠一样，其育儿袋的口是朝前开的，实际上则完全相反。树袋熊妈妈的袋子向后（下）开，除了可避免活动时袋口被枝杈挂住和便于袋内的脏物自动倾落外，还可使早产的宝宝容易爬进来，并方便宝宝吃妈妈的粪便。树袋熊的主食桉树叶涩硬有毒营养少，刚断奶的宝宝难以消化。树袋熊妈妈从肛门分泌出消化过的半流质桉树叶，小树袋熊就能够获取额外的蛋白质和消化有毒桉树叶的肠道细菌。因此，小树袋熊是真正意义上"一把屎一把尿喂大的"。

正因树袋熊育儿袋向后开，澳大利亚各地出售的"中国造"纪念品中，树袋熊妈妈要么是将宝宝驮在背后，要么是抱在胸前，从没有像小袋鼠那样在育儿袋里露出头"撒娇"的画面。

延伸阅读

树袋熊濒危牵动着无数人的心

2022年3月，澳大利亚宣布树袋熊被列为濒危物种，相关报道也日趋增多。每年世界上都有动物面临濒危甚至灭绝，为何树袋熊格外牵动人心？

树袋熊也叫"考拉"，是一种主要栖息在澳大利亚新州和昆州等地的哺乳动物。哺乳动物分为三类。进化最快的是胎盘类，包括人类和走兽等；进化最慢的是卵生类，目前全世界只有鸭嘴兽和针鼹两种；进化速度居中的是有袋类。有袋类动物大都属"早产儿"，胎儿未发育完全即产出，需要在母体育儿袋中吸食乳汁成长。澳大利亚的考拉在地球任何地方都找不到"表亲"，一旦濒危，就等于全球范围的濒危。

考拉深受各国人民的喜爱，它们有着泰迪熊般的可爱脸蛋、天真无邪的眼神和异常温顺的性情。为了更有力地抓住树枝，考拉进化出了两个大拇指，5指的对握模式由"1—4"演化为"2—3"，在外形上更具独特性。考拉所吃的桉树叶含有桉树脑和水茴香萜，身上总是散发着一种馥郁清香的桉叶香味。作为一种树栖动物，考拉端坐在树杈酣睡的憨态，既如熟睡的婴儿般天真，又如在思考大事的哲学家般深沉。它们花式挠痒时毛茸茸的耳朵扑棱扑棱乱晃，更是萌出了新天地。在昆州、西澳州和南澳州这三个州可以合法地抱考拉。这一互动，令很多人终生难忘。

植物名："菩提花"是个筐，啥都能往里装

植物与人类生活密切相关，全球已命名的植物有40余万种，但大部分人对于植物的认识多局限在常见的谷类、果蔬、花卉、盆栽、城市绿化树等。媒体在报道异域的"奇花异草"时就更容易"以其昏昏，使人昭昭"。

总的来看，这样的错误主要有同物异名、同名异物、同属混淆、时令穿越、夸大其词五大类。

一、洋紫荆，此"紫荆"非彼紫荆

同一种植物往往有多个名称。如：银杏，又被称为白果树、公孙树、佛家子、金果；常见的菊花则有菊华、鞠花、鞠华、九花、九华、女华、秋华、黄花、黄菊、黄金甲、日精、陶令菊等40多种叫法。所有这些，都给花卉的生产、销售、国际交流及科学研究带来了麻烦甚至损失。为此，巴黎国际植物学会自1866年开始，每隔4—5年即进行修改与补充，确保一种植物只有一个合理的拉丁名、两种不同植物不能有同样的（双名）学名。

同物异名最常见的例子是蜡梅被错称为"腊梅"，如2023年12月15日《武汉市白玉公园的腊梅提前开花了》等。

蜡梅因其花朵仿佛被一层蜡质覆盖而得名。蜡梅平添出"腊梅"这一名称，原因有二。一是用"腊梅"意喻腊月（农历12月）开花的梅花。但蜡梅的花期并不限于腊月，可从阳历12月延至翌年2月。二是历史上"腊梅"与"蜡梅"曾长期并存。明末李时珍《本草纲目》中写成"蜡梅"，而同时代徐光启《农政全书》中则写成"腊梅"。

令人欣慰的是，"蜡梅"的写法在不断走向规范。商务印书馆1981年版《现代汉语小词典》写成"腊梅"，1998年版《新华词典》则改成"蜡梅"。《现代汉语词典》前几版只收录"腊梅"，从2005年第5版开始取消了"腊梅"词条，并在新增"蜡梅"词条后附注"也作腊梅"。2009年第6版《辞海》即写作"蜡梅"。

与"蜡梅"的日趋规范相反，"洋紫荆"却在1997年被改写为"紫荆"。2020年5月30日《美国"制裁"香港：紫荆花如何永远绽放？》一文中的"紫荆花"，实际上是洋紫荆花，所配图片也是标准的洋紫荆花。

紫荆和洋紫荆难以辨认吗？答案是否定的。紫荆的叶片像一个爱心，花朵很小，一条枝叶上可长很多，故别称"满条红"。洋紫荆的叶片像一个羊蹄，花朵很大，一条枝叶上自然不会长很多。实际上，正是因为紫荆花都长在一个枝上，才衍生出兄弟和睦、骨肉情深、家庭团圆、和谐幸福等寓意。

紫荆与洋紫荆既然如此容易区分，为何却被视为一种花卉呢？2020年1月7日植物之家网站《香港的区花是什么》给出了完整答案：

> 1965年洋紫荆被选定为香港的市花，1997年7月1日香港正式回归中国后成为特别行政区，为了避忌，省略了"洋"字，改成"紫荆花"，并决定把紫荆花作为香港特别行政区的区徽，寓意香港与大陆和谐美满，密不可分。

追本溯源，"洋紫荆"并不"洋"。1880年它首次在中国香港被发现，确认为羊蹄甲属的新品种，并以当时港督卜力（Blake）姓氏命名为Bauhinia blakeana，意译为"洋紫荆"。将叫了100多年的"洋紫荆"改为"紫荆"，不仅导致自身一物多名，而且让拥有千余年历史的"紫荆"犯了一名多物的错误。"紫荆花"不仅是香港的区花，而且是香港区徽、区旗、雕像和硬币设计图案的重要元素。由于紫荆与洋紫荆在外语中的表述早已固定，在对外交流中尤其是当二者同时存在时，就会遭遇尴尬。

延伸阅读

从植物命名规律来看，"洋"字如同"胡""番""西"等一样，都是历史的产物。汉语带有"洋"字的植物遍及各个角落，如花卉有洋紫荆、洋兰、洋水仙、洋牡丹、洋绣球、洋桔梗，蔬菜有洋葱、洋姜、洋芋（土豆）、洋白菜（甘蓝）、洋花菜（花菜）、洋辣椒（秋葵）、洋橄榄（油橄榄的通称），水果有洋莓（草莓），草药有洋地黄，乔木有洋槐等。

二、蛇果、西番莲：禁果名称也"内卷"

一个名称只能称谓一种植物，同一属内的不同种群具有完全相同的名称时，即犯了同名异物或一名多物的错误。

2017年9月11日《夏娃吃的禁果是什么》讲道：

> 夏娃受蛇的哄诱，偷食了知善恶树所结的果……亚当和夏娃偷吃的禁果，就是苹果。因此，苹果也被称为"蛇果"。

蛇果原产美国加州，英文称之为"美味的红苹果"。其中"美味的"（delicious）被音译为"地厘蛇斯"，最终取其中的"蛇"字而简化为"蛇果"，而非跟蛇哄诱有关才叫"蛇果"。

"禁果"的错误还不只如此。2019年8月1日《"passion fruit"——热情、激情、爱情之果》提到：

> 百香果源自南美洲亚马孙河一带的热带雨林，因为花部的形状极似基督之十字架刑具，曾被西班牙的探险家、传教士认为是《圣经》中提到的人类始祖亚当和夏娃所吃的"神秘果"，故其英文名称为"passion fruit"，意为"热情、激情和爱情之果"。

别称"西番莲"的百香果被传教士译为"passion fruit"，这里的"passion"意为"受难"，与上文所译的"热情、激情和爱情"八竿子打不着。试问：看到该植物的花卉"极似基督之十字架刑具"，"热情、激情和爱情"从何而来？将"passion fruit"译成"爱情果""激情果"等，作者明显是只知其一、不知其二。

同名异物中错误面最广的当数"菩提树"，德国、东南亚和南非"菩提"可以说都是在"蹭流量"。

德国柏林著名的"菩提树下大街"（简称"菩提大街"），是"全球十大名街"之一，与美国纽约第五大道、法国巴黎香榭丽舍大街等齐名。大街名字中的"菩提"，实际上是椴树。这一错误早已约定俗成，很难找到正确的表述，如2019年8月20日《德国柏林：夜来"菩提树下"》开篇即提到"菩提树下大街是德国柏林一条标志性的街道"等。

菩提树，古印度叫毕婆罗树，在印度极为常见，就如同杨、柳、桐、槐在中国一般。相传因2500多年前释迦牟尼曾在一棵菩提树下悟道成佛，菩提树遂升格为佛教的圣树和印度的国树，遍植于印度全国寺庙。但源自印度的菩提树是热带植物，只在赤道至南北纬23.5度的地区生长。而柏林接近北纬53度，并不具备菩提树的生长条件。相比之下，椴树就比较耐寒。这条街的德文名称"Unter den Linden"意译就是"椴树下"。"只要椴树在菩提树大街上欣欣向荣，柏林永远是柏林。"德国电影明星、歌手玛琳·黛德丽曾以歌声赞美过这条大街。

归纳起来，上述错译大概有三方面原因。一是椴树在日语中被称为"菩提树"，中文译名是从日语舶来。南京椴和荷兰椴这两个树种今天在日语里仍叫"菩提树"。二是椴树在汉语中也被视为菩提树。由于菩提树无法生长在南岭以北，中国古代僧人为弘扬佛法，因地制宜，用北方常见的椴树、银杏、暴马丁香等树种来代替菩提树。北京故宫英华殿的两棵明代椴树，也被叫作菩提树。三是错译为柏林的这条大街平添了几分禅意。椴树在德国几乎无处不在，被敬为神圣的树种。佛门圣树菩提在中国虽然不像椴树在德国分布那样广，但对大部分中国人而言至少在概念上更为熟悉，更有"可感性"。有人认为，将德国的椴树译成"菩提树"，虽然带来了植物学意义上的错误，却成功地转译了椴树对德国人所特有的意义，真切地"模拟"了德国人对椴树的情感，让这条大街平添了几分禅意。

与德国的椴树的情况相似，东南亚的炮弹花也被误为"菩提花"。2018年7月8日《柬埔寨首都金边皇宫中的菩提花和鸡蛋花：难得一见的稀世名花》视频中的"菩提花",是地地道道的炮弹花。2017年9月26日《泰国一古寺庙内,百年"菩提树",开花了!》一文所展示的图片,也全是炮弹花。该文指出:"菩提花,花朵巨大,色彩绚烂,造型优雅,是世界名贵花卉,号称'花中之王'。"网上点击东南亚和南亚某个国家的"菩提花",显示的基本都是炮弹花。

炮弹花明明是炮弹树的花,怎么到东南亚就"自动切换"为菩提花呢?归结起来,有两个相互联系的原因。一是菩提树遍及东南亚和南亚。佛经规定寺院里必须种植的"五树六花"中,菩提傲居榜首。菩提树被赋予了厚重的佛教内涵,其分量与意义远大于其他植物。二是菩提树花不显眼,炮弹花则填补了这一空白。菩提虽是佛教的圣树,但其花属于隐头花序,几乎看不见,与一些人内心期待的高大上的"圣花"存在巨大落差。在菩提花"难得一见"的同时,遍植于寺庙的炮弹树则"力挽狂澜"。炮弹树的花苞像带着彩条的糖果,硕大美丽,自然博得众人的青睐。炮弹花在很多国家都被誉为"最稀奇美丽的花"。

同名异物中最似是而非的是南非的"菩提花"。2009年10月20日《南非"帝王花"来烟 花中之王港城惊艳》中提到"来自南非的国花'帝王花'又名菩提花"。2006年4月6日《号称"花中之王"的南非国花亮相北京》一文也使用了这一"别称"。

菩提树主干高可达25米,而帝王花为灌木,高不及菩提树的1/10,二者完全不可同日而语。就花卉而言,二者差别更大。菩提树与同为桑科的无花果树相同,外表看不见花朵。而帝王花,花冠巨大,色彩美丽,造型优雅,因此被誉为"花中之王",与小得肉眼几乎看不见的菩提花形成鲜明对比。

帝王花(protea)音译为"普洛蒂亚"(《英汉大词典》译为"普罗梯亚")。当地华人将其苟简为"菩提花"。媒体不明就里,将错就错,从而导致帝王花同物异名和菩提花同名异物,同时犯了两个错误。

三、在北纬44度，牡丹过了个"假节"

生物分类系统通常包括界、门、纲、目、科、属、种等7个主要类别。很多植物可能同属一个科乃至一个属，在形状、颜色等接近时很容易混淆。

2011年6月15日《加拿大奥沙华牡丹节华裔女孩膺牡丹皇后》、2022年6月14日《加拿大奥沙瓦市举办牡丹节》等，都闹了大乌龙，其中的"牡丹"实际上都是"芍药"。

首先，奥沙华纬度过高，不适合牡丹生长。在中国，牡丹素有栽培生长过不了"关"（指山海关，长城一线）的说法，其最北生长纬度为40度。而坐落在安大略湖北岸的奥沙华位于北纬44度，在如此寒冷地区，牡丹无法在公园等野外露天生长。而外形相似、作为"花卉界耐寒代表"的芍药，则经得起低温考验。在地处北纬55度的莫斯科，依然可一睹其美丽身影。诚然，牡丹经中国专家的精心培育，其栽植适宜抗寒的极限低温已由此前的零下22℃降至零下43℃，纬度也由原来的北纬40度推进到51度。但这只是近几年的事，且主要在中国实施。奥沙华牡丹节2005年就已经开始，目前还处在"春风尚不到天涯"的阶段。因此，生长在那里的只能是芍药。

其次，芍药与牡丹有很多区别。二者虽然同属芍药科芍药属，但芍药是多年生草本植物，枝条为绿色草茎；牡丹是木本植物，枝条偏黑。冬天来临时，芍药落叶后地上部分枯死，而牡丹落叶后地上部分仍在生长。最容易辨认的是，芍药叶子为单片且先端尖形，牡丹叶片先端常常再分裂。网上文章所配图片，都符合芍药的特点。

再次，所有报道都回避了牡丹具体品种，也佐证了所见并非牡丹。报道提到了牡丹的诸要素，如单瓣、复瓣和多瓣等花型（种类），红、粉、白、黄等颜色，但只字未提任何具体品种尤其是名品，如姚黄、魏紫、赵粉、御衣黄、贵妃醉酒、青龙卧墨池等。说不清任何一个代表性的品种，也说明这些花卉可能与牡丹无关，自然也降低了报道的典型性和说服力。

最后，报道模糊了植物的属种关系。有人会争辩，"奥沙瓦牡丹节"在以英语为母语的加拿大就是"Oshawa Peony Festival"，其中的"peony"就是"牡丹"的意思。但根据植物界分类法，英语的"peony"是芍药属，还可细分为芍药和牡丹，1993年权威工具书《英汉大词典》在"peony"词条中就将两种植物和花卉悉数收录。

四、周代吃苹果，肯定是时序倒错

英语有个词叫"时代错误"或"时序倒错"（anachronism），指的是将事件发生的时间弄错，提前或推后计算和记录，经典相声段子"关公战秦琼"就是一例。

新闻报道中植物穿越的例子，最常见的就是误将"舶来品"当国产。其中，最典型的案例是有报道曾言之凿凿地指出："据史料记载，我国葡萄酒酿造始于汉朝以前，比法国至少早七八百年。"这一"事实"明显有误。对此，红学家吴世昌和著名语言学家朱德熙都指出，法国是世界著名的葡萄酒生产国，葡萄酒历史可追溯至公元前600年左右。中国是在西汉张骞出使西域时才引进了葡萄种子。汉朝以前连葡萄都还没有，怎么能酿葡萄酒呢？事实上，即使从西汉算起，也比法国晚了五六百年，怎么可能比法国早七八百年呢？

某报2009年第39期《"承文化传统　颂和谐中华"侧记》一文提到，我国在周代"每逢中秋夜都要举行迎寒和祭月。设大香案，摆上月饼、西瓜、苹果、红枣、李子、葡萄等祭品"。这一段话，"超前消费"了多种美食：葡萄是西汉张骞出使西域时引进，苹果和西瓜进入中国的时间分别在东汉和五代。

延伸阅读

在历史悠久、文化灿烂的中国，对于那些融进地理、植物、风俗、科技、对外交往等因素的食物，要说清来龙去脉，委实不易。尤其是拉美国家距离遥远，食物引进基本上走的都是西班牙—菲律宾—中国这一间接路线，而且一些食物还拥有多个源头。如玉米可能源自墨西哥、秘鲁和古巴等3个国家，火龙果则有哥斯达黎加、厄瓜多尔、古巴、哥伦比亚、巴西至少5个"娘家"。此外，别称过多，也为弄清真相添了乱，如红薯由于种植广泛，在不同地区产生了20多个别称，包括番薯、蕃薯、番芋、番葛、憎（萌）番薯、甘薯、甜薯、白薯、金薯、朱薯、红皮番薯、枕薯、玉枕薯、山芋、红芋、白芋、红苕、白苕、线苕、地瓜、茴芋地瓜、山药、地萝卜等。

面对琳琅满目的食物，究竟如何区分是产于中土还是舶自海外呢？这里分享几个小诀窍。

从字数来讲，单个字的基本都是我中华原产，如水果、坚果中的桃、梨、杏、李、橘、橙、枣、柿、樱（桃）、栗、榛等。当然，也有两三个字的，如山楂、酸枣、龙眼、荔枝、枇杷、猕猴桃。但苹果、菠萝、草莓、火龙果等属于舶来品。单字果品也常常加上轻声的"子"字。这是偏好单音节的古汉语向偏好双音节的现代汉语转换时添加的后缀音节所致，含义没有任何区别。

从构词来看，凡是以"洋"为前缀的，系清朝末年和民国时期由多个大洲引入，如洋葱（洋蒜）、洋姜、洋白菜（卷心菜）等等。与"洋"字相似，以"西"为前缀的也多是近代传入，既有拉美的西红柿和西番莲，也有北美的西葫芦，还有亚洲的西柚和地中海的西蓝花等。以"番"为前缀的，多是明朝以后从美洲传入，如番薯（红薯）、番茄、番椒（海椒、辣椒）、番石榴、番木瓜等。凡以"胡"为前缀的，大多为两汉、两晋、南北朝时期由西北陆路引进，如胡桃、胡瓜、胡豆、胡葱、胡蒜等。当然，以上都有例外，如番木鳖原产东南亚，番红花来自伊朗；胡椒由唐玄奘从西域取经带回，胡萝卜在元朝从伊朗引入。

毋庸置疑，含有具体国名的食物，则更容易追溯出处，也可鉴其原产地，如巴西坚果、巴西果、巴西红果（也叫红果仔）、巴西栗、巴西莓等，尽管逆定律未必成立。

五、炮弹果"爆炸"的报道，几近恶搞

还有一些由于夸张导致失实。2016年3月28日《南京机场检验检疫局首次截获"炸弹果"》一文提到：

> "炸弹果"生于炸弹树……果实如柚子般大小，果皮坚硬，呈黄色。每当果实成熟时会自动爆裂开，锋利的"破片"四处飞射，威力如一颗小型手榴弹，杀伤力很是强大。有些外壳碎片甚至能飞出20多米。爆炸后经常会在附近发现被炸死的鸟类尸体。由于这种树过于危险，人们都不敢把房屋设在它的附近，过路的行人也不敢靠近它。

上文不仅将形似炮弹的"炮弹果"篡改为"炸弹果"，而且给出了爆炸效果的具体数据：外壳碎片飞出20多米。同日，多家媒体几乎全文转载。3年后，"炸弹果"再次大规模"炸"出新闻。2019年1月10日《珠海首次查获"最危险水果"炮弹果：威力类似小型手榴弹》报道一枚来自新加坡的炮弹果时，完整地重复了上述"威力"。不仅如此，2018年9月11日的一个视频还展示了爆炸和小鸟被炸死的景象。但遗憾的是，无论是文字还是视频，都是信口雌黄！

笔者曾常驻巴西里约3年，住宅不远的超市门口、市区历史博物馆附近以及植物园里都有成排的炮弹树，且没有采取任何隔离或防护措施。这些

地方每天人来人往，从未有人被炸伤或小鸟被炸死的新闻或传说。东南亚很多国家的城市也遍植炮弹树，当地人和中国游客也从未有类似见闻。

炮弹果是热带雨林植物老茎生花结的果实。茶褐色的果实呈球形，直径约20厘米，因神似中世纪发明的炮弹尤其是生锈的炮弹而得名。个别报道所说的"过路的行人也不敢靠近"，担心的并不是爆炸，而是果实成熟掉落后裂开散发的刺鼻臭味。当然，人站在树下则有可能被掉下的炮弹果砸伤。但这并不是炮弹果的独门绝技，任何大型水果如椰子、榴梿、波罗蜜等掉下来都有这种危险，实在是不足为怪。有些警示牌会写着"当心果实掉下来"，并提醒"一旦站在那里，要盯紧果实"，但从没有写"爆炸"二字。我国20世纪70年代就从新加坡引进了炮弹树，现在西双版纳就可以看到此树。中科院网站和一些媒体也都曾发文辟谣，如2019年1月10日《海关截获会爆炸的"炮弹果"？专家：形似炮弹不会爆炸》等。

除了炮弹果外，帝王花的寿命和高度也被夸大了。2019年12月9日《世界上最"霸气"的花，花期寿命可达100年以上》称"因为佛陀在菩提花下成道，所以这种花在佛教也备受爱戴"。这里的最"霸气"的花指的是南非的帝王花，也被错称为"菩提花"。作为灌木，帝王花自身寿命都没有100年，更不用说"花期"了。植物开花是为了繁殖后代，花期持续100年既没必要也不可能。而"佛陀在菩提花下成道"，这一丰富的"联想"不仅有违史实，而且明显"矮化"了佛祖释迦牟尼。很多文献记载，释迦牟尼身高较高。作为灌木的帝王花株高仅1米，整株呈丛生状态，在这样的植物下佛祖如何能"静坐"七天七夜？

天灾也"跨界"：飓风登陆南太

除了动植物外，关于自然现象尤其是天灾的报道中，也存在诸多错误。

一、参照物不同，珠峰未必是"最高峰"

在对大自然的报道中，也许最视而不见的错误是"最高峰"。提起"最高峰"，国人都会不假思索地锁定"珠穆朗玛峰"。类似于1960年5月28日《我登山队员登上世界最高峰》、2020年5月28日《测量最高峰，背后有大国角力？》等数不清的报道，也都是这样认定的。但若放眼世界，这个"最高峰"则有着太平洋版、非洲版和南美版等三个版本，且有的比珠峰高出了2000多米！

不同版本实际上都是不同标准惹的祸。

中国人乃至亚洲人心目中的最高峰实际上是就海拔而言，而其他最高峰则各有其衡量标准。在美国人看来，形成于海底火山喷发的莫纳克亚山，高度自然应从海底开始算起。如此算来，莫纳克亚山海平面上下共计10203米，因此"一高"就非它莫属。

非洲国家的人尤其是坦桑尼亚人认为，山高就是山峰到山麓的垂直距离，因而必须用相对高度衡量。这样，素有"非洲屋脊"之誉、在辽阔的东非大草原上拔地而起、从周围的平原到山顶达5100米之巨的乞力马扎罗山就成为"世界一高"。与此相比，坐落在青藏高原上的珠峰相对高度只有4000多米，自然"对此欲倒东南倾"。

比较而言，南美洲的厄瓜多尔使用的标准最具全球乃至宇宙视野。众所周知，地球并不是一个标准的球形或椭圆球形，而是一个南大北小中间鼓的梨形体。若从地心算起，赤道地区要比其他地区明显厚实。海拔6272米、位于南纬1度的钦博拉索山是地球上离赤道最近的高山，其顶峰距地心的厚度为6384.10千米（从太空看，还同时占据了另一项世界之最：地球离外太空最近的山），比珠峰距地心的距离多出2150米。厄瓜多尔的国徽、国旗和很多纪念品上都印着这座令其倍感自豪的高山。随着越来越多的中国人走出国门，近年来网上已出现了让传统思维的中国人惊掉下巴的报道，如2021

年1月30日《世界5大惊人事实：人类曾仅剩2000人，珠峰竟不是最高峰？》和2020年6月16日《世界最高山峰：钦博拉索山》等。

当上述不同标准相遇时，就会出现公婆各有理的情况。总之，珠峰的最高峰需用"海拔"加以限制，否则这个头衔就无法归珠峰专有。

二、咸淡混淆，南大洋"水华"实为"赤潮"

自然现象尤其是天灾的描述有固定表述，媒体报道则必须严格遵循规定，不能任性更改。在2017年9月8日《美国也有台风！"哈维"台风造成美国休斯敦大淹水》和2020年12月18日《5级热带飓风登陆斐济　目前暂无中国公民伤亡报告》中，"台风"与"飓风"都用错了地方。

台风和飓风，都可以统称为热带气旋（tropical cyclone），本质是一回事，只是"籍贯"不同。气象学上把生成于赤道线以北、国际日期变更线以西（在北太平洋西部和南海区域）的热带气旋称为"台风"；发生在大西洋、墨西哥湾、加勒比海和北太平洋东部的称"飓风"；在印度洋、孟加拉湾的叫"热带风暴"；在澳大利亚则称为"威力海风"。但根据中国气象局的规定，现在所说的台风范围有所扩大，指在西太平洋和印度洋东南部形成的强大风暴。赤道以南、东经160度以东的南太平洋水域，则叫热带气旋，如2021年2月1日《斐济遭热带气旋"安娜"袭击　5人失踪》等报道。

名为"哈维"的热带气旋产生于大西洋，显然是飓风而不是台风，新华网2017年9月6日《记者观察："哈维"飓风　天灾还是人祸？》一文就正确地使用了"飓风"。给暴风规定的不同的名字，实际上就相当于地理中的洲或大陆，有利于进行区分，也因约定俗成而不能随意更改。中国人对台风相对熟悉，因此很少会把台风误称为飓风。

飓风被错报为台风，部分原因是国内记者对飓风的概念缺少认识。而且台风在古代也叫"飓风"，只是到了明末清初改称"台风"。

当然，这些风灾若用于比喻，则不必较真。如在2021年7月5日《印尼破防:"德尔塔"毒株掀飓风,堪比两个月前印度》一文中,"飓风"并非真实的飓风,而是指"德尔塔"毒株带来的难以克服的巨大灾害。此处作者选用"飓风",也许是觉得它比台风更可怕。实际上,二者的危害同样巨大。

各种级别的风暴本质上都是台风(或飓风)的"童年"。之所以不如此称呼,是因为强度不够。换言之,只有强度达到一定程度,才能叫台风。按强度划分,有热带低压(tropical depression)最大风速6—7级,热带风暴(tropical storm)最大风速8—9级,强热带风暴(severe tropical storm)最大风速10—11级,台风(typhoon)最大风速12—13级,强台风(severe typhoon)最大风速14—15级,超强台风(super typhoon)最大风速≥16级。

这些不同"级"对应的不同的速度,如13级是每秒37—41米,14级是每秒42—45米。虽然差距不大,但"级别"不同:13级为台风,14级则为强台风。2019年9月19日《强台风"法茜"登陆日本》提到的"中心附近最大风速为每秒40米",只属于13级台风,而不是强台风。

与上述的"飓风""台风"错位相似,不同区域发生的"赤潮""水华"也常被弄混。2021年9月17日《毁灭性损失!你知道20年前澳大利亚的大火吗?》,提到2019—2020年澳大利亚野火"释放的气溶胶很可能导致了几千公里外南大洋的严重浮游生物水华现象"。2015年12月29日《2015,带你俯瞰这世界》,提到"美国阿拉斯加州普利比洛夫群岛附近海域中的水华污染情况"。这些报道中的"水华"是错用,应改为"赤潮"。

水华指淡水水体中藻类大量繁殖的一种自然生态现象,是水体富营养化的一种特征,主要由于生活及工农业生产中含有大量氮、磷的废污水进入水体后,蓝藻、绿藻、硅藻等藻类成为水体中的优势种群,大量繁殖后使水体呈现蓝色或绿色的现象。也有部分的水华现象是由浮游生物——腰鞭毛虫引起的。赤潮,又称"红潮""有害藻类"或"红色幽灵",是在特定的环境条件下海水中某些浮游植物、原生动物或细菌爆发性增殖或高度聚集而引起水体变色的有害生态现象。

上述两例发生的区域都在海域，根据两个专有名词的定义应使用"赤潮"。

链接　翠波鸟"攀比"造大房，妥妥的毒鸡汤！

将"臆造"推向顶峰的是"翠波鸟"——一种世界上根本不可能存在却成为"毒鸡汤"主角的鸟。

2018年7月31日《累死的翠波鸟》讲了这样的故事：一只在南美原始森林的翠波鸟，为与同类攀比而建造超大的巢，最终活活累死。该文旨在告诫人们不要贪图虚荣、盲目攀比。其他报道大都重复了上述内容，如2019年8月28日《人生的翠波鸟现象》、2019年1月24日《要同人家比种田莫同人家比过年》等。因此有必要对这一现象进行剖析和批驳。

这类文章初闻颇为新鲜有趣，细思则漏洞百出。如：既然是一只大家不熟知的鸟，最起码应该交代一下背景。但相关文章都只简单描述了其颜色、花纹和尺寸，根本没有说明该鸟所属的科、属及外语名称（从而无法断定其是猛禽、鸣禽还是攀禽等），更没有说清巢是雄鸟单筑还是雄雌共筑。如：翠波鸟若不是处在食物链顶端的猛禽，逃避天敌就是其最重要的目标。在这种情况下，通常不宜建造宏大的鸟巢；否则，就成了固定大靶子。作为常识，大部分鸟筑巢并不是为了让自己有一个永久固定的家，而是一个为了养育后代、方便产卵和孵卵的产房。鸟还要捕食、觅偶，如果仅仅筑巢就累死了，这种鸟怎么能在残酷的原始森林繁衍生存？恐怕早已沦为化石了！

文章关于翠波鸟的尺寸，更加暴露了相关文章作者的无知。也许该作者想刻意反衬翠波鸟建造的巢之大，故意把其身材说得特别小。但"体长5—6厘米"实在是太小，只相当于成人食指的两个指节。身材如此短小的鸟，世界上只有一种，那就是蜂鸟。大家最熟悉的麻雀，是常见鸟类中最小的，其体长也达14厘米，是翠波鸟的两倍多。其他雀、莺、鹟类小鸟，体长也都超过10厘米。鸟整个身体，从喙到尾都有一定的长度。尤其是作为"万能的舵"，鸟尾更需要一定的长度以便在飞行时平衡身体、调整速度、改变方向、控制升降。而无论鸟的体形大小，筑巢都不会太大。

文章所谓"动物爱好者"莱奥托所做的实验，缺少时间、地点、人物等最基本的信息。很多鸟类无法驯化，被捉住和置于笼中就会出现恐惧、焦躁甚至绝食等应激反应。在如此状态下做的实验，所得结论自然就不可靠。鸟是天高任飞，行踪不定，活动半径巨大，这也是鸟类研究的难点所在。而文章做实验的仅是"一名爱好者"，实验的结果和可信度值得怀疑。而从网上来看，所有涉及"翠波鸟"的文章，源头都只有这篇文章。这也是犯了逻辑学"孤证不立"错误：只有一条证据支持某个结论，这个结论就靠不住。

在人类历史上，有关"虚荣""攀比"的话题并不新颖。汉语相关的谚语、警句就有很多，英语俗语"keep up with the joneses"就直接译成"攀比"。作者也许想换个角度论证"攀比"的坏处，但拿一种不存在的动物、让"动物爱好者"一人在非自然状态下做实验，显然没有说服力。

用拟人手法来说明道理并不罕见。早在2500多年前，《伊索寓言》就用了山鹰、乌鸦、鹭鸶、海鸥、公鸡、狐狸、老鼠、乌龟、青蛙等数十种动物来阐释道理。但这些动物无论以什么形象和性格出现，自身都是真正存在的。因为取材于真实存在的动物，写出的哲理会更有说服力。在相关的照片和视频中，出现的所谓"翠波鸟"，实际上是蜂鸟和翠鸟。前者在尺寸上符合文章的需要，后者在名称上可以假乱真。此外，还有画眉、麻雀和以绿色为主的各类鹦鹉等。

对比日本人做的琴鸟视频，这种巨大差距即可见一斑。澳大利亚独有的琴鸟是世界上最"能说会道"的鸟，可模仿200多种声音。日本制作的一个琴鸟善模仿的视频，让笼子里的琴鸟先听听现实生活中的各种声音，如锯木声、激光枪声，然后看琴鸟的反应：有时一举成功，有时需要多次尝试后才成功，非常真实，也很有说服力。

苏联歌曲《红莓花》提到的这一植物系译者杜撰，地球上从来就没有这种名字的花卉。但无论怎样，这只是译错了名字，原文中的花"荚蒾"还是真实存在的。而相关文章所说的翠波鸟根本就不存在。搜索"翠波鸟"，百度有15万多条，谷歌更显示1100多万条。这类文章在很多公众号里，竟被贴上了"洞见趣闻""深度好文""百读不厌"等标签。其实多年前就有拿外国说事的文章，很多后来都被证明是"假鸡汤"，如：爱因斯坦小学数学太差，考试只得1分；爱迪生7岁时用镜子聚光，助力母亲阑尾炎手术成功；等等。

下　篇

本部分从表述形式上探讨新闻报道存在的问题，包括文字词语、语法逻辑、数字量词和标号字母等。

捌 文字词语：社会"公器"勿私用

　　语言是"社会之公器",以各种规范和约定俗成为原则。本章分两节进行阐述,分别探讨文字"臆造"和词语"混淆"等带来的诸多错误。

语言是"社会之公器"，以各种规范和约定俗成为原则。本章分两节进行阐述，分别探讨文字"臆造"和词语"混淆"等带来的诸多错误。

"主弦律"，如何"奏响"？

文字差错种类包括：别字、漏字、多字、互倒、错简、错繁、繁简混用、异体字、旧字形、拼写错误等。需要说明的是，口语中的错别字是两个不同的概念。像字但不是字的叫作错字。在今天主要依靠电脑录入的情况下，基本不存在手写时的鲁鱼亥豕之误，不存在多写或少写笔画或错用笔画的可能。因此，所谓错别字基本上都是别字，即自身是正确的字但用在不当之处。换言之，当用甲字却误用了乙字，后者就是别字。

文字臆造错误主要有名词、动词、成语、短语、诗歌、名言等。

一、享用"宫爆鸡丁"，肯定是"吃错菜"了

名词错误可分为三种类型。

一是音近。发音相近，加上主观臆断，容易导致错误。最常见的是"宫保鸡丁"的误写。在2014年4月10日《美国防长参观中国军校在食堂吃宫爆鸡丁》一文中，美防长肯定是"吃错菜"了。

宫保鸡丁由清朝山东巡抚、四川总督丁宝桢所创并发扬光大。丁宝桢

治蜀十年，多有建树，去世后被清廷追封"太子太保"，被尊称"丁宫保"。为了纪念丁宝桢，人们将其发明的这道菜命名为"宫保鸡丁"。

"宫保""宫爆"发音非常相似，而且"爆炒"是中餐常用的烹调方法，"宫"又容易让人联想到"宫廷"，宫爆鸡丁遂被误解为"流落"到民间的"宫廷菜"。事实上，连有关烹调的网站也不时犯这样的错误。"宫爆鸡丁"与"宫保鸡丁"虽只有一字之差，但却改变了纪念丁宝桢的初衷。

"主旋律"也常被错写，如2023年7月1日《嘉年华"四部曲" 奏响乡村旅游"主弦律"》等报道中的"主弦律"。"主旋律"是指多声部演唱或演奏的音乐中一个声部所唱或所奏的主要曲调，其他声部只起润色、丰富、烘托、补充的作用，通常比喻主要精神或基本观点。"弦"（xián）与"旋"（xuán）发音相近，且自身是乐器上经过摩擦、振动发声的线，从而产生了"弦律"。但"弦律"不是固定搭配，汉语工具书迄未收录。《咬文嚼字》将其列入2019年度"十大语文差错"，但这一错误仍不时出现在报道中。

在提及名人时，"身家"常被错写为"身价"，如2021年1月15日《成为美国最大农田主 比尔·盖茨身价排名多少》等。

"身价"旧时指卖身钱，现在多用来表示知名人士的出场费、劳务费、转会费等，与盖茨沾不上边。计算盖茨的家产应用"身家"一词。"身家"本指自身和家庭，可引申指家庭资产。球员转会、明星年薪等报道，很少有错误，原因是直接想到了"价格"。

二是形近。2006年3月15日《卢武铉为选举"挥泪斩马稷"》一文的"稷"（jì）字，明显是"谡"字之误。"稷"是古代非常重要的粮食作物，而"谡"（sù）字是"起""起来""肃敬的样子"。马谡是三国时期蜀汉将领，因夸夸其谈、错失街亭而成为纸上谈兵的典型。《三国演义》是妇孺皆知的名著，《失空斩》也是京剧传统剧目，《失街亭》更是被各类教材收录，记者、编辑和校对等对"马谡"这一名人不应陌生。

在新闻报道中，也许最"形近"的错误之一是将苏丹首都"喀土穆"写成"喀士穆"。1957年1月8日《苏丹不让英国军官过境》和1984年9月13日《苏丹全国人民议会议长举行答谢宴会》等报道，分别出现了"据中东通讯社6日自苏丹首都喀士穆报道"和"本月16日在喀士穆召开的外长会议"等。

三是形近（同）音近（同）。形近音近，比单独的形近或音近更容易出错。2014年9月22日《邻居好，赛金宝》提到"和平共处庆六轶事，金砖齐筑迭双兴"，其中的"轶"字明显是"秩"字之误。"秩"（zhì）有"十年"这一义项，故60年可用"六秩"表述。"轶"（yì）只有超过、侵犯、散失等含义，无法与数词搭配。

"峰会"偶尔也有被误写为"蜂会"的情况，如2007年6月15日《萨科奇G8蜂会喝醉酒》。"峰会"，是"高峰会议"的简称，一般指首脑会议。"G8峰会"是"八国首脑高峰会议"的略称。正常情况下不应存在这类失误，应当是录入和校对不慎所致。

与写错相比，汉字也偶有读错的情况。如在2007年3月29日某播音员把俄罗斯鞑靼斯坦共和国名称中的"鞑"（音dá）念成了"丹"音。我国自唐代以来就有关于鞑靼的记载。"鞑靼"最初是突厥统治下的一个部落名，后来成为汉族对北方各游牧民族的统称。此外，1998年8月11日和12日某播音员先后把"喀土穆"读成"喀士穆"，2020年7月18日某主播把河北唐山的古冶（yě）区读成"古治（zhì）区"，等等。

客观上，名词的错用有时是规定变化所致。如在2013年前"鲶鱼"的写法是正确的，但2013年《通用规范汉字表》确定"鲇"为规范字而其异体字"鲶"未被收录表中，此后"鲇鱼"成为唯一的规范写法。但相关报道没有及时跟进，如2015年5月22日《中国倡议"鲶鱼效应"初显 日本须杜绝恶意竞争》、2023年11月7日《积极引进来激发"鲶鱼效应"》等。

二、如此"亲睐",阮籍当"以白眼相向"

与名词类似,动词的文字错误大多是音、形相同或相近所致,归根结底都属于臆造。

一是形近。"觊觎"有时会被误写为形近的"凯觎",如2006年12月25日《预计明年产量超过通用　丰田凯觎车市第一宝座》等。"觊觎"意指"希望得到(非分的东西)"。"凯觎"明显系录入失误,汉语中不存在这样的表述。由于"觊觎"含贬义,上文改为相应的中性词为好。

在形近音同时,更容易弄错。"凭借"就常被误写为"凭藉",如2015年3月9日《美媒:苹果凭藉智能手表进军高端时尚市场》等。"凭借"即"依靠"的意思,其同义词很多,如凭恃、凭依、凭仗等,但《现代汉语词典》第7版并没有收录"凭藉"。换言之,"凭藉"属于不规范用法。

形近音同且较生僻时,出错率会更高。近年来在外交领域,臆造的"转寰"常登台亮相,"转圜"反而沦为"假猴王",如2020年1月29日《交换俘虏:俄乌关系将转寰?》、2022年7月1日《日本外相访华并不意味着中日关系向好转寰》等。

二是音同或音近。这类错误数量最多。如在反恐领域,2018年3月26日《埃尔多安誓要"赶尽杀绝",土耳其宣布进入伊拉克清缴库尔德武装》一文中的"清缴",即当改为"清剿"。"清剿",即清除剿灭。对极端组织武装分子展开军事行动,显然属"清剿"。而"缴",是迫使交出武器等,"清缴"一词普通工具书迄未收录,按字面可理解为"把武器等缴获干净"。

即使汉字不生僻,同音字也有被用来臆造的情况。在2020年10月15日《凛冬将至:第二波疫情袭卷欧洲,各国面临最严峻考验》一文中,"袭卷"就是一例。汉语中的"席卷"指卷东西像卷席子一样,形容尽数带走、除去或迅速有力地掠过。无论是具体的自然现象,如飓风,还是抽象的潮流和现象，如经济危机和急性传染病，其袭扰和侵袭都可用"席卷"表示，但从未用感觉上快速卷起来的"袭卷"表示。迄今，"袭卷"也没有被中文工具书所收录。

"伺机"被误用为"肆机"，可以说是臆造加杂糅的结果。在2016年8月16日《牛汇：英国宏观面本周亮点不断，英镑空头肆机扩大阵营》和2010年12月19日《纳粹"天狼星"肆机窃取"喀秋莎"》两篇文章中，"肆机"明显属错用。

"伺机"是窥伺时机的缩略，属中性词，如伺机而动、伺机报复。而"肆"是放纵、任意行事，属贬义词，如肆意、肆虐、放肆、肆无忌惮等，在上述两例中都不合适。

从数量来看，错误最多的当数"泄密"被误报为"泄秘"，如2009年4月26日《英国威廉王子大笑泄秘：其牙齿里层藏透明牙套》等。"秘""密"二者都有不为人知的意思，但侧重点有所不同。"秘"强调客观上不为人所知，如秘方、秘史、揭秘等，而"密"则强调主观上不想让人知道，如密谈、机密、泄密等。因此，"泄秘"一词于理不通。实在拿捏不准，可以使用保险的"泄露秘密（或机密）"。不过，这又增加了字数，有违短标题规范。

此外，"蜂拥"偶尔被误写为"蜂涌"，如2023年11月6日《四川旺苍：绝美彩林 游客蜂涌》。2015年9月6日《美调查显示三成遗产继承者在两年内会把钱花光》开篇提到："随着人口高龄化，财产转移即将伴着'银色海啸'蜂涌而至。""罔顾"也常被误写为"枉顾"，如2016年7月26日《勾勒吐故纳新的学术中国》一文中的"或者枉顾学术道德，篡改文献，剽窃他人的研究成果"。至于"飨"被错写为"舫"，也许是二者都不太常用的缘故，如2008年3月25日《俄罗斯律师天价购名表 音乐会演奏以舫听众》等。

在2012年12月18日《百家企业亲睐鹤城学子》等报道中，"亲睐"应改为"青睐"。"青"指黑眼珠，"睐"是看之意。魏晋时期名士阮籍看人时对喜爱者平视露出黑眼珠，对讨厌者则以白眼相向，"青睐"因此比喻重视或喜欢。这一词义明确，毫无争议。也许是发音相似、感觉"亲切"，有人杜撰了汉语根本不存在的"亲睐"一词。但《现代汉语词典》迄未收录，《咬文嚼字》早在2005年6期即刊文《"青睐"莫作"亲睐"》予以澄清。

三、寥若晨星，也有"三种写法"

涉及成语错误大概包括相互交叉的三类。

一是同音或近音字。2015年8月22日《再苦再累都要坚持到底——一个大学生的打工日记》一文提到：

> 慢慢地，下班后工友们也不再满口抱怨，而是各行其事，该洗漱的洗漱，该洗衣服的洗衣服，我每天则坚持看半个小时的书，不断充实自己。

上文的"各行其事"，显然是成语"各行其是"之误。"各行其是"中的"行"是做、办，"是"是对的。"其是"是他自己以为对的。整个句子是：按照各自认为对的去做，指思想不统一，各搞一套。"事""是"同音，且"其事"可解释为"自己的事"，从而导致很多人想当然，甚至认为"各行其是"是错的。2023年9月30日百度"各行其事"有890多万条，有的还直接体现在标题中。

与"各行其事"这一"隐蔽"错误类似的是"籍籍无名"。2019年4月22日《以房养老为何"李鬼"横行 "李逵"反倒籍籍无名？》一文中的"籍籍无名"，显然应改为"寂寂无名"。

"寂寂无名"的意思是沉寂，没有人识得，用作形容没有知名度、不为人知的人。"籍籍"同"藉藉"，形容喧哗纷乱的样子，或声名盛大。无论是哪种含义，"籍籍无名"在逻辑上都无法自圆其说。

捌 文字词语：社会"公器"勿私用

另一个容易让人望文生义的错误是"令人不耻"。2020年6月5日《美国已经成了悲剧……真实现状令人不耻》一文，讲的是非洲裔男子为白人警察当街"跪杀"，点燃了美国少数族裔和底层民众的怒火。标题中的"令人不耻"当改为"令人不齿"。这也是外事新闻中常见的词语误用。

"齿"本指牙齿，引申指并列；"不齿"指不与同列，指不愿提及或羞与为伍，比喻行为让人轻视、鄙视或瞧不起，含贬义。如"欺善怕恶的行为，最令人不齿"。令人不齿也常用在"为……所不齿"格式中。而"不耻"指不以为耻，不以为有失体面，通常不单用。

如果真是想使用"耻"字，可增补为"令人（感到）羞耻"，如2019年4月16日《驻日美海军陆战队司令道歉：部下引发命案，令人羞耻》。

有的成语错误，归根结底体现在具体错字上。2022年9月13日《车辆被剐蹭后肇事"车主"弃车不知所踪　逃逸"车主"竟是偷车贼》中的成语错用，主要是对"所"字结构不解所致。

汉语中的"所"字，是结构助词，加上及物动词，可以构成一个名词性的成分，充当句子的宾语或者主语。如最常见的"所见所闻"，其中的"见"和"闻"都是动词，"所见"和"所闻"分别是看到、听到的东西，都是名词。同样，"不知所措""不知所云"也都是动宾结构。而"踪"字是"足迹"之意，属名词，无法与"所"字配套。如果想表达"不知道他的踪迹"，"不知其踪"庶几可通。

有的错误，是对成语对称结构不够了解所致，如2018年8月3日《"一人多座"引起的一场"唇枪舌战"》中的"唇枪舌战"，显然是"唇枪舌剑"的误用。"唇枪舌剑"也作舌剑唇枪，是形容争辩激烈、言辞锋利。作为成语，"唇枪舌剑"的并列结构由两个偏正词组比喻而成，"唇"与"舌"、"枪"与"剑"对仗工整。而"唇枪舌战"中"战"字是动词，无法与作为工具的"枪"相对应，整个词属于"舌战"与"唇枪舌剑"的强行杂糅，显得不伦不类。第7版《现代汉语词典》只收录"唇枪舌剑"和含义相同的词汇"舌战"，而无"唇枪舌战"。此外，写成"唇枪舌箭"也属错误。"枪"

与"剑"都是短兵器,而"箭"是远射兵器,不属同类。

"云山雾罩"本来是"云苫雾罩",属标准的互文构词法,即词汇中语义相同或相近的两项互为解读,可以互换,即"云苫雾罩"可说成"云罩雾苫"或"雾罩云苫"。但"云山雾罩"中的"山"(shān),只因发音与"苫"(shàn)相似,就被活生生地赋予了动词属性,整个成语也失去了原有的对仗美。

在同音或音近字的成语中,"严惩不贷"是错误的重灾区。在2018年12月23日《美国在北极进行"航行自由"?俄将军:对犯境者严惩不怠》中,"严惩不怠"当改为"严惩不贷"。在反腐倡廉的大背景下,"严惩不贷"作为国内媒体的高频用词常被误写,并已大规模地延伸到国际新闻报道中。

"严惩不贷"指严厉惩罚,决不宽恕,其中的"贷"是宽恕之意。"严惩"和"不贷"在逻辑上构成了前后呼应关系。而"怠"本义为轻慢,引申指懒惰、松懈等,置于"严惩不怠"中则有些驴唇不对马嘴。更何况,成语具有特定的含义和固定的结构,也不允许随意更改。

"严惩不贷"还有其他错误版本,如2013年11月8日《阿扎尔训练迟到 穆里尼奥严惩不殆》中的"严惩不殆"。"殆"的含义是"危机"和"几乎",在这里于理不通。此外,网上还有"严惩不待"等,一个成语几乎将发音相同的"dài"家族成员召集齐全了!"严惩不贷"之所以错误百出,客观上与"贷""怠""殆"三字发音相同、含义相对深奥有关。

二是形近字。形近字是形近而异音异义的字,涉及"形"的错误大都有"同(近)音"的特点。换言之,在形近且音相同或相近的情况下,成语更容易出错,而且往往还是"一(成)语多错"。这类错误,不易觉察,流传甚广,后果也更为严重。

较常见的"一(成)语多错"就是"美轮美奂",分别被错写成"美仑美奂"和"美伦美奂"。2007年10月28日《杭州西湖博览会开幕 华丽水上舞台美仑美奂》就是其中一个错例。

"美轮美奂"指建筑物高大美观,现也常用来形容人家装饰、布置等

捌 文字词语:社会"公器"勿私用

美好漂亮。其中"轮"指"轮囷（qūn）"，古代一种圆形高大的谷仓，此处含义是"高大"；奂，众多。而"仑"指"条理""伦次"，"伦"是"人伦""条理""同类"之意，与整个成语的含义都挂不上钩。

单个成语错误最多的当数"寥若晨星"。2018年10月9日《闪耀诺奖名单中的"她"，为何这么少》一文指出：

> 诺贝尔奖创立之初至1960年间，获得诺贝尔奖的女性科学家寥若星辰，仅有14次颁给女性科学家。

这里的"寥若星辰"显然系"寥若晨星"之误。

成语"寥（liáo）若晨星"形容稀少得好像早晨的星星，指为数极少。汉语不存在"寥若星辰"一说。"星辰"是宇宙中星星的总称，其数量多得无法计算，与上文要表达的"女性科学家数量少"完全背道而驰。

该成语的错误还不只如此。某刊2008年第3期《健康长寿研究成果新发现》一文提到"世界上两次获得诺贝尔奖的人寥若辰星，而德国科学家鲍林就是其中之一"。"辰星"是我国古代所指的水星。辰星只有固定一颗，将数量之少推向了极致。

至于2008年10月26日《德国华人记者被停职事件引发涉华舆论战》一文出现的"廖若星辰"，姑且不论上下文及其要表达的含义，仅从字面上看就属臆造。"廖"（liào）只用于姓氏，自身无含义，显然是字形相似所致。

"罄竹难书"被错写为"磐竹难书"，就是反面典型，如2019年11月14日《不改革教育政策，有些香港人何时醒过来？》一文中的"洋人在中国境内之横行霸道，磐竹难书"等。在抗战纪念活动的报道中，这个成语更是常被错用，如"日本军国主义罪恶磐竹难书""日军暴行磐竹难书"等。

"罄竹难书"中的"罄"（qìng），本义为器中空，引申为用尽。古人写字用竹简，竹子是制竹简的材料。"罄竹难书"是把竹子用尽也难以写完，比喻事实尤其是罪恶多得不可胜数。而"磬"（qìng）是古代一种打击乐器，用石或玉制成，形如曲尺，悬于架上，用木槌击奏。单一的叫特磬，成套的叫编磬。误"馨"为"磬"，与二者字形相似、读音相同有关。

还有的成语被错用，是其中个别汉字相对生僻所致。2019年9月3日《下一场，继续加油吧》提到：

> 中国队尽管最终以76∶79不敌波兰队，但这场比赛还是让球队和球迷一起收获了信心，也让现场球迷和电视机前的观众一起度过了一个令人血脉贲张的夜晚。

这里的"血脉贲张"应改为"血脉偾张"。

无论是"贲"还是"偾"，对于大部分读者而言都属生僻字。"偾"（fèn），意思是"奋""起"；张，即扩张。整个成语本义是血液流动突然加快，以致血管膨胀，青筋鼓起，现多用来形容激动、亢奋。而"贲"有两个读音。读bēn时用于"贲门"，即中医指的胃上端的开口，或"虎贲"，指勇士。读bì时通常用于"贲临"，指光临。"贲"的两个含义显然与成语没有联系。成语的错用，《现代汉语词典》也难辞其咎。该词典第7版对"偾"的解释只有"毁坏；败坏"和"姓"，与成语同样挂不上钩。

最后一类成语错误是有关规定变化所致。2016年9月19日《为核心价值观建设提供智力支持》提到：

> 核心价值观是一个国家、一个民族价值追求和文化理想的精髓，能激励全体人民为共同的美好愿景而戮力同心、不懈奋斗。

这里的"戮力同心"，当改为"勠力同心"。

"勠"是合或并之意，"勠力同心"就是协同用力、团结一致。而带"戈"字旁的"戮"是杀的意思，如杀戮、屠戮等，杂糅的"戮力同心"于理不通。

捌　文字词语：社会"公器"勿私用　　167

上述错误，表面原因是"勠""戮"二字发音相同、字形相似，较为生僻，容易混淆，但其根本原因则是相关规定的变化。"勠"曾作为异体字被废止，其含义由"戮"字承担。但2013年6月正式公布的《通用规范汉字表》又恢复了使用"勠"字，此后仍把"勠力同心"写成"戮力同心"就不合规定。作为央媒，当带头执行。但多年过去了，这一错误仍在重复，如2020年5月16日《戮力同心抗击疫情　中国是南非值得信赖和依靠的朋友》等。

三是自造杂糅。与前两类错误相比，这类错误数量相对比较少。2017年8月15日《日电视台自揭731部队罪行　日网民：比妖魔还恐怖》提到：

> 尽管人类历史上，"731"这个词是与恐怖、魔鬼、惨无人道、灭绝人寰等字眼联系在一起的，日本政府却一直拒绝承认这一段泯灭人性的历史。

"灭绝人寰"在《现代汉语词典》和《成语词典》中都没有收录，显然是"灭绝人性"和"惨绝人寰"的杂糅。"灭绝"指丧尽，"人寰"是人世，二者无法搭配。

自造杂糅类错误中影响较大的当数"躬其一生"。2015年3月26日《谢比勒：一个人的坚守》指出：

> 谢比勒是突尼斯汉语基础教学的开拓者，培养了一批相关专业的学者……躬其一生投入于此，是中突文化交流的使者。

"躬"的含义是自身、亲自或弯下（身子），与"其一生"搭配，于理不合。在上文中，"躬其一生"当是普通词语"终其一生"的误写。当然，也可以用"穷其一生""倾其一生"替换。

四、这样的"篓子"无法"捅"

短语（词组）是由词组成的，其中，最常见的短语错误是动宾结构。

2019年12月10日《安全生产要防患未然　不要等捅了篓子再收拾烂摊子》中的"捅了篓子"，当改为"捅了娄子"。

娄，本指物体中空，"捅娄子"即捅出漏洞来，常比喻引起纠纷、祸事、乱子等。除了"捅娄子"，还可说"惹娄子"和"出娄子"。而"篓子"是用竹子、荆条、苇篾、金属丝等编成的盛物器具，从口到底比较深，与"捅"等动词不构成搭配。

上述错误的原因比较简单："娄"（lóu）、"篓"（lǒu）二字发音和字形都相近，而且感觉上带竹字头"篓"很有形，也适合"捅"。

与"捅篓子"错误非常类似的"发贴（子）"。2023年6月24日《网上发贴谎称有名校择校指标，男子被警方行政拘留》中"发贴"，明显属"发帖（子）"之错用。

帖（tiě），名词，是指写有文字的纸片；而贴（tiē）是动词，指把薄片粘到别的物体上。网上的"帖子"虽已不是纸质，但其以简短的文字记录、传递信息的方式与传统的"帖子"相同。因此，"发帖"不能写成"发贴"。

在体育领域，类似的错误是将"发角球"写为"罚角球"，如2018年11月29日《巴西1∶0绝杀阿根廷　内马尔罚角球米兰达头球攻门入网》等。

在足球比赛中，球被守方队员踢出底线，攻方队员即获得发球权，在离球出界处较近的球场角落角球区内发球，此为"发角球"或"踢角球""开角球"等。守方队员把足球踢出底线，属规定动作，不构成犯规行为。"角球"不算是"罚球"，因此"发角球"不能称之为"罚角球"。"罚"即处罚、惩罚。足球、篮球等球类比赛中，当一方队员犯规时，由判对方队员执行射门、投篮等处罚，此为"罚球"。

有的报道对此有些稀里糊涂，如2019年10月18日《角球一般是由哪个位置的球员来罚？》，但正文则提到了"发角球"，"发""罚"二字明显矛盾。

在宣传领域，音近错误最常见的是将"挖墙脚"写为"挖墙角"，如2006年1月8日《佩雷斯首表态支持代总理　工党不放弃"挖墙角"》等。

墙角指两墙相交形成的角，墙脚则指墙基。因此汉语词汇系统中没有"挖墙角"，而只有"挖墙脚"，意即拆除墙基，比喻从根本上破坏，通常是指暗地里不择手段地从对方那里挖取相关的人员、技术等。

有些同音错误跨多个领域，如常被误写为"非盈利"和"非赢利"的"非营利"。实际例子也比较常见，如2011年11月24日《重庆市出资成立校车公司（副）非赢利机构　统一安排学生乘车》和2016年3月3日《全国人大代表李秉记建议设非盈利政策性科技银行》等。

"营利"与"赢利""盈利"发音完全相同，但实际意义则大相径庭。"营利"就是"谋利"，以赚钱为目的，但未必赚到钱；"赢利"指赚到了钱，但可能亏本，也可能盈余；"盈利"指扣除成本，还赚到了钱。"非营利"组织或机构是指不以获取利润为目的的组织，包括公益类、宗教类、文教类和环保类等。

五、"世上本没有路"，还是"地上本没有路"

诗无达诂，文无达诠。但无论如何，引用诗歌、名言像翻译一样，必须忠实原文，不能随意更改。

概而言之，从根源上讲引用错误主要有三类。

一是音同形近。2002年10月13日《韩媒体：中国超额完成指标　显"一揽众山小"气势》一文，讲的是中国在釜山亚运会上的突出表现。此处的"一揽众山小"显然是"一览众山小"之误。

原文"会当凌绝顶，一览众山小"出自杜甫《望岳》，指的是"登上泰山的顶峰，俯瞰那众山，而众山就会显得极为渺小"。在这里，"览"是

"看"的意思，如游览、览胜、一览无余等。而"揽"的偏旁提手旁即表明该字的含义是拉到自己这方面或自己身上来，同"搂"，如"把孩子揽在怀里"和"包揽"等，并引申为"把持"，与使用眼睛"看"的"览"没有任何关系。错误的原因是两个字发音相同，字形相近。

音同形近的词中，还有义同的，更容易弄混。2009年11月12日《天生我才未必有用？　西班牙华人抱怨"怀才不遇"》中的第一个"才"，当改为"材"。标题的前部分明显是借用李白的名诗"天生我材必有用，千金散尽还复来"，意指上天生下我，一定有需要用到我的地方。其中"材"指从资质能力的高低来衡量的某种人，如栋梁之材、蠢材等。巧合的是，"才"字也有这层含义，如奇才、庸才等。"才"与"材"，同音同义且形近，异常容易弄混。但无论如何，引用原诗必须"原封不动""照抄照搬"，不能随意更改，哪怕像标题那样采用了否定形式。

二是音同义近。2021年7月24日《果然小人常戚戚，东京奥运日本又搞小动作》，指的是东京直播平台给出的中国地图标识中没有中国台湾省！该文正文也引用了孔子的名言"君子坦荡荡，小人常戚戚"，但这里的"小人常戚戚"却是"小人长戚戚"之误。

"长"，在时间上是持续不断的，如长久、长年累月等。而"常"指"时常""常常"，表示事情的发生不止一次，而且时间相隔不久，如常来常往。"长戚戚"指的是长时间的"戚戚"；"小人长戚戚"意思是小人斤斤计较，患得患失。而"常戚戚"则是时而戚戚，时而不戚戚。即使"常戚戚"与"长戚戚"有含义接近之处，引用名言也必须完全忠实，不能随意更改。

名诗名句，也常被错用。如涉及中秋节的报道，2022年9月12日《海上升明月，海大送祝福！》中的"海上升明月"，当改为"海上生明月"。

"海上生明月"系唐朝张九龄的名篇《望月怀远》。诗是通过对主人公望月时思潮起伏的描写，来表达诗人对远方之人殷切怀念的情思。明月从海上升起这一普通的自然现象，张九龄巧妙地采用了"生"字赋予其生命力，突出了"从无到有"的过程，气象万千，出神入化，堪称点睛之笔。

张九龄诗作的各种版本以及历代诗歌的各种选本，从未有"海上升明月"之说。唐代另外一位诗人张若虚在其著名长诗《春江花月夜》中，也有"春江潮水连海平，海上明月共潮生"的描写。每到中秋，这类错误报道比比皆是。

2014年9月5日《黄丑和：抗美援朝的特等功臣》中的小标题《常使英雄泪满襟》，引用的是杜甫《蜀相》中的诗句，也应与原诗歌"长使英雄泪满襟"保持一致。

三是音近形近。2017年10月21日《再塑党的形象的伟大工程——中国共产党自身建设的五年探索之路》一文提到：

> 短短5年，起于青萍之末的作风之变，给中国带来一场意义长远的深刻变革。

"青蘋之末"源自战国著名辞赋家宋玉《风赋》："夫风生于地，起于青蘋之末。"作为一种草本植物，青蘋的茎横卧在浅水的泥中，叶柄伸出水面，只要水面稍有"风吹"，青蘋就会轻轻摇动，故人们用"青蘋之末"比喻事物处于萌芽状态，也指大影响、大思潮从微细不易察觉之处发源。而"萍"则指平浮于水面的草类植物，其叶片紧贴水面，不会随风而起，因此"风起于青萍之末"于理不通。

错用"萍"字，也许是将其误解为"蘋"的简体字。事实上，"蘋"的简体字是草字头下面带个"频"字，只是电脑上无法录入才写成了"蘋"字。《现代汉语词典》（第7版）都写成了简体字。

2016年6月6日《以机制性对话增信释疑》一文提到："世上本没有路，走的人多了，也就成了路。"中美关系发展历程表明，中美合作是一条走得对、走得通的道路。

既然加引号引用原文，就更应忠实于鲁迅的原文，将"世上"改为"地上"。

除了以上的单字篡改外，名言报道还有其他类错误，如刻意遗漏和增加等。"中国是一只睡狮，一旦它醒来，整个世界都会为之颤抖"是拿破仑名言，曾被媒体无数次引述，用来表达身为中国人的自豪。但这句话后面还有一句："它在沉睡着，谢谢上帝，让它睡下去吧。"有的错误是省略了前提，如美国参谋长联席会议前主席布莱德利的名言"我们在错误的时间，错误的地点，同错误的对手打了一场错误的战争"。但布莱德利这段话的前提是："红色中国并不是一个谋求统治全世界的强大国家。坦率地说，如果我们把战争扩大到共产党中国，那我们就会被卷入错误的时间、错误的地点同错误的对手打一场错误的战争。"

贩卖焦虑：平等协议不能叫"城下之盟"

表达思想和传播知识，都需要正确使用词语。这里说的词语，包括词、词组、成语等。最常见的词语错误包括近义混淆、褒贬误用和望文生义等。

一、90岁去世仍"终年"，"享年"高不可攀?

在2012年10月15日《柬埔寨王国太皇西哈努克在北京逝世》一文中的"终年90岁"，明显混淆了与"享年90岁"的区别。

与中性词"终年"相比，"享年"是敬词，体现了对逝者的尊重。西哈努克身为太皇，地位不可谓不高；90岁去世，不可谓不长寿；作为"中国人民的伟大朋友"，不可谓不友好。总之，无论从哪个角度衡量，西哈努克都有资格用"享年"。但媒体几乎清一色地使用了"终年"。

与名词的混淆相比，动词混淆的情况相对较少。在工程建设中，"合龙"偶尔被误写为"合拢"，如2023年12月5日《清水河镇特大桥连续梁顺利合拢》等。

传说天上的龙有吐水的本领，因此人们把在修筑堤坝或围堰时留在最后的缺口叫"龙口"，把大坝封口截流叫"合龙"。"合龙"除了指堤坝最后封口，也指建筑桥梁时最后在中间接合。而"合拢"则指"闭上、合上"以及"收拢、聚合"，只是靠拢在一起，如两眼合拢、双手合拢等。总之，用于堤坝等工程的只能是"合龙"。

"截止""截至"也常被混淆。2021年12月5日《世界上最年轻的共和国，诞生了》一文提到"截止2019年，英联邦有54个成员国"。此处的"截止"当改为"截至"或"截止到"。

二者的重要区别是，"截至"相当于及物动词，后面可以跟时间；"截止"则不可以，一般用在时间词语之后，如"报名工作已于昨日截止"。

二、进军奥运凭实力，不能叫"染指"

汉语词语尤其是浩如烟海的成语中，感情色彩有别，很多具有褒义或贬义。如同样是生气，外语大多只有程度的不同，但汉语的动作发出者存在着"正"（好人）与"邪"（坏人）之别。前者生气叫"义愤填膺"，后者生气则叫"气急败坏"等。在如此背景下，报道稍有不慎，就会用错情感方向。事实上，不仅褒贬用反，该用褒义或贬义成语时使用中性成语也属修辞不当。

词语的褒贬错用大致分为三类。

一是本该使用贬义，却使用了褒义。在2016年4月1日《美韩对朝亮剑旨在达到四个目的》一文中，"亮剑"用错了地方。"亮剑"是面对困境、迎接挑战时的果断抉择和壮举，宣扬的是一种大无畏的气概，只能用在正义一方。美韩和西太美军演习无论名义是针对谁，其威慑、挑衅中国的动机都不言自明。将如此不友善的举动称为"亮剑"，不妥。

2011年5月7日《阿富汗塔利班称本·拉登之死将鼓舞其士气》一文指出：

本·拉丹身亡将提升阿富汗塔利班武装人员士气，鼓舞他们向美国和北约驻阿富汗国际安全援助部队发动"圣战"。

此处的"鼓舞"一词也用得莫名其妙。众所周知，塔利班与拉登领导的"基地"组织系友军，拉登之死"鼓舞"的只能是美军等反恐阵营的士气。对于塔利班而言，使用"激怒"或"触怒"等似较为恰当。

褒贬不分的情况，在关于日本的报道中出现的频率较高。2012年10月22日《日媒当自重》，对日本外相玄叶光一郎近期游说欧洲各国一事进行了评论。文章指出：

日本挑起钓鱼岛争端，自知理亏，备受孤立，于是东跑西颠，逢人说项，试图绑架不相干的国家，却碰了一鼻子灰。

此处的"逢人说项"用得异常别扭。"逢人说项"是个褒义色彩十分明显的成语，指到处为人美言或替人扬名，有时也用其简化形式"说项"。在上文中，日本外相东跑西颠，是为日本游说，并非为中国说好话。因此，用"煽风点火"或"造谣惑众"较贴切。

同样，某刊2006年第1期《日本人的独立与靖国神社》一文指出："来自自民党内部的异议也颇多，可是他依然力排众议而继续参拜……"这里的"力排众议"明显也是褒贬失当。

"力排众议"褒义色彩颇浓，指竭力排除各种意见，维护自己的主张，多用于正面评价。而小泉倒行逆施，应用"一意孤行"这类词形容才妥。其他同义词如"固执己见""执迷不悟""刚愎自用"等也远比"力排众议"可取。

二是本该使用褒义或中性词语，却使用了贬义，如2018年8月21日《拳头产品饱受赞誉　宁德时代成第三届亚太电池展一大亮点》中的"饱受"。

饱受，意思是屡次遭受，后接一些在肉体或心灵难以忍受的遭遇，如折磨、摧残、凌辱、争议、诟病、偏见等。而"赞誉"指赞颂、称誉，是褒义词。与褒义词搭配，自身也应是褒义或中性，否则就会自相矛盾。但作为特殊修辞手段的矛盾修饰法，一般不用在中性的新闻报道中。因此，这里用中性偏褒的"备受""广受""颇受"等修饰"赞誉"更合适。2018年9月27日《安徒生——在世界上颇受赞誉却在国内饱受迫害的丹麦作家》一个标题，即提供了"饱受"和"颇受"两个词语的正确用法。

在新闻报道中，最常见的褒贬错误当数"遭"字。

根据第7版《现代汉语词典》，"遭"是指遇到（事情，多指不幸或不利的），如遭难、遭殃、遭了毒手等。通俗地讲，凡是涉我、正义、无辜方、弱者受到的袭击、侵害、起诉、调查等，都可用"遭"，以示同情、不屈。

对于不正当行为、过失犯罪以及恐怖活动等，则不宜用"遭"。2013年3月20日《泰国总理个人财产账目遭调查》和2009年12月5日《东京证交所交易过失遭重罚》等，从标题上难以推断"遭"字是否妥当，但从正文可看出：泰国反贪委员会针对总理英拉申报的个人财产账目涉嫌造假一事调查，是依法办事；东京证交所被重罚，是"罪有应得"，谈不上什么不幸，也没有什么可委屈和喊冤的，故上述两例中的"遭"都应替换为中性的"被"。而有些内容在标题中就一目了然。如2020年10月14日《日本游泳名将濑户大也出轨遭重罚：禁赛一年，损失超1亿日元》、2009年1月10日《巴基斯坦"基地"组织领导人遭美空袭身亡》、2007年12月4日《英国献金丑闻遭曝光》等，这些题目自身已标明主体受罚是咎由自取，故不能再用表示同情的"遭"字。

对于一国内部的政策实施、政府与议会和反对派之间的斗争，我们难持立场，使用"遭"也有不妥。2015年2月7日《遭党内"逼宫" 澳总理硬挺》、2016年11月28日《美反导系统遭智库差评，被指"过时且无用"》、2018年5月24日《特朗普遭国会领袖炮轰，纸黄金能否乘风破浪》等都属内部事务，不便评说，此时使用中性的"被"更为妥当。

1995年3月6日《中美缔结城下之盟》一题中的"城下之盟"，更是不妥。"城下之盟"指兵临城下、被迫屈服讲和、订立丧权辱国的条约。而中美就知识产权问题达成协议，系两国经20个月9轮磋商后所达成，是平等协商的结果。如此错用，确实有些"自寻其辱"。

最不可原谅的错误是将贬义的"染指"褒用。"染指"是指分取非分的利益，但2016年8月4日《铿锵玫瑰渴望重现神奇》却称"她们经历的，是中国女足整整16年未染指奥运会和世界杯四强的低谷"。中国女足依靠自己的拼搏和实力进军奥运会，何来"非分"之说？用"跻身"替换较妥。

三是本该使用中性词语，却使用了褒义或贬义。如2020年2月4日《面对疫情，有人送来口罩，有人却乱喷"口水"》开篇提到：

美国商务部长罗斯视他国生死疫情为自肥商机，其道德感之匮乏、脑回路之"怪异"令人叹为观止。

"叹"是赞赏，"观止"指看到这里就够了。整个成语指赞美所见到的事物好到了极点，是典型的褒义词，用在这里形容罗斯显然不合适，可改为中性的"惊诧不已"等。

新闻报道中更多的错情是使用贬义成语替换中性成语。2016年7月5日《遇到"山王工业" 冰岛不冤枉》指出：

冰岛与法国一战，"最大黑马"在上半场就连吞4弹，比赛至此没有了悬念，尽管冰岛队之后依旧负隅顽抗……

这里的"负隅顽抗"用法欠妥。"负"是依靠；"隅"是山势险要之地。整个成语比喻依仗某种条件顽固抵抗或垂死挣扎，明显带有贬义。正如相声界遵循"台上无大小，台下立规矩"的铁律一样，体育比赛遵循"场上是对手，场下是朋友"原则。即使是与我对抗且来自不友好国家的赛手，也不能使用贬义词。这是追求新闻报道客观的重要标准。因此，"负隅顽抗"

当用"顽强对抗"替换。

三、乱点鸳鸯谱：两国领导人握手岂是"执子之手"？

2014年2月21日《执子之手》，讲的是德国总理默克尔滑雪受伤后出访法国。当她拄着双拐出现时，法国总统奥朗德热情迎接，双手紧紧地握住她的双手。标题"执子之手"属望文生义、用词不当。

"执子之手"通常与"与子偕老"连用，一般用在对婚姻的承诺，表示希望与对方相知相守终身。该成语在这里显然用错了对象，也极不严肃。涉及外事活动的报道，需慎之又慎。

还有的成语，是完全弄反了对象。2012年8月9日《奥运畅想》指出："1984年的洛杉矶奥运会，美国以牙还牙，苏联没能参加……"文中所说的"美国以牙还牙"显然弄反了，应是"苏联以牙还牙"才对。

以牙还牙，比喻针锋相对地进行回击。这就意味着动作发出方针对的是此前的"攻击"。1980年莫斯科举办22届夏奥会，以美国为首的西方国家以"反对苏联非法入侵阿富汗"为由拒绝参加；1984年美国主办23届夏奥会时，苏联联合了多个国家拒绝参加。美国拒绝在前，苏联拒绝在后，所以"以牙还牙"的应当是苏联。

"首当其冲"也常被错用，如2016年5月14日《弘扬炎帝文化创意创新创造首当其冲》、2019年9月18日《华为欲出售5G技术，日本首当其冲，或成为第一个买主》等。

在这一成语中，"当"是"承受"之意，"冲"即"要冲""交通要道"，整个成语比喻最先受到对方的攻击，也指首先遭受灾难或不幸。包括上述错例在内的很多报道将该成语错误地理解为"冲锋在前"或简单地等同于"首先"。

对"首当其冲"的错误理解也可能导致南辕北辙。如2013年3月28日《"独生子女"渐成英国主流　经济原因首当其冲》一题，给人的感觉是

"独生子女"导致经济受到打击,而实际含义是却相反。该文称"英国ONS数据调查公司表示,经济是家庭规模缩小的第一原因"。

鉴于该成语用错数量之多,2018年5月27日《光明日报》专门刊文《"首当其冲"误用当休矣》。遗憾的是,这一错误多年来并没有"休"的迹象。

除了上面探讨的三大类错误外,新闻报道用词不当还有很多种类。有的是弄错了词的含义,如2012年10月16日《"二战"惊人巧合:美国潜艇被自己发射的鱼雷击沉》中的"巧合"。

"巧合"是恰巧相同或相合之意,指的是两件或两件以上的事凑巧相同或相合。如果只是一件事出现意外,则称不上"巧合"。在上文中,在"二战"中屡立战功的美国"唐格"号潜艇,发射出去的一枚鱼雷突然掉头,把自己击沉。这是一起孤立的意外事故,不存在与其他类似事故的巧合。因此,上述题目中的"巧合"当改为"怪事"等。

链接 恐怖组织"负责",不够格!

新闻报道存在着一个具有讽刺意义的现象:在报道恐怖组织声称对恐怖袭击"负责"的同时,却没有弄清动词"负责"的真正含义,导致这一褒义词在报道中被误用。

在2021年1月1日《俄车臣恐怖分子袭警致1死1伤 "伊斯兰国"宣称负责》中的"负责",犯了鲁迅先生所说的"硬译"与"死译"的错误,是明显的褒义贬用。

"恐怖组织(分子)对袭击负责"之类的说法由来已久,在各类媒体中频频露面,早已是读者和听众熟视无睹、习焉不察的套话。较早的例子可追溯到1987年11月11日《爱尔兰共和军已承认对爆炸负责》的报道。最为臭名昭著的"责任者"当数"基地"组织,其他时常放"狠话"的还有车臣非法武装、包括"伊斯兰国"（IS）在内的多个伊斯兰恐怖组织、爱尔兰"共和军"、西班牙"埃塔"、意大利"红色旅"、秘鲁"光辉道路"、哥伦比亚革命武装部队等数十个。其"常规动作"包括爆炸、劫机、暗杀、绑架、放火等，常导致大量无辜伤亡。

在心理上，一般人作恶后唯恐逃之不及，而恐怖组织在犯了令人发指的罪行后却不打自招，主动对号入座，公开声称对某一恐怖袭击事件"负责"，唯恐天下人不知。这就令人不解！难道恐怖组织要"高调"放下屠刀？多年来血淋淋的事实证明：恐怖分子从未做过任何所谓"负责"的工作。

汉语的"负责"是"担负责任"的简称。根据《现代汉语词典》第7版，"责任"有两个含义："分内应做的事"和"没有做好分内应做的事，因而应当承担的过失"。而恐怖组织作为非法、非民选的团体，显然不具备上述"资质"。国际组织、国家政府可以称对某事负责，继而进行救死扶伤、赔偿抚慰或平反昭雪、恢复名誉等，但那些丧尽天良的恐怖组织，从未切实做过任何可以赎罪的善举。他们"声称对恐怖袭击负责"实际上只是"负责实施了恐怖袭击"。

事实上，恐怖组织"声称对某事负责""，无非是要增加知名度，与受害方的代表讨价还价，获取更大的政治、经济或宗教利益。

考虑到"负责"一词的错用，多年来媒体也在努力拨乱反正。如《人民日报》在2004年10月31日《拉登承认发动了"9·11"袭击》和2013年2月3日《极端组织承认袭击美使馆》两篇文章中，尝试使用了"承认"。当然，上述两例中的"承认"，与原文尚有距离，只能算作"接近"。从语气来看，也可译成"某某组织称某事系其所为"，或口语化的"某某组织称某某事（就）是他们干的"。上述标题因此可进一步修改为《极端组织称袭击美使馆是他们干的》或《极端组织称袭击美使馆是其所为》。不过，《人民日报社采编手册》不主张标题使用代词。比较而言，新华网2016年7月18日《"伊斯兰国"欲"认领"尼斯恐怖袭击事件》等报道使用的"认领"，更加主动和积极，符合恐怖组织做"血淋淋广告"的心态。但这一用法也存在问题："认领"是"辨认并领取"，其宾语一般都是具体的丢失物，而恐怖分子"认领"的是一个事件。

笔者认为，比较理想的用词是"放言"或"叫嚣"，以此充分体现恐怖组织的猖獗和放肆。因此，《拉登承认发动了"9·11"袭击》可修改为《拉登放言（或叫嚣）发动了"9·11"袭击》或《拉登放言（或叫嚣）"9·11"袭击系其所为》。当然，这样的表述仍不尽如人意。期待媒体同行共同努力，早日彻底清理这个涉恐报道中的"奥吉亚斯的牛圈"。

玖 语法逻辑：橄榄枝，如何"抛递"？

新闻报道中的语法错误主要有四大类：冗余、残缺、搭配不当、句式错位。

新闻报道在语法、逻辑两大领域也存在一些错误现象。

实现"零突破",无须中国"助"

一、"发表致辞指出",前四字属蛇足

新闻报道中经常使用一些含义重复的赘词,尤其是在标题中。

冗余多是名词或动词的错误,也有数量词、形容词和副词的错误。这些重复主要有两种形式。

一是近距离重复。如2018年12月1日《今天是"红军之父"的诞辰日,让我们在影像长廊中追忆他的功绩与风采》文中的"诞辰日",犯了近距离语义重复的错误。

"诞辰"就是生日,"诞辰日"自然就成了拗口的"生日日"或"诞生日的日子"。因此应删掉"日"字。

与"诞辰"相比,"厥词"似乎更容易出错。

2020年10月16日《蓬佩奥无端指责中国!耿爽火力全开,对美发出严重警告》一文,开篇提到"针对美国国务卿蓬佩奥近日的'厥词'"。"蓬佩奥近日的'厥词'",也是近距离的语义重复。

"厥词"并非一个独立语词,包括2016年第7版《现代汉语词典》等权威汉语工具书等都未收录。该词只出现在"大放厥词"中,整个成语指大发谬论,多用作贬义。其中,"厥"字的本义是"他的",作第三人称所有格

用,"厥词"就"他的言论"。这样,"蓬佩奥近日的'厥词'"就成了"蓬佩奥近日的他的言论",非常拗口!

类似的错误并非罕见。2013年8月6日《麻生厥词暴露安倍集团思想本质》中的"麻生厥词",犯的是同一个错误。

"第一桂冠",同样犯了重复的毛病,如2022年3月16日《新余仙女湖——"两感测评"再夺全省双第一桂冠》。"桂冠",是用月桂树叶编织的帽子,古希腊人以此授予杰出的诗人或竞技的优胜者,今一般用来指竞赛中的冠军,即比赛中的第一名。"第一桂冠"即"第一第一名"。因此,"第一"和"桂冠"择一保留即可。

同样,2021年7月22日《这位老戏骨去世》提到:

而在电影《归去》中,徐才根以85岁高龄终于演上男一号,这部电影也是青年导演颜雷的首部处女作,徐老的出演也是在助力扶持青年导演。

"处女作"即作者的第一部作品,与"首部"的含义重复,因此应略去"首部"。

含有"诸"字的表述也易出现此类错误。2013年8月6日《新华社:党员干部中害群之马与人民离心离德》提到:

随即,由上海市纪委牵头,会同市高院党组等部门组成的联合调查组,立即开展缜密的调查取证工作,并将调查结果公诸于众。

在古代汉语中,有的字兼有互相结合的两个词的意义和用法,如"诸""焉""盍""旃"等。其中在现代汉语最常用的"诸",是"之于"(zhī yú)的合音兼词,不仅选取了这两个字的前后读音,也合成了这两个字的含义。因此,"公诸于众"就成了"公之于于众",显然重复。

此外，2019年6月20日《猜猜看，谁是武汉高校快递包裹前三甲？》中的"前三甲"，被当成了"前三名"。

"三甲"源自隋唐的科举制度。以清代科举为例，由皇帝在宫中主持殿试（廷试），以成绩高低分为"三甲"：一甲赐"进士及第"，只取三名，分别为状元、榜眼和探花；二甲赐"进士出身"，若干名；三甲赐"同进士出身"，若干名。由此可知，"三甲"的意思有二：一是进士共有三甲，"三甲"是三个等次即一甲、二甲、三甲，并不是指冠军、亚军、季军。二是进士的第三等称三甲，即第三甲。但无论如何，前三名只是一甲绝非"三甲"。而且，"三甲"之前加个"前"字显得不伦不类。

除了偏正结构外，动宾结构也存在着重复的错误。2023年12月15日《三星堆入选重大田野考古发现　北京大学教授严文明获终身成就奖》一文提到：

> 作为世界考古论坛颁发的最高荣誉，终身成就奖专门表彰在全球范围内享誉盛名、学术造诣深厚、对考古学领域影响广泛而深远的学者。

此处的"享誉盛名"，属近距离重复。"享誉"指在社会上取得声誉。享有盛誉，自身是动宾结构，后面不能再跟名词作宾语，而通常只能跟表示时间或空间的词，如"享誉千年""享誉文坛""享誉海内外"等。"盛名"是很大的名望，等同于"盛誉"。在"享誉"后再接上"盛名"，就相当于"享有盛誉盛誉"，甚是别扭。若确实想用"盛名"，只能说"享有盛名"或"久负盛名"等。2014年4月18日《比泽尔如何在全球享誉盛名80年》一题，可修改为《比泽尔如何享誉全球80年》。

在动宾结构中，体育新闻的重复错误相对较多。其中，最常见的是"卫冕冠军"，如2020年8月14日《女单卫冕冠军安德烈埃斯库退出美网　男单世界第一焦科维奇确认参赛》等。

"冕"是帝王的皇冠，帝王称帝时司仪把皇冠加在君主头上就叫"加冕"。因此，"加冕"引申为第一次夺冠，"卫冕"则指竞赛中捍卫或保住了上次获得的冠军称号或地位，意即蝉联冠军。"卫冕"本身就是动宾结构，后面若再跟宾语"冠军"就犯了"动宾+宾"的杂糅错误。若觉得两个字音节有些短促，可使用"能否卫冕"或"卫冕成功"等。

考虑到卫冕的上述含义，报道中的"卫冕亚军""卫冕季军"之类的表述，也同时犯了前后矛盾的逻辑错误，如2010年7月12日《"卫冕"季军总统授勋》等。

新闻报道应以人为本，但灾难报道中的人员伤亡常出现"死亡人数"与"人"的重复。在2020年10月3日《印度新冠死亡人数超10万人，数周后或将成全球病例最多国家》一题中，"死亡人数"简化为"死者"，既可减少字数又避免"人"字重复。《人民日报》2005年9月2日《巴格达踩踏事件死者增至965人》和2013年4月28日《孟加拉国塌楼死者升至352人》等文章，都有效地回避了这一点。当然，在这两个例子中，"人"字也可略去，因为"死者"已明确了主体是"人"。

与名词、动词相比，副词的冗余相对隐蔽，很多人甚至早已习以为常。

程度副词的冗余现象在涉国外选举的报道中出现频率较高。在2017年5月15日《马克龙正式就任法国总统》和2021年1月20日《特朗普正式卸任，拜登登场对加密货币市场影响几何？》两个标题中，"正式"都属蛇足，应删。总统没有"非正式"就任或卸任。

就任、卸任等可以提前、推迟等，但不存在"正式"与"非正式"之分，前者不需要后者做铺垫和打基础。以上文为例，从法律程序来讲，美国总统的"卸任时间"也只有1月20日这一天。上任与卸任是同时发生的瞬间行为，正如"关门""开始""结束"等瞬间动词传达的信息一样。

与此同理，很多国家领导人"当选""宣誓"等之前的"正式"也应略去。如2020年5月18日《以色列新一届政府正式宣誓就职》应改为《以色列新一届政府宣誓就职》)。

"当选后""连任后"和"上任后"等一些时间状语也属多余，如2010年1月30日《鸠山发表上任后首次施政演说 称避免经济再触底》等。该标题的重点是"施政演说"，"上任后"只起时间状语作用，且与其他内容构成了重复：既然是首相，肯定是在"当选后"或"上任后"，这里的"首次"已足以标明两个"后"所要表达的信息。标题以短为生命，这个长达21字的标题更应"瘦身"。

在带有副词的重复句式中，"几乎损失（毁坏、被瓜分）殆尽"是一个典型，如2010年3月3日《飓风使法属波利尼西亚珊瑚礁几乎毁坏殆尽》。

"殆"系副词，含义是"几乎、差不多"，"殆尽"就是"几乎没有剩下"。"殆尽"与"几乎"连用时，就是"几乎几乎没有剩下"。因此应将"几乎"删掉。

二是废话套话连篇。新闻报道中的很多含义重复的套话，大可略去且不影响整体含义。比如，"（某国、国际组织等）做出强烈反应（强烈回应、强硬表态）"。在这一主谓定宾齐全的结构中，可去掉谓语而保留宾语充当补语。在2004年8月21日《传日首相小泉欲访北方四岛 俄罗斯作出强烈反应》中，标题后半部分可改为"俄罗斯反应强烈"。实际上，在类似表述中，"做出"二字相对抽象，自身的动作意味也不强烈，略去后并不影响原意。同样，"做出积极反应"这一套话可改为"反应积极"。

作为"强烈反应"的一种，"采取单独（集体）制裁措施"也是套话。2013年2月8日《日考虑针对朝鲜核试验采取单独制裁措施》，可浓缩为《日拟针对朝核试单独制裁》。标题"瘦身"7字，言简意赅。

更为冗长的表述"呈现良好发展势头"等套话，完全可压缩为"发展势头良好"或者"势头良好"，如1999年10月23日《中英关系呈现良好发展势头》等。而在"工作进展顺利"这个句式中，可省略4字，只保留"顺利"这一关键词即可。如2011年2月2日《我接回在埃及滞留公民工作进展顺利 首批480名滞留同胞安全抵达北京和广州》这一标题，可压缩为《我顺利接回在埃滞留公民　首批480名同胞安抵京广》，还可进一步瘦身为《我顺利接回滞埃首批480名同胞》。

类似于"（某国）发生一起……事故"之类的表述，本质上也是一种套话，这6个字都毫无必要。如2013年2月8日《孟加拉国发生一起沉船事故》这样的标题，明显是重过程而轻结果，违背了新闻报道的宗旨。根据文中"有40—50人下落不明"，可改为《孟加拉国沉船致40余人失踪》。字数不变，但信息量增加：关注人的生命，体现了报道的人本思想。对于已列出了伤亡人数的标题，就更没必要强调"发生事故"这一前提，可直接进行简化。如2016年6月7日《比利时发生火车相撞事故　致3人死亡40人受伤》，可压缩为《比利时火车相撞致40余人伤亡》。

还有一种"主要以……为主"的套话，在正文中则屡见不鲜。2005年2月17日《美国民主党重整旗鼓》，提到"民主党的支持者主要以中产阶层和贫困家庭为主"；2012年11月21日《移民企业在欧洲逆势而上》，提到"移民企业主要以消费品行业为主"；等等。"主要以……为主"属于戴草帽打伞。一句不能容二"主"，第一例的修改办法是略去"主要"，第二例可以改为"移民企业主要是消费品行业"或"移民企业以消费品行业为主"。

套话中出现频率更高的当数带有多层"表示"的外事报道，可形象地表示为"表示+表示=表示"。其具体情况是：报道引题需要有充当谓语的"表示"，而主题中"对某事表示某种看法、情感"同样离不开"表示"，从而导致近距离重复。如2013年4月10日《外交部发言人表示中方对撒切尔夫人去世表示哀悼》，修改方法有三。一是将引题的"表示"省略，同时增加冒号，用以提示下文，如2019年10月11日《外交部发言人：中方对古巴选举产生新的国家领导人表示热烈祝贺》。二是略去主题中的主语和"表示"，用"外交部发言人"代替传统的"中方"，并略去中间的冒号，如2018年10月30日《外交部发言人表示积极协助我滞留塞班游客回国》。三是将第一种情况下的冒号替换为破折号，如2020年6月30日《外交部发言人——美国应对疫情表现既让人费解,也令人深思》。这一做法最为"干净",删去了所有"表示"。

简洁是标题的灵魂之一。使用破折号或冒号,减少了标题字数,突出了重点,也更加醒目。目前,文章标题使用两个"表示"的情况已越来越少,而且句式也更灵活多变,如2019年2月12日《外交部发言人:共建"一带一路" 中方从不强加于人》。

最后一类套话是"发表致辞(讲话)"。如在2013年6月22日《张高丽出席第十七届圣彼得堡国际经济论坛并发表致辞》一题中,"发表"可删略,其后的"致辞"由名词自动转化为动宾结构。《现代汉语词典》第7版即有"由大会主席致辞"的例子,可见"致辞"二字足以表达完整含义。

而对待2020年9月27日《英首相约翰逊在联合国发表讲话 呼吁全球团结抗击疫情》这一标题,"发表讲话"4个字都可略去。文章的核心是"呼吁"之后的内容。就形式而言,无论是"发表讲话"还是书面报告,都无关紧要。更何况,标题已冗长到24个字,颇令人窒息。更甚者,如在2020年5月18日《联合国秘书长古特雷斯在世卫大会上发表讲话指出 克服疫情威胁必须团结一致》34字标题中,"发表"和"讲话"都应删掉,保留"指出"一词足矣。

二、导弹试射,"成功"切勿漏写

新闻报道尤其是标题的遗漏体现在多种词性上,其中法律界的动词遗漏较多,详见本书第六章第一节。

与动词相比,名词尤其是作为主语的名词遗漏情况较少。教科书与学术期刊常引用的反面典型就是1996年1月18日《书面承认错误 答应今后不再犯 违反维也纳外交公约召见美日官员提抗议》一文。引题和主题虽长达31字,但"真人"始终"不露相",令读者一头雾水。

"谁"（Who）是新闻的要素之一。这条标题"没头没脑"，全无主语，如不看正文，读者就不明白谁承认错误、谁违反外交公约和谁提抗议。引题原意是叙述新闻背景，但读者看后，并不能从中了解发生了什么事件。主题的问题同样严重。"维也纳外交公约"的内容，大部分读者未必清楚，标题既未指出谁违反了维也纳外交公约，也未说明谁召见美日官员提抗议。这样的标题根本无法概括事实真相。

副词被遗漏的情况相对较少，也不容易被发现。如在2019年8月20日《美国试射一枚常规陆基巡航导弹》这样的标题中，最关键的因素——副词"成功"被遗漏。

武器试验大多采用最新型号，试验最关键的是"成功"与否。试射耗时较短，媒体通常可快速知道结果。从正文可知，该导弹在飞行500多千米后击中目标，而且此次试射获得的数据等将被用于未来美国中程导弹的研发。因此，这是一次成功的试射，标题应在"试射"前增补"成功"二字。

结构助词"的"，在很多表述中可有可无，但在有些情况下的遗漏则导致含义南辕北辙，如2014年11月14日《中国助美国实现高铁"零突破"？》一题中的"零突破"。文章开篇指出：

> 对于曾经的"铁路第一大国"美国，在对高铁幻想多年后，至今还没有一条高铁铁轨。正在寻求"走出去"的中国高铁或许可为美国高铁实现"零突破"带去一丝希望。

此处的"零突破"当改为"零的突破"。"零的突破"指在某一个领域或者行业第一个打破纪录，实现从无到有。"零突破"明显是对"零的突破"的误用。没有"的"的结构，一般都是直接从字面意义理解，如零风险、零距离、零容忍、零污染、零排放、零增长等都表示"没有"。"没有突破"则与原文要表达的含义完全背道而驰。

同一家媒体，既有"零的突破"，也有"零突破"，显然是将二者画了等号，如1984年7月31日《奥运会开赛第一天传来"零的突破"喜讯　我国运动员夺得两枚金牌》、2019年11月15日《零突破！中国抗癌新药"泽布替尼"在美国获批上市》等文章。

顺便说一句，汉语最不起眼的结构助词"的"的遗漏会导致原意彻底丧失，而恰如其分地增加则会带来奇效。如1999年12月24日美国向巴拿马政府移交巴拿马运河的全部统治权后，《钱江晚报》的《巴拿马运河今成"巴拿马的运河"》，即为标题的精彩之笔。

三、布什启程"赴"华，方向出现偏差

搭配不当在动宾结构中较常见，本部分主要阐述两方面问题。

一是谓宾错位，无法搭配。1997年1月10日《东航开辟美国航班》中的"开辟航班"就是一例。谓语"开辟"通常跟宾语"航线"搭配，作为宾语的"航班"只能跟在谓语"开设"或"增加"之后。

有的谓宾错位是动作上无法实施。如在2012年10月18日《加强权力的监督制约　给权力戴上"紧箍咒"》一题中，"紧箍咒"中的"咒"应略去。众所周知，小说《西游记》中的唐僧只要一念紧箍咒，孙悟空头上的金箍便会收紧。因此，金箍可以戴，而紧箍咒不能戴。

动宾搭配不当常见于臆造杂糅，其中最"经典"的例子是"折冠"。2021年4月2日《济南成山东16市最吸引人才城市　2020年人才需求上涨10.24%》一文即提到"人才吸引指数领跑全省，济南人才净流入量折冠"。

这里的"折冠"显然是"折桂"与"夺冠"的杂糅。"折"是摘取，"桂"是桂树的枝条，"折桂"古代指考取进士，现多借指竞赛或考试获得第一名。"桂冠"本义是用桂枝编制的帽子，多指竞赛中的冠军称号。"冠"只能"夺取"而不能"折"。"折冠"于理不通。

有的动宾搭配不当是弄错了动词的含义。如：2011年8月19日《全美

首次出现亚裔为主选区　华人聚居市多囊括其中》中的"囊括",也被错用了。"囊括"是把全部包罗在内,无一遗漏。换言之,只要不是涵盖了全部,就不能使用"囊括"。而上述例子讲的是"新的选区划分,让加州众议会第49选区的亚裔选民人数首次过半,达到50.1%",离"囊括"还差得远。

有的文章标题即暴露了这一问题,如2021年10月13日《第二十五届星计划圆满落幕　柳州龙城囊括"半壁江山"》。且不论"计划"具体"囊括"的是什么内容,仅看标题就明显自相矛盾:只有"半壁江山",如何谈得上"囊括"?在实际报道中,这样的例子还有很多,其中的"囊括"可改为"撑起"或"占据"。

与"囊括"的含义完全相同的"囊获",也易被错用,如2016年5月10日《我军雪豹与美俄特种兵较量囊获半数金牌》等。

实际上,只要含有"囊括""囊获"的句子中间不能加进"全部""所有"等表示无一例外的程度副词,这个动词就属错用。

有的动宾错误则是搞错了名词的含义。2002年6月12日《老翁竟发杀人狂　修道院里乱放枪》一文,说的是美国密苏里州有个名叫杰夫里斯的71岁男子,于6月10日在一家天主教修道院里开枪打死了两名神职人员,自己也饮弹自尽。这里的"杀人狂"与"发"不搭配。与苏轼的"聊发少年狂"不同,"杀人狂"指杀人的狂热者或狂人,不是可以"发"的,而苏轼句中的"狂"是指少年的狂妄,是可以"发"的。因此标题的前半句可改为"老翁竟成杀人狂"。

大家对"担任第一夫人"的报道并不陌生,这也属动宾搭配不当。"第一夫人"是对国家元首妻子的一种称谓,不是具体职务,不能"担任",如2021年1月20日《梅拉尼娅:担任第一夫人是一生最大荣耀》。这个错误由来已久,早在2002年8月14日《托莱多上电视为妻辩护》一文中,就提到了秘鲁总统托莱多的妻子"担任第一夫人"。

二是时空错位,颠倒顺序。时空错位大致可分为三类。

第一类是时间的错位。2012年10月14日《莫言获奖名至实归》一题和正文中的"名至实归",都应改为"实至名归"。"实至名归",也作"实至名随"。其中,"实"是指实际的成就,"至"是达到,"名"指名誉、名声、声誉等,"归"即到来之意,整个成语的意思是指:有了真正的学识、本领或业绩,相应的声誉就自然随之而来。莫言著作等身,影响深远,荣膺诺贝尔文学奖,确实是"实至名归"。从逻辑上讲,先有"实至",后有"名归",因此,"名至实归"属于本末倒置,于理不合。但这个错误在该媒体和其他媒体上多次出现。

有的时间错位,是文章随意变换词序所致。2009年4月9日《前车之鉴 后车之覆》,讲的是中国应吸取日本的教训,在与美国的较量中要敢于承受风险,但整个成语的顺序完全颠倒,导致题文不一。

成语"前车之鉴"源自"前车覆,后车戒",其意是前面的车倾覆了,后面的车当引以为戒。该成语含义清晰无误:既然前车倾覆,"借鉴"的主体肯定是后车。如果坚持使用全句,也应是"前车之覆,后车之鉴"。遗憾的是,上文自造了"前车之鉴 后车之覆"这一冗长短语,导致前后矛盾。

第二类是空间的错位。2001年10月18日《布什启程赴华 "参加上海APEC会议"》中的"赴"犯了"方向性"错误。"赴华"即"前往中国",表明文章的立足是在中国以外的地方。而报道的媒体在中国,故应改为"来华"。当然,如果报道地在中国,但信息源在国外,可用"赴华",如2001年10月17日《布什已离开华盛顿启程赴上海出席APEC》一文。记者虽然是从香港发出的消息,但引用的是"华盛顿讯"。

还有的报道是在空间上无法操作。2015年5月2日《随他们穿越回巴赫时期——俄罗斯"黄金时代"巴洛克室内乐团》一文,提到"俄罗斯当下的音乐水准在扶摇直下"。其中的"扶摇直下"明显是借鉴"扶摇直上",但出现了"画虎不成反类犬"的效果。

"扶摇",是指旋风呈螺旋状自下而上盘旋,故"扶摇直上"或"扶摇而上"可用于形容地位、名声、价值等迅速往上升,比喻仕途得意。在操作层面上，能"扶摇直上"，无法"扶摇直下"。2022年5月9日《有一种美好，叫亲水游玩就在家门口》提到了"磁器口码头，人们拾级而下，亲水游玩"，"拾级而下"可以说是犯了相同的错误。拾（shè）与陟同义。"陟"字甲骨文左边是台阶，右边是两个脚趾向上的脚掌，自然是向上走。向下是"降"字，右边是两个向下的脚趾。《现代汉语词典》对"拾"字的解释是"轻步而上"；将"拾级"解释为"逐步登阶：我们拾级而上，登上了顶峰"。可见，"拾"一词只能用于上阶梯，不可用于下阶梯。

第三类是时空皆错。1996年7月28日《失之桑榆，收之东隅》一文，犯了时空双重错误。通过正文可知，其本意是：我体育代表队在亚特兰大奥运会前七天战绩不佳，此后利用我传统优势项目，仍会取得优异成绩。成语"失之东隅，收之桑榆"表达了这层意思，但与标题南辕北辙。

这种"自制"现象并不罕见。1995年12月25日《议会选举，俄共登先》中的"登先"，就是一例。"登"是空间的由下及上，"先"则是时间或次序上居前，二者不在同一个话语系统内，还是用平实的"领先"替换为好。

四、"率先""遭遇"千年虫，被动无法变主动

句式的错用，主要有三类。

一是主动被动颠倒。这类错误主要是被动句被错为主动句。如2010年5月5日《4位最高科技奖得主获小行星命名》消息，标题给人的感觉似乎是以小行星的名字为4位科学家命名。实际情况则恰恰相反，是用他们的名字来命名小行星，故可改为《4位最高科技奖得主被用来命名小行星》。

2021年4月16日《边力挺边禁止日本大米、鱼类进口，赵立坚讽美国"身体很诚实"》的标题只有一个主语，即赵立坚，但"边力挺边禁止大米、鱼类进口"的行为者却是美国，导致前后不一，故应将"美国"作为主语并调整为被动句：《边挺边禁日本鱼米进口，美国被（赵）讽"身体很诚实"》。

有的含义有"被"字，相关修饰词却南辕北辙。如1999年3月1日《澳新将率先遭遇"千年虫"》中的"率先遭遇"，就自相矛盾。"率先"的含义是主动上前，而"遭遇"则是被动碰上。因此，"率先"当改为不含主观意义的"首先"或"最先"。

二是肯定否定错位。在以下两例中，成语"望其项背"都用错了：2020年6月1日《美电子战系统有新进展，我国电子战系统有项功能令美军望其项背》和2019年5月25日《俄罗斯胜利日的阅兵气势让其他国家望其项背》。

"望其项背"是指能看清对方的脖子和后背，表示离得比较近，完全能追得上。上述两例想表达的本意是："美军"和"其他国家"都追不上。但成语"望其项背"一般只用否定形式，如"难以望其项背""无法望其项背"等。

三是单重选择误为双重选择。2016年9月30日《拆改燃煤锅炉，拖不起》一文提到：

> 拆改不是一拆了事，拆了以后怎么办，企业和群众的实际需求必须考虑进来，这是关系到燃煤锅炉改造成败与否的关键，否则就流于形式。

"成""败"指的是事情发展的两个方面，"与否"表达是不是的意思，带有选择性。"成败与否"，就是成败还是不成败，这种两个带有正反两种意思的词语组合在一起表达同一样事物，构成了毫无实际意义的双重选择。可将例句中的"成败"改为"成功"，在某些情况下也可删除"与否"。

烧脑的"巴国"，究竟有多少种解读？

有些句子结构完整，符合语法规则，但在事理上讲不通。这种错误就是逻辑错误。王力先生曾在《我谈写文章》中指出:"平常我们所谓主谓搭配不当、动宾搭配不当、形容词和名词搭配不当等等,严格地说,都不是语法问题,而是逻辑问题。"从这个意义上讲,本书大部分章节都涉及逻辑问题。

作为新闻报道常见的病句类型之一,"不合逻辑"自身也有多种,这里拟剖析相互交叉的四大类型:照应不周、苟且简略、夸大其词、自相矛盾。

一、冠亚军赛中,亚军无须"争"

概念错误是对词语所表达概念内涵及概念间关系的误解而造成的错误。其中,最常见的错误是外延过宽或过窄。

2023年11月23日《中国队获东盟杯国际藤球邀请赛四人赛女子组亚军》,提到"2023年东盟杯国际藤球邀请赛四人赛冠亚军争夺赛在黔南科技学院激情上演"。其中的"冠亚军争夺赛"就犯了概念错误。在所谓"冠亚军争夺赛"中,参加决赛的两支队伍争夺的是"冠军",失败方自然就是"亚军",无须争夺。因此,应删掉"亚"字。

前后句关键词(概念)不对应或照应不周也是同一类错误,即前一句讲到事情的两个方面,后一句则讲到一个方面。这类的错误比较多。在2020年7月27日《中美关系是否会进一步下滑,关键在于美国能否调整心态》一文中,前后都包含两个方面,似乎形成了照应,但严格地讲,这句话的逻辑并不成立。"美国(能)调整心态"是"中美关系进一步下滑"的关键,这个判断与原文完全背道而驰。当然,这是同时采用肯、否定导致的问题,汉语表达已约定俗成。在有数字时,这种错误更为明显。如在A、B两组总人数为一百的情况下,A组减少二三十人,B组可增加七八十人,后者理论上应改为"B组增加八七十人"。但习惯上只能从小往大处讲,这是汉语自身的局限。

与上述外延过宽相反,外延过窄指的是新闻事件原有外延太小,无法涵盖后面的内容。2019年11月17日《36岁健身女神参加选美大赛,凭借逆天身材获得前三名好成绩》一文,讲的是韩国李恩壁时隔13年再一次获得选美佳绩。"前三名"包括了第一至第三名,外延过宽,而她只能获得其中一个名次。同样,网上诸多"他获得了3个团体冠军"和某人"被评为模范家庭"等报道,都犯了外延过宽的逻辑错误。

在2020年7月3日《瑞士将美国等29个国家和地区列为"高风险"》中,"美国"与"国家和地区"也不对等,出现了"少托多"的情况。在2021年6月15日《德尔塔病毒肆虐美国、英国、印度等全球数10个国家和地区》中,"美国、英国、印度"尽管有3个国家,但仍无法涵盖"地区"这一概念,导致前后照应不周。修改的办法是略去"英国、印度"而增加一个"地区",如法属波利尼西亚等,从而使得"前"可照应"后"。

混淆了局部与整体,本质上也属犯了外延过宽的逻辑错误,如2014年8月20日《向东盟兜售武器 日本唯恐南海不乱》一文。当时的东盟是一个包含10个国家的地区组织,该标题给人的感觉是日本在向东盟兜售武器,动作幅度不可谓不大。但作为一个地区组织,东盟并没有自己的军队,采购武器有何用?实际上,日本是在向东盟中的一两个成员国推销军火。这个逻辑错误显而易见:假如A国是联合国成员国,B国向A国卖了一批战机,显然不能说是B国向联合国出售武器。修改的办法就是列出具体的武器购买国。若不愿直接提及具体当事国,可改用笼统的"东盟国家"。

照应不周还有一种情况是,并列短语中出现交叉关系、从属关系并列错误。在1988年5月10日《印度名著中译本等两书出版》一文中,"印度名著"是一个普通名词,不是某一书的书名,不能加在"等两书"之前。对此,著名语言学家吕叔湘先生建议改为"《罗摩功行之湖》等两书出版"。同样,《由新闻生涯当上作家的马克·吐温》一文中的"新闻生涯"不是表职业的词,故与表示职业的"作家"对应不上,当改为《由学徒、记者到作家的马克·吐温》。

二、"在新西兰的中国公民"≠"在新中国公民"

存在歧义的表述会造成误解,苟简即其中一种。

简繁皆有其规律,不能一概而论,否则就会矫枉过正,两极相通,如几十年前的"上厕所"(上海测量研究所)、"开膛"(开封搪瓷厂)、"自杀"(自贡砂轮厂)等;近年的"人流中心"(人才交流中心)、"骨干病房"(骨科干部病房)、"做一小人"("一小"系某地第一小学)等。苟简,在很多国家都属明令禁止的对象。如美国车牌中含有中伤、色情、暴力等表述或能引起类似联想的简称,都禁止申请,仅华盛顿一州这种禁语就有600多种。

简称是制作短标题的最重要手段之一。世界190多个国家,我们都规定了2—6字的中文简称。即使国名没有固定简称,在上下文中仍可使用单字进行表述。如果简称在上下文中导致误读,产生歧义,就犯了苟简的错误。解决方法通常有三种。

一是在只有主题的标题中使用全称。1995年12月21日《巴国毒枭,美国自首》的标题形式对仗,但内容易误。"巴"字居首的国家在世界上数量最多,有巴基斯坦、巴林、巴勒斯坦、巴巴多斯、巴哈马、巴拿马、巴拉圭、巴西、巴布亚新几内亚等9国。标题中的"巴国"究竟是哪个国家,难以猜出。根据正文可知,"巴国"即巴西。这个简称所占空间与"巴西"完全相同,毫无必要。而且,"美国自首",究竟指的是在美国自首还是向美国自首,也颇为费解。根据文中内容,当改为《巴西毒枭向美国自首》。同样,以阿、马、圣字开头的国家也较多,在标题中最好能说清。

二是在多题中视情而定。2002年5月26日《在新中国公民屡遭抢劫》这一标题,同样令人触目惊心:新中国成立半个多世纪,难道治安如此令人担忧?通过引题"中国驻新西兰大使馆提醒赴新中国公民注意安全"和正文可知,此"新"为新西兰。如果只有一个主题,可将"新"扩为"新西兰"，标题根本不差两个字。在有引题的情况下，为避免重复，主题可调整位置，改为《中国公民在新屡遭抢劫》，字数不增，但表意清晰无误。

三是避免自造简称。2002年6月25日《遗憾　伤感　日军解散》这一标题令人惊愕。众所周知，日本的武装力量"二战"后改称自卫队，"日军"只能是战败前、对中国人民犯下了滔天罪行的日本军队。对于其解散，中国人当欢呼雀跃才是，"遗憾"和"伤感"从何而来？！通过正文可知，"日军"指的是"日本国家足球队"。如此简称，纯属瞎编乱造，正确的写法是使用全称或"日本国足"。

2007年12月29日《中国政府代表赴巴吊唁》中的"巴"字，同样是苟简的结果。标题明显是说到巴（这个国家）去吊唁，但正文却是"巴基斯坦驻华大使馆"。没有特定环境，一个国家的第一个字代表的肯定是这个国家。如果上下文能说清"巴"的身份，至少应增改为《中国政府代表赴巴驻华使馆吊唁》。表述虽长，但表意准确。

简称与全称一样，有其固定的写法和含义，不能依个人意志随意编造。尤其是那些特指国家的单字，更不能任意挪用。

以上苟简例子都来自地名，姓名简称过于随意同样也会导致苟简。如2004年5月11日《英女兵称只拍照未虐囚》这一标题给人的感觉是：美英联军中的英军，其女兵没有参与虐囚，但正文所讲与英军毫无关系，仍是美国女兵之事：林恩迪·英格兰作为美陆军的女兵，因参与虐囚而受到媒体关注。报道想当然地将姓氏"英格兰"视为英国的代称而缩写，酿成了如此荒诞不经的错误。

至于"美女议员"这类一词多解的苟简，则很可能有故意误导之嫌。对于2021年1月20日《美女议员AOC指控扎克伯格和Facebook对国会事件负有部分责任》标题中的"美"字，从表面上看既可作名词"美国"，也可作形容词"美丽"，两种不同词性导致了理解歧义。实际上，"美女议员"是指美国纽约州女众议员亚历山大·奥卡西奥-科尔特斯。修改的办法是：去掉"AOC"这一无多大意义的具体名字，在"女议员"之前加上"一"字。

从性别平等角度看，上文中的"女"字也纯属多余，"美女议员AOC"直接简化为"美议员"即可。

2008年10月8日《失业男枪杀5家人后自杀》中的"家"字，也容易引起误解。该文指的是美国加州洛杉矶市一处社区发生的血案。一个名叫拉贾拉姆的失业男子在杀死妻子、岳母和3个儿子后自杀。从字面来看，似乎是5个家庭的人，而文中则是自家的5个人。"家"做名词时，"家人"是"一家的人"；做量词时，"5家人"就是5个家庭的人。有的媒体就注意到这一点，如2008年10月8日《美失业男子枪杀全家后自尽》、2008年10月19日《美国一失业财务经理枪杀5名家人后自杀》等文章。但这些修改还可以优化。"名"作为量词，通常用于有编制的人，如一名战士、一名学生。作为家庭成员，则不在传统意义上的编制范畴。因此，最理想的修改办法是略去"名"字，将"5名家人"改为"5亲人"。

汉语简称是取第一个字还是取第二个字抑或采用其他方式，既有自身规律，也属约定俗成。

与苟简后果同样严重的是，媒体在制作标题时还容易出现"蚯蚓现象"。一条蚯蚓若被断为两截，就会成为独立生存的两个毫不相干的生命体。标题若被无端地"一刀两断"，则会导致南辕北辙、各自天涯。"蚯蚓现象"通常是断句不当、排版不慎所致。

1996年9月美两次袭击伊拉克，中国对这种动辄对一个主权国家诉诸武力的做法表示强烈不满，但当月媒体报道却出现了这样的标题：《中国对美再次袭击（换行）伊拉克深表不满》。谁袭击了谁？谁对谁表示不满？几乎完全弄反了。主、副标题分行不合理，这是标题制作的反面典型。

朝鲜对美韩"秃鹰"联合军演提出抗议，《朝鲜抗议美韩（换行）举行军事演习》这一标题再次误导了读者，给人的感觉是"朝鲜为抗议美韩而举行了军事演习"，完全颠覆了原意。

三、中餐成"绝世美味",用词太绝对

新闻忌讳夸大其词,但实际报道中却屡见不鲜。常见的就是"最"字的滥用。

2016年《现代汉语词典》第7版对"最"词条有两个解释:"表示某种属性超过所有同类的人或事物","指(在同类事物)中居首位的,没有能比得上的"。所举的例子在当时也毫无争议:我国是世界上人口最多的国家。

比如关于汉语的优越性的表达,"汉语是世界上最先进(优秀、美妙、完美、伟大、强大)的语言"等。这些说法要谨慎使用,避免有头无尾、空口无凭。2016年1月11日《华尔街三巨头之一罗杰斯:汉语是未来世界最重要的语言》就有些空泛。正文表明,罗杰斯只会简单的"谢谢"等汉语词汇,全篇没有提供任何关于这一论点的论据。

"文无第一,武无第二。"人类有史以来从来不存在通晓所有语言的人,因此"哪种语言最优"难以进行量化和评判。很多民族都认为自己的语言最好,这种"月是故乡明"的说法更多的是自我中心主义的外化和民族感情的延伸。

当然,有两类最高级表述是可以存在的。一是采用含糊的"最……之一"。这类句式相对稳妥,难以挑剔。二是易量化的领域。可以说,如"汉语是世界上使用人数最多的语言""英语是世界上分布最广的语言"等。

与中文相一致,新闻报道关于"中餐"的各种"之最"也应尽量少用甚至不用,如2020年6月18日《老外到底有多羡慕中国人,最普通的中餐被形容成绝世美味》等。英谚云:"百人百味"(Tastes differ)。更何况,每个人的胃口都有个培养的过程,这也是"妈妈做的饭菜最香"的原因。这种动辄用"最"的表述所表达的内容与客观事实不符或与事理情理相悖或过于绝对等,因有违真实性原则而不能使人信服。2021年3月15日《为什么

美国每次出兵都是联军，而不是单打独斗》一文，就是典型的例子。诚然，作为世界超级大国，美国异常重视联盟，1983年入侵人口不足10万的加勒比小岛国格林纳达，也纠集了7个国家。但美国并不是每次出兵都动用联军。1986年3月至4月和1989年12月分别对利比亚和巴拿马发动突袭，就是标准的单打独斗。因此，例子中带有结论性的疑问，显得过于绝对。稳妥的表述当加上"几乎"等副词进行"冲淡"。

再如，2018年7月3日《世界上唯一不接受日本投降的国家，凡是日本战俘都一律处死》一文，讲的是澳大利亚"二战"期间在巴布亚新几内亚处死日本战俘的事。在类似的报道中，被处死的日本战俘数量也从几万增长到20万，个别报道还配有视频。据称，日本此后"惧怕澳大利亚"，"不敢声张"云云。这是标准的自创"土产"新闻。事实上，澳大利亚人接收的日军俘虏满打满算有10万人出头，遍及几千平方千米的南洋岛屿上。如果澳大利亚确实实施了大屠杀，后来的国际舆论恐怕早就掀翻了天，绝不会等到几十年后还"鲜为人知"。

新闻报道中的类似表述，如"所有""人人""凡是"等都容易犯绝对化的毛病。

四、人的身高，岂能按比例放大或缩小

前后矛盾，指前面的说法与后面的说法自相矛盾、彼此冲突，包括动作、顺序、数字等多方面。

2023年7月10日《解锁人才"引育留用"全链条，让更多"千里马"驰骋于高质量发展之路》第一个小标题中的"抛递橄榄枝"，就颇有些不合礼数。对于"橄榄枝"，一般都是"伸出""摇动""抛""递"等。而且每个动词，都可进一步延伸出多种，以"递"为例，可有递出、递来、递上、互递、频递、再递等。但无论如何，"抛递"二字是典型的"家庭作坊"式自造词，两种"动作"难以协调。无论是用力方向，还是传递对象，二者

都无法保持一致。

2018年8月16日《迪士尼真人电影〈花木兰〉开机 多位华人领衔主演》，似乎也看不出问题所在。实际上，"多位华人"与"领衔主演"构成了逻辑上的前后矛盾。

根据第7版《现代汉语词典》，"领衔"是指在共同署名的文件上署名在最前面，泛指排名在第一位。因此，"领衔主演"中的"领衔"只能是一个人，不能是两个或两个以上，也不存在"并列第一"之说。

上述例子中，"领衔主演"有刘亦菲、甄子丹、巩俐、李连杰4人。国内影视剧中"领衔主演"还有30多人，完全可以申请吉尼斯世界纪录了！

主演，指主要演员，过去一部剧目一般是两人，即男女主角各一人。此后，主演数量不断增多，"更上一层楼"的头衔——"领衔主演"也应运而生。随着时间的推移，"领衔主演"也越来越多，于是又诞生了"联合主演""联袂主演""特邀主演"等名头。

2018年1月1日《"领衔主演"的滥用》一文作者说得好："领衔主演"的乱用滥用，是社会虚夸虚荣作风的一种反映，克服它固然要提高语文水平，关键则是要端正思想作风。

最后，再剖析一篇推理错误报道。2008年3月8日多个媒体都刊发了题为《全球矮个子国家元首大比拼》的报道。该文指出："如果说鲍里斯·叶利钦身高189厘米的话，那么弗拉基米尔·普京的身高则为170厘米，而梅德韦杰夫的身高却只有162厘米。"这样的假设令人困惑：三人的身高是客观事实，也是固定不变的数据，既不需推理，也无须论证。而文章给人的感觉是：这几位领导人的身高似乎是在按比例进行放大或缩小，十分滑稽。两件事情本来没有必然的因果联系，却硬是加上表示因果关系的关联词，从而犯了"强加因果"的逻辑错误。

链接　外媒黑俄，别太任性

在报道中不仅中国媒体犯逻辑错误，外国媒体也不例外。2015年2月，笔者常驻莫斯科时曾就英国歪曲报道俄罗斯通胀一事，在人民日报微信公众号"镜鉴"的个人专栏"陈说天下"中撰文，对我们今天撰写报道仍有借鉴价值。兹摘主要内容如下：

"有钱就是任性"，而任性却未必需要钱。个别外媒"黑"起俄罗斯来，那叫一个任性，让人哭笑不得。

英国天空电视台网站近日登载了一篇关于卢布贬值的文章，借用俄罗斯远东地区布拉戈维申斯克的市民之口，得出了"在俄罗斯1000卢布已买不起任何东西"的结论。

初读该文，颇有一种"不明觉厉"的"钦佩"；稍加分析，则令人哭笑不得：外媒"黑"俄，能不能有点文化？是不是太任性了？！

1000卢布果真"买不起任何东西"吗？

笔者刚从所在的莫斯科市西南区连锁店迪克西买了些食品：500克面包76.5卢布，1公升牛奶59卢布，400克五花肉147卢布，1.31千克橘子95卢布，总共377.5卢布。按照人民币与卢布大致1∶10的汇率，这些食品花38元并不算贵。而在大型连锁超市欧尚，1000卢布能买50个面包、1.5千克三文鱼或5千克巧克力糖，真可谓分分钟撑死你！真想问问那位英国同行，1000卢布，你到底想买多少？

天空电视台网站的这个报道，你信吗？恐怕连他本人也不会信。1000卢布"什么都买不起"？难道连一瓶饮料或一块口香糖甚至一粒米也成了"奢侈品"？显然不可能。说物价当用数字发声。

令人遗憾的是，天空新闻通篇除了"1000卢布"外，没有其他可资论证的数据。作者提供的"民调"结果是：75岁的老太太称，"1000卢布买不起任何东西"，另一对老年夫妇则埋怨，"所有东西都在涨价"。但上述三位老者作为当地人，不仅未能说出任何一种肉蛋果蔬的价格，而且自身身份也缺乏说服力：都没有具体工作单位，其中两人系无名氏，有姓名者也普通得如同张三李四，在这个拥有近30万人的远东第三大城市难以溯源求证。

真实的新闻强调现场目睹。那位记者既然这么关心物价，不远万里来到布市，就应走几步到超市看看，统计几组数据。况且，既然1000卢布那么不值钱，花上几把也不至于心疼。

莫斯科连锁店的例子，也许不能使你信服，但据笔者所了解，圣彼得堡、喀山、索契等城市情况也大同小异。

地球人都知道，莫斯科作为世界上最"居大不易"的城市之一，物价远高于俄罗斯其他任何地方。远东地区物资供应虽不像莫斯科那样优先，但也在联邦政府有效调控范围内，1000卢布不可能疲软到毫无用处。去年9月，笔者赴远东四个州十多个城市考察，并未见到"更高"的物价。

从阿穆尔州自身来看，布市作为其首府是州重点保障对象。布市若无力解决"菜篮子"问题，该州其他地方恐怕更是鞭长莫及，民众抗议声也早会传遍全国。但生活在俄罗斯政治中心，笔者从未看到这样的报道，也未曾听过俄罗斯友人私下提及。而且作为与中国只有一河之隔的城市，布市若这样闹粮荒、菜荒，我们定会及时伸出援手，而不可能等到英国记者来发布"通知"。

过去一年来，卢布跌幅超过50%，但食品零售价格在政府严格控制下涨幅只有10%，因此并未对俄民众生活产生实质影响，1000卢布"无用论"几近梦呓。不仅如此，本月初俄政府还采取了新的措施来稳定民众情绪，如"国饮"伏特加降价16%。

拾　数字量词：弱水三千，只取一瓢饮

很多缺乏数字意识的媒体犯过表述失当、多算、少算、漏算和"不算"等想当然的错误。

"360度大转弯"，终点又回到起点

国家语言文字工作委员会等七部门先后于1987年颁布《关于出版物上数字用法的试行规定》、1995年和2011年颁布《出版物上数字用法的规定》等。但很多缺乏数字意识的媒体并未严格执行，结果导致"数不清"的错误，包括表述失当、多算、少算、漏算和"不算"等想当然的错误。当然，规定自身也有待完善。

一、"生产成本减少100倍"，已无须成本

新闻报道中的数字表述失当有以下三大类。

一是汉字数字与阿拉伯数字混淆的错误。2022年7月29日《永远铭记！向"两弹之父"邓稼先致敬！》指出：

> 从爆炸第一颗原子弹到爆炸第一颗氢弹，美国用了7年多，法国用了8年多，苏联用了4年多，中国用了两年零八个月。

《出版物上数字用法的规定》明确指出：使用阿拉伯数字或汉字数字，有的情形，如年月日等，目前体例尚不统一。对此，要求凡是可以使用阿拉伯数字而且又很得体的地方，特别是当所表示的数目比较准确时，均应使用阿拉伯数字。

上文的"两年零八个月"与前三个阿拉伯数字非常不协调，当统一使

用阿拉伯数字。2020年9月16日《安倍晋三内阁全体辞职　7年零8个月任期正落幕》一文，即统一使用了阿拉伯数字，二者显得整齐协调。

一位数的序数词该使用什么数字，目前媒体报道相对混乱。2016年9月7日《里约残奥会开幕　盘点相关热词带你深入了解》一文称：

在1988年至2000间举行的4届残奥会上，中国在金牌榜上的名次由第14位上升到第12位、第九位、第六位。

其中的"九""六"不妥，应统一为阿拉伯数字。目前官方并没有明确规定序数词是一位数时必须使用汉字数字。《现代汉语词典》各个修订版都是用了阿拉伯数字，如"1978年第1版"和"2016年第7版"，都非常醒目地印在封面上。《人民日报》用的也是阿拉伯数字，如第1版、第2版……第20版等。最起码，同一篇文章，尤其是同一段落中不应该分别使用汉字数字和阿拉伯数字，否则在视觉上也极不协调。事实上，完全相同的内容，2016年9月19日《里约残奥会闭幕　中国代表团取得新突破》一文就全部采用了阿拉伯数字。

一般情况下，统计时应使用阿拉伯数字。2010年5月3日《墨西哥湾漏油面积激增三倍　失业渔民受训清理》，提到：

至今漏出超过六百万公升原油，比原先估计的多。受风浪影响，油污持续向东扩散，达到二万三千多平方千米。

上面两个数字都使用了小写的汉字数字。根据2016年《出版物上数字用法的规定》，统计表中的数字应该用阿拉伯数字，改为"600万公升"和"23000多平方千米"，既简洁又醒目。

在报道中，固定用法必须使用汉字数字。对于定型的词、词组、成语、惯用语、缩略语或具有修辞色彩的词语中作为语素的数字，《出版物上数字用法的规定》强调必须使用汉字。在2020年8月29日《美国多地沦为火狱，10几万人无家可归，加州州长向全世界紧急求援》、2020年8月17日《美国20几个州都出现了新病毒！比新冠还厉害百倍！》两个例子中，"几"前的数字都属错用。

《出版物上数字用法的规定》指出，带有"几"字的数字表示约数，必须使用汉字，统一为"十几"或"二十几"，否则就犯了阿拉伯数字与汉字（中文小写数字）混用杂糅的错误。2011年中国妇女出版社出版的《20几岁跟对人，30几岁做对事全集》，一个标题犯了两个错误。

表示"季度"时也必须使用汉字数字。如2023年11月3日《苹果营收连续第四财季下滑，但iPhone销量创纪录》一文指出：

> 库克也表示："我认为Mac业务在第4季度会有明显好转。我们推出了M3系列芯片，以及搭载该芯片的Mac新品。"

标题正确地使用了"第四财季"，但正文却使用了"第4季度"，后者应改为"第四季度"。

二是暗含数字的表述错误。类似"日本是个后起列强"的错误说法，近年来在报道中时常露面。此处的"列强"表述存在问题，当用"列强之一"或"强国"替换。"列强"是指过去世界上同一时期内的各个资本主义强国。"列"是"众"的意思。中国历史上的"东周列国"指的是多个国家，单独的齐国或秦国都不能说是一个"列国"。单独一个国家今天无论多么强大，也不能被称为"列强"。

同样，表示数字的"各"与"们"，也不能同时存在。2007年1月25日《各国首脑们的饮食喜好》、2013年9月11日《解读各国首脑们的肢体语言》中的"各国首脑们"，都存在这个问题。

汉语中的"各"作为指示代词，表示不止一个，指的是某一范围内的所有个体。"们"，用在指人的名词后面，表示复数，意思也不止一个人。《现代汉语词典》第7版提醒：名词前有数量词时，后面不加"们"，如不能说"三个孩子们"。因此，说"各位代表们""各国首脑们"就属于重复。

媒体有时力图用数字表述突出修辞效果，但没有"出彩"反而"出丑"。如2020年4月13日《史诗级减产背后：特朗普态度为何突然360度大转弯？石油专家这样说》中的"360度大转弯"，就犯了夸张失度的错误。

众所周知，圆的一周是360度。如果绕着原点转了180度，就与原来的方向相反，也是最大的转弯；但若转了360度，就刚好转了一周又回到了原点。原文想表达的意思是，特朗普对待石油增产减产的态度在几周内突然朝着相反的方向发展，但"360度大转弯"的意思完全弄反了。2019年1月7日《突然180度大转弯，特朗普悄悄做了一个重大决定》一文中的"180度"，才是真正的大转弯。

三是规定不明导致的错误。从计算角度看，让媒体最吃不准的是"减少几倍"的表述，如2021年4月4日《工资比出租车司机少两三倍，大学教师不如司机？》

"倍"一般用于数量的增加，但不用于表示数量减少。道理很简单：减少一倍即等于零，减少超过一倍即于理不通。

近年来的新晋表述"唯二"也活跃在媒体上。2018年8月3日《IDC报告：全球平板销量下滑苹果华为保持唯二增长》指出："与其他平板制造商不同，苹果和华为却显现出增长趋势，尽管增幅很小。"由此可以看出，这里的"唯二"是指苹果和华为是全球存在的两个例外。

"唯一"是现代汉语中的"同义并列构词"，与制造、芬芳、声音等词的结构一样。事实上，汉语中由数字"一"衍生出"限定"概念的字是可以构成"义群"的，如一、唯、单、独等。除了"唯一"，还可以通过两两组合构造出唯独、单一、单独、独一（无二）等词。这些词可做定语，如"唯一的候选人"。"唯"本是表限定的副词，义同只、仅等，但在"唯一"结构中，却构成了例外，不再适合被理解成副词，自然也不再有自由构词的能力。

拾　数字量词：弱水三千，只取一瓢饮

若要规范，上述标题可改为"全球平板销量下滑　苹果华为两家制造商保持增长"。不过，这样表达不出"唯"的语气。若要强调这种语气，只能改为"全球平板销量下滑　只有苹果华为两家制造商保持增长"。这样又陡然将标题增加了5个字。当然，想表达"苹果华为是唯二销量增长的厂商"时，单用"唯"字也可，如"唯苹果华为销量增长"。这样，又感觉在音节上有所欠缺。

因此，有专家建议词典增加"唯二""唯三"等义项，以达成既突出强调又避免音节单一的一石双鸟之效。在遇到强调"前三名"的情况时，还可避免传统的"前二甲"之误。2017年6月2日《美国成为联合国内"唯三"这样做的国家》一文，指的是美国将退出旨在大幅减少全球温室气体排放的《巴黎协定》，因此与利比亚和尼加拉瓜一道，成为联合国内三个未加入该协定的国家。如果不用"唯三"，则不得不说《美国成为联合国内三个这样做的国家之一》，不仅啰唆，而且语气也不够强烈。2023年7月31日《全国唯三！咸宁为什么值得》一题也同样简洁有力。

国际组织中的"集团"，可以说是一个机构，多块牌子，非常混乱。其中，既有汉字数字，如"八国集团""二十国集团""七十七国集团"；也有阿拉伯数字，如"8国集团""20国集团"和"77国集团"；还有英文字母加阿拉伯数字，如"G8""G20""G77"等。以"七十七国集团"为例，三种面孔在媒体中交叉出现，令读者莫衷一是：2020年4月21日《"七十七国集团和中国"呼吁支持世卫组织》、2020年4月20日《"77国集团和中国"呼吁国际社会支持世界卫生组织》和2018年10月22日《国际社会支持巴勒斯坦担任2019年"G77+中国"轮值主席国》等。尤其是前两个例子，讲的完全是一回事，却出现了不同的表述。

对于上述混乱现象，外语中文译写规范部际联席会议给出的标准答案有二："二十国集团"和"20国集团"。但从格式统一和标题"短"的标准来看，在三类表述中，"字母加数字"型当数最佳选项。如"77国集团"和"七十七国集团"分别占用4个和6个字的空间，而"G77"只占用1.5字符的空间。目前，英语的"集团"（Group）对于中等文化水平以上的读者，都不存在阅读障碍。在报道这类新闻时，正文可先使用中文全称，并在括号中附上英文，如"二十国集团（G20）"，此后可径直使用"G20"。随着读者的不断熟悉，将来的全称可自然脱落，并让"G20"最终在标题中"单飞"，就像目前直接使用"GDP""WTO"等英文缩略语一样。事实上，这样的用法早已存在，但多是记者或编辑个体的积极尝试，缺乏统一的协调。

二、滥加数词，方便面一盒重达833千克！

新闻报道中最常出现的数字赘述是"一"，且通常与量词连用。在2020年11月6日《新西兰新一届政府宣誓就职》中，数量词"一届"都属多余。这里的"一"，如同英语的不定冠词"a"一样，更多是定性而不是定量。"新政府"就是"新一届政府"，不存在"新两届"或"新三届"之说。无论政府更换多么频繁，如秘鲁2020年11月在10天内就换了3位总统，数量词"一届"都没有必要，在长标题中更应删掉。如《新加坡总理李显龙：希望新一届美国政府回到合作共赢模式中来》标题长达27字，"新一届美国政府"当压缩并调整为"美（国）新政府"。2020年7月8日《蒙古国组建新政府》这一标题，就略去了"一届"。

与"一届"相似，武器试射中的数量词"一枚"也属蛇足。2021年2月26日《美军向太平洋试射一枚洲际导弹》中的"一枚"，当略去。这里的"一"，表示数量的意义很轻。更关键的是，试验重在检验武器装备的性能，一次试射两枚或更多，既不科学也不经济。换言之，不提及具体数量的试射，实际上都是"一枚"。

如同基数词一样，序数词也存在着赘述问题。2020年5月8日《特朗普偕第一夫人出席全国祈祷日纪念活动：我们正与可怕疾病进行激烈战斗》一文中的序数词"第一"在33个字的冗长标题中，更不该出现。此时，在表达元首的情况下只用"夫人"二字即可。

当然,"第一夫人"单独参加活动时,没有国家元首衬映,又缺乏知名度和辨识度,可使用序数词,如2017年10月9日《墨西哥前第一夫人退党　分析称其或角逐2018年大选》等报道。此处若省略"第一",主语则无所指。

除了赘余外,新闻报道中更常见的数字错误是错算。新闻通常不涉及复杂的计算,但也常有算错的情况。如1998年2月12日《北京人何时能吸到新鲜空气》一文指出:"北京是世界上大气污染最严重的十大城市之一,排名正数第七,倒数第三。"稍用心即可知,若"正数第七",那么在"十大城市"中倒数当为"第四"。

新闻报道中的误算也并不少见。2021年8月29日《南美洲国家有12个,两个不与巴西接壤,巴西却还有10个邻国》,这个标题就让人蒙圈:南美12个国家中,不算巴西只有11国,再排除2个不接壤的国家厄瓜多尔和阿根廷,还剩9个,"10个邻国"从何而来?这一错误,也许是将法属圭亚那一并计入。但顾名思义,"法属圭亚那"只是法国的领地,并不是一个独立的国家。若将领地计入,领地遍及各大洲的英国该有多少个邻国?

与上述错误相比,有些新闻报道有时会不自觉地增加数词,导致失之毫厘、谬以千里。2016年8月5日《里约方便面馆解馋解相思》一文讲到了就餐情况:"面馆从8月4日开张,预计营业至奥运结束……每天的消耗量大概在400多盒……我们从国内空运来1.5万吨方便面。"

这里的"1.5万吨"显然是"1.5吨"之误。

稍微分析一下,即可看出其中的纰漏。这个面馆只为夏奥会服务,不长期经营;所提供的并非常见的主食,而是为那些喜欢方便面的人解馋之用。这样,即使延续到9月19日残奥会结束,面馆最多持续1个半月时间。按文中所说的每天消耗400盒、每盒102克计算,共计消耗1.8万盒约1.8吨,与"1.5万吨"相距甚远,否则每盒方便面将达到833千克重。

上文的错误是想当然地增加了"万"所致,还有的报道将"万"人为地提升为"亿",更是铸成大错!

2021年10月13日《美对华出口牛肉大增　澳洲农户担心被挤出市场》指出：

> 澳大利亚去年对华出口牛肉总额达到了13亿美元，相当于每月平均1.08亿。而2021年到目前为止，月平均出口牛肉总额为7050亿澳元。

"7050亿澳元"（约合33840万亿元人民币）这一天文数字，可谓触目惊心！中澳贸易每年才2000多亿澳元，怎么可能一个月仅牛肉出口就达7000多亿澳元之巨？对照澳《金融评论报》2021年10月12日的文章可知，这里的"亿"当是"万"之误。这一错误也说明记者对两国贸易额尤其是数字不够敏感。

在涉及中国和世界人口统计中，也有类似的数字问题。1999年1月5日《诺贝尔的诱惑》指出中国人口占世界的"1/4"。而当时中国有12.53亿人，世界总人口约60亿人，比例更接近"1/5"。

有的多算，是作者想当然所致。2014年11月10日《北京APEC中国送给各国元首的礼物揭秘》提到：

> 送给（APEC）21个经济体领导人的国礼是在这些领导人下飞机的时候由北京市代表送出的，可谓地地道道的见面礼。

APEC共有21个成员，"21个经济体领导人"自然包括中国领导人自身在内。作为东道主，"中国领导人"不可能给自己送礼物，更不会此时"下飞机"远道而来。

还有一种多算，是作者对献血单位无知和缺乏基本常识所致。2010年11月2日《今年我市采血量预计突破十万吨》这个标题令人咋舌：一个成年人每年献血1000毫升就不少，而1000毫升也才只有1千克多一点。如"突破十万吨"，只有500多万人口的宜宾市每人每年至少需要献血20千克！在

2020年7月13日《北京：疫情期间血液供应不足，全市4.1万人无偿献血5.1万吨》报道中，每人竟献血1吨多！

两篇报道中的"万吨"系"万单位"之误。献血中的"1个单位"是指"200毫升全血"。

三、蓄水2.36万立方米，够50亿人饮半世纪？

新闻报道中关于数字的遗漏，有的表现在文不对题上。如2010年5月2日《墨西哥湾油污染面积迅速扩大　清理或需5年》，标题强调"油污面积迅速扩大"，但全文既看不到原有油污面积，也看不到扩大后的面积，从而使得报道缺乏说服力。

遗漏了关键数字，报道就失去了说服力。2021年12月13日《澳大利亚农场海外工人频遭不公平对待》指出，"超过1/3受访者的薪资低于最低工资标准"，澳公平工作委员会"近日作出裁决受到海外工人的普遍欢迎"，但全文对具体工资标准和工人的实际收入只字未提，从而无法看到"频遭不公平对待"体现在何处。实际上，澳公平工作委员会最新的规定是：工人时薪至少应达25.41澳元（约合120元人民币）。而工人的实际待遇有的每小时低于2澳元。

与遗漏相比，报道中更多的则是少算或漏算。2012年1月4日《英种族杀人凶手18年后终伏法》一文表明：1993年杀害黑人青年斯蒂芬·劳伦斯的两名英国男子在2012年被判终身监禁，因此标题中的"18年"应改为"19年"。

对于俄罗斯的贝加尔湖，2004年7月26日《美丽神秘的贝加尔湖》一文称，该湖"总蓄水量23600立方米……够50亿人用半个世纪"。这两个数字，前后对比，判若霄壤。"够50亿人用半个世纪"，全世界淡水湖中只有贝加尔湖拥有这样的傲人资本。贝加尔湖面积3.15万平方千米，是中国最大淡水湖鄱阳湖面积的近10倍；深度在世界所有湖泊中遥遥领先，达1600

多米，拥有全球淡水的20%，故有"世界之井"的美誉。但"23600立方米的蓄水量"，不足10个游泳池，如何"够50亿人饮用半个世纪"？！此处的"立方米"显然系"立方千米"之误，相差了10亿倍之巨！

有的漏算，是混淆了局部与整体的关系，也犯了偷换概念的逻辑错误。如2021年11月9日《最新数据公布：全澳9.1万人正在学汉语！成学校最受欢迎外语》一文，其标题清晰无误地说明：整个澳大利亚有9.1万人正在学汉语，而且汉语也是全澳最受欢迎的外语。但文章第一个小标题就改成了《普通话成维州公立学校最受欢迎外语》，明显是一个州的范围，而且全文讲的也是这个州。尽管该州是澳人口第二大州，而且在8个一级行政区划中，该州也是与中国关系最为密切的州，但该州学习人数多和比例高并不能代表其他州也如此。

事实上，即使在该州范围内，汉语也不是在"所有学校"都受到欢迎。英语原文显示，汉语只是在维州公立学校最受欢迎。上文的小标题也证明了这一点。

上述主标题的说法，从数字角度上也经不起推敲。澳大利亚作为典型的移民国家，学习的外语近百种，这个"最受欢迎"的比例确实太低了！整个澳大利亚约有2600万人口，9.1万尚占不到0.35%。实际上，根据2021年11月7日第26届澳大利亚中文教师联会年会的统计，学习中文的学生有18.8万人。

令人欣慰的是，中国媒体大都能避免随波逐流。如2021年11月9日《报告显示：汉语成澳大利亚维州公立学校最受欢迎外语》一文，不仅将范围缩小为一个州，而且将学校限制在"公立学校"。总之，作为统领全文的标题，这些修饰性的语言"一个都不能少"。

有的漏算不仅是个数字问题，还可能违背历史。2015年7月15日《中国抗战伤亡逾3500万　经济损失超5000亿美元》，其中的"超5000亿美元"漏算了1000亿美元。

早在2014年9月3日，我国政府即明确指出，抗日战争期间，中国直接经济损失1000亿美元，间接经济损失5000亿美元。无论是从尊重历史角度还是从宣传角度，都应按上述说法报道，要么使用总数"6000亿美元"，要么加上"间接"。

相比之下，遗漏关键数据更频繁和隐晦的是关于天灾人祸的报道。2019年11月13日《孟加拉国发生两列火车相撞事故》一题，即是典型例子。既然正文已表明"导致至少16人死亡"，本着关爱生命的人本思想，报道也应在略去"发生""事故"等无意义信息的基础上，改为《孟加拉国两火车相撞致至少16人死亡》。

类似灾难新闻，诸如飞机坠毁、火车脱轨、船只倾覆（沉船）、楼房（大桥）坍塌、军火库（军工厂、天然气）爆炸、核泄漏、踩踏事故等人祸以及飓风、地震、海啸、火山、旱灾、水灾、火灾、雪崩、热浪等天灾，都应将实际死伤人数置于标题中。

四、"有机氟化物超标110倍"，算不算"灌水"？

孤立的数字尤其是让一般人读不懂的数字同样没有任何意义，甚至有故弄玄虚之嫌。

2021年6月27日多家媒体报道的日本污染事件，《日本21个地点地下水有机氟化物超标，大阪市超标约110倍》新闻震撼出场。这样一则标题异常吸引眼球，有具体地点，有详细数字，可谓有数据、有说服力。当天，多家媒体将这一新闻从早上发到晚上，有的媒体还用了大黑标题。

一般读者对"有机氟化物"没有什么概念，为此个别媒体进行了科普：日本暂行标准要求有机氟化物在每公升水中不超过50纳克，但大阪市的地下水有机氟化物含量为每公升5500纳克，是暂行标准的110倍，为超标地点中浓度最高的。

"110倍"，大阪这简直是在杀人！

但是数天过去了，并没有大阪大面积中毒死伤的后续跟踪报道。原因何在？

也许横向对比，能说得更清楚。有心的网民经过网上查阅得知，中国饮用水含氟量标准是每公升不超过1毫克，欧盟和加拿大都为1.5毫克。由此看来，中国标准比欧盟、加拿大更为严格。但问题是，这些国家和地区使用都是毫克，仍无法对比出大阪人民遭受的情况。

经查得知，1毫克等于1百万纳克，正如1毫米等于100万纳米一样。如此，5500纳克与1百万纳克之间还差多少倍，媒体应算清这笔账。

对此，有的网民直言不讳地指出，媒体在报道新闻事实时，不能有太多的立场和情感倾向，应尽可能把各种事实摆在公众面前，让公众自己去学会思考和选择。只有这样，媒体才能增强其传播力、引导力、影响力、公信力。

数字问题经常多错并存。有关历史的报道，更是如此。历史需要用心记忆，而且也无法一劳永逸。如2013年9月18日《坦承侵略历史，方能赢得尊重》一文开篇提到："72年前的这一天，日本开始了对中国长达十五年的侵略。"短短的一句话，即犯了3个错误：首先，"72年前"应改为"82年前"。2013年的72年前是1941年，而抗战的起始时间过去一般从1937年的七七事变算起，目前则从1931年的九一八事变算起。其次，"十五年"算多了。抗战从1931年开始到1945年结束，历时14年，且应用阿拉伯数字，以与上文的"72年"统一。即便孤立存在，两位数也应写成更醒目的阿拉伯数字。

寿过彭祖：老人年逾"百旬"

新闻报道使用的量词大都比较简单，但仍存在不少错用现象，如混淆了近义量词，该省略的未省略，未对英制单位进行换算甚至想当然地自造杂糅，等等。

一、贪官、罪犯等恶人，德不配"位"

在混淆的量词中，新闻报道存在着三种情况。

一是褒词贬用。2005年8月17日《十多名少女劳务市场失踪　被逼卖淫每天接客数次》一文提到：

> 1995年6月5日中午，几位犯罪分子在该劳务市场，以招工为名将安徽省怀远县共6位女性骗至仙居县，后来以数千元不等的价格卖给了几位仙居人。

这里的"几位犯罪分子"中的"位"明显是用错了，当改为"名"。

量词的意义和感情色彩有严格的限制与规定，有的存在着明显的褒贬之分。褒义词"位"，2016年第7版《现代汉语词典》解释是："（用于人）含敬意，如诸位、各位、家里来了几位客人等"。作为习惯，"位"一般不用于恶人、婴幼儿、本人等。上文的"犯罪分子"，显然不适合用"位"字。

同样，作为国家的蛀虫的贪官、恐怖分子、日本"拜鬼"的首相等官员，也不适合使用"位"字，如2017年3月16日《一位"落马"贪官的"七笔账"》、2017年10月4日《美军特种部队遭约50位恐怖分子伏击　4人阵亡》、2022年8月15日《日本战败投降77年，内阁大臣高市早苗等多位政客"拜鬼"》等。

在不涉及人物的地位、尊严时，使用中性量词通常当属上策。在2018年8月30日《西班牙多位华人家中被盗　哥伦比亚偷盗团伙落网》的报道中，全文只说明了这些华人目前是令人同情的受害者，并没有表明其有多高威望和多大贡献。事实上，即使这些华人确有地位和成就，与文章的主题也没有直接关系，使用中性的"名"即可。

当然，标题若省略了量词，即可回避褒贬选择的雷区，如2018年8月10日《女子被三歹徒殴打，河南16岁少年苏州见义勇为被刀刺中大腿，仍不放手……》。

二是"届""任"不分。2020年11月3日《纽约时报、CNN宣布拜登当选美国第46届总统》中的"第46届总统"，应改为"第59届总统"。这个看似是数词的问题，本质上是量词的误用所致。

关于美国总统和类似选举报道中的错误，是个普遍性兼周期性顽疾。每隔几年，这种错误就会大面积重现。追本溯源，是一些报道不求甚解，混淆了近义量词"届"和"任"的区别。

根据美国宪法，每4年举行一次总统选举，总统任期4年，任满4年为一届。总统若在任内死亡或因故离职而另由他人接任，继任者与前任则同属一届。而"任"是指总统的任职而言。一人无论连续担任几届总统职务，仍为一任。如小罗斯福总统连续担任总统12年，跨越了4届，但都属第32任。据此统计，2021年1月就职的拜登是美国第59届、第46任总统。

还有一个有关的表述"位"，指担任过总统的实际人数，这个相对容易理解和计算。美国从1789年开始选举总统以来，无论连选连任还是先后当选几届，有多少人算多少人，均不重复计算。迄今，美国已有45人担任过总统，亦即拜登是美国第45位总统。如此简单的加法仍有报道算错，如2016年11月9日《美国45位总统中　共和党占19人》。当时特朗普刚刚当选，美国总统只有44位。

三是其他量词的混淆。量词"旬"与"岁"也偶有混为一谈的情况。"旬"一般用于老人，十岁为一旬，与表达年龄的书面语"秩"同义，如年过七旬等。2007年5月16日《百旬老妇驾车70余年零事故》中"旬"字，就让人惊愕不已："百旬"算起来已上千岁，比传说中的彭祖还长寿！事实上，正文表明"百旬"英国老人汤姆森夫人是105岁高龄。标题中的"百旬老妇"因此可改为"百岁老妇"。

作为同义词的计量单位"厘米"和"公分"，也经常被弄混。2019年

12月6日《日本历史身高不到一米六，因为喝这个半个世纪长高9公分》中的"公分"，应改为"厘米"。1959年国务院发布《关于统一计量制度的命令》，确定米制为我国的基本计量制度，同时使用的还有厘米、分米、米、千米等。日常生活中，人们习惯于使用"公分""公里""斤"而不是"厘米""千米""千克"。但作为书面报道，应当规范。

量词混淆，在表述上仅仅是几个字的不同，但在实践上的差距却可能是天壤之别。1998年12月，美国太空署发射的一枚火星气象探测卫星因英制"磅"与公制"牛顿"换算偏差而最终损毁，导致上亿美元打了水漂。

二、滥用量词，"第一步行街"降格为"第一条步行街"

有些量词可有可无，在以短为灵魂的标题中更当省略。在关于天灾人祸的新闻报道中，人员伤亡、失踪通常都可不用量词，如2023年8月9日《痛心！北京因灾死亡33人，18人失踪》。这里，"33人""18人"都省略了量词"个"。

由于习惯的影响，加之感觉音节过短，报道常会不自觉地增添量词，出现频率最高的当数"唯一一个（家、艘）"等。

2020年7月19日《坏消息还在不断传来！唯一一个世界级好消息来自中国》这一标题中的近距离重复，很多人已熟视无睹。"唯一"即没有第二个，后面的数量词"一个"属多余。此处省略"一个"意思不受任何影响，标题简洁有力，也避免了用量词修饰不当。同样，2019年8月4日《这位中国唯一一位连任13届的全国人大代表，见证了什么》中的"一位"也可略去。《人民日报》有多个标题就直接进行了省略。如2013年2月8日《维修和保养费用严重不足　西班牙唯一航母被迫提前退役》一文，省略了"一艘"，表达清晰无误。同样，2020年11月17日《立陶宛履行对欧盟承诺　关闭境内唯一核电站》、2006年4月17日《日本唯一赢利的废旧家电回收公

司总经理说　如今城市有矿山》省略"一个（家）"等，并不会导致任何误解。

有些多余的量词，还可能影响定性。2013年10月29日《俄罗斯，创新模式谋平衡》一文提到"2013年10月4日，俄罗斯第一条步行街——阿尔巴特大街迎来520岁生日"。这里的"第一条步行街"中的"条"将阿尔巴特大街降格了。

"第一步行街"通常强调的是步行街的地位和影响，但若加上量词"条"字则更多是从历史角度衡量，相当于"最早"。以中国为例，"第一步行街"非王府井大街莫属，这一点毫无异议；而"第一条步行街"则众说纷纭，莫衷一是。其中之一是全长1500米的沈阳中街，有近400年历史。身份与王府井大街惊人相似的莫斯科阿尔巴特大街，是俄罗斯"第一步行街"，而俄罗斯"第一条步行街"则有多种说法。事实上，即使阿尔巴特大街历史最为悠久，用"第一条"还是有些弱化，未能体现其无法撼动的历史地位。

衡量铁矿石出口的"干吨"，也是蛇足。如2020年8月22日《铁矿石价格创多年新高》一文提到：

阿格斯公司提供的最新数据显示，现货铁矿石价格18日上涨至每干吨大约130美元，为2014年以来最高价格。

这里的"干吨"直接使用"吨"即可。

干吨是指矿石在105摄氏度下水分被蒸干后的净重。干吨是矿石进口或某些含水的产品交易中普遍采用的，即在双方结算时要扣除水分按干净重计算。如：矿石的水分是10%，100吨矿石按干吨计算，只有90干吨。简言之，报价、销售时采用的都是干吨。在这种情况下，"干吨"通常简化为"吨"，"干"字属多余。

量词的省略尤其是与数词一同省略时还有助于增补实际内容。2016年6

月19日《俄罗斯发生一起沉船事故》中的"一起",当略。在灾难性新闻报道中,"一起"一般都属多余。"一起"定量的成分很轻,英语报道通常使用"a"而不是"one"。在正文表明"有12人死亡"的情况下,标题在省略"一起"的同时还应满足"实"的要求,体现新闻的人本精神,可定为《俄罗斯沉船致12人死亡》。

三、没有换算,5043万加仑究竟是多少升?

1984年1月20日国务院通过了国家计量局《关于在我国统一实行法定计量单位的请示报告》《全面推行我国法定计量单位的意见》和《中华人民共和国法定计量单位》,规定使用公制。因此,当报道遇到非公制的量词,就需要媒体人进行转换。但有的媒体人不愿多费心思,认为读者可以自行在网络上查得。如此,给读者增加了负担。

以下从面积、长度、容积、重量、温度等几个方面阐述。

2021年7月12日《美国30万英亩土地被毁》一文,指的是加州大火持续蔓延,导致美西部6个州超过30万英亩的土地被烧毁。文中,"英亩"都没有换算。

"英亩"究竟有多大? 1英亩等于6.0702846亩,一般计作6.07亩,这样30万英亩可换算成182万亩。即使标题限于空间不便转换,正文也应在量词首次出现时进行括注。如"美国西部6个州已有超过30万英亩的土地被烧毁",可增补为"美国西部6个州已有超过30万英亩(约合182万亩)的土地被烧毁"。但考虑到"英亩"在文章出现过两次,为避免对第二个"英亩"无法获得直观的数字,在其首次出现时可以这样括注:"美国西部6个州已有超过30万英亩(1英亩约合6.07亩)的土地被烧毁"。出现两次或两次以上的,都应按后一种方式操作。

> 延伸阅读

中国的"亩"是根据古代的长度单位"丈"来决定的,一亩等于60平方丈,但折合成"米"时就出现了666.67平方米这一非整数。同样,1英亩约合4046.86平方米,也不是整数。只有公制的公顷(hectare,缩写为ha)才是整数,等于100米的平方即1万平方米。

长度单位同样存在着问题。2015年1月23日《地下390英尺深处的盐矿主题公园》一文,讲的是罗马尼亚的地下隧道公园,但这个"地下"究竟有多深并不直观,因为标题和正文都没有进行转换。

> 延伸阅读

"英尺"(foot)这个长度单位在英语中是"脚"的意思。13世纪初期,英国尺度混乱。为此,英国国王约翰曾在地上踩了一脚,并以此确立了标准。现在的英国博物馆中还珍藏着用膨胀系数很小的合金制成的长方形框子,空心部分即为英王足(The Imperial Foot)的标准长度。由于英王穿着鞋,所以1英尺标准长度要比一般人脚长一些,为30.48厘米。这样,文中390英尺就约合119米。比较而言,中国1尺等于0.3333米,略大于英尺。

比英尺小的长度单位"英寸",报道也常常忽略换算。

英寸,在荷兰语中的本义是大拇指,1英寸就是一节大拇指的长度。14世纪英国国王爱德华二世颁布了"标准合法英寸":从大麦穗中间选择三粒最大的麦粒并依次排成一行的长度。这样,1英寸约2.54厘米,比1寸(约合3.33厘米)要短。新闻报道中,英寸主要用于衡量显示器的大小、运动员身高(与英尺同时使用)等。

16世纪伊丽莎白女王钦定1英里为5280英尺,合1.609千米。

比英尺、英寸长得多的"英里",一些报道也没有进行换算。在2013年8月10日《英退休夫妇不花钱旅行500英里》的报道中,文章从头到尾都没有出现"公里"或"千米",读者想要弄清他们究竟免费游了多远,需要把文中涉及的所有"英里"都换算成"千米"。与长度相比,体积单位用得相对较少。2021年2月21日《超1490万人断水！美国得州民众严寒中排长队领水》提到,(美国)"奥斯汀市的自来水储水量仅为5043万加仑,而该自来水系统需要至少1亿加仑的存储量才能维持系统的正常运行"。

全文多处出现"加仑",但无一进行换算。与长度和面积的单位不同,衡量体积、容积的加仑还分英式加仑与美式加仑两种,其中1英式加仑=4.546升,1美式加仑=3.785升。报道中若要换算成升,首先要看新闻来自哪里。上文关于美国的报道,自然就是美式加仑。文中提到的5043万加仑,约合1.9亿升。而2020年4月9日《英国奶农因经销商取消收集不得不倾倒数万加仑牛奶》,此处自然就是英式加仑。

最后两个常见非公制量词是衡量重量的"磅"和"公斤"。2018年8月3日《一次吃9磅食物 23岁美国华人女大胃王吃出高人气》中的"磅",当换算为"千克"。1磅约0.454千克,即9两。1磅小于1斤,更小于1千克。同样,2019年11月6日《法国干旱严重致松露价格暴涨 "黑钻石"1公斤卖到5000多元》中的"公斤",也当改为"千克"。不仅如此,还有的报道使用了更"土"的量词"斤",如2015年10月29日《英国海岸附近现巨型水母重达64斤》中的"斤",更要换算为"千克"。

但在日常生活中,人们使用"里""斤"等非公制单位较为普遍。涉及民生的报道也多使用这类非公制单位。如2021年11月4日《记者调查"北京各大超市蔬菜供应充足 价格回落明显"》,提到"超市贴出的菠菜价格是每斤4.99元,香菜每斤9.9元,盖菜每斤5.99元,叶生菜每斤7.99元,大芹菜每斤4.48元"等,通篇见不到"公斤"字样,更见不到"千克"。

此外,美国还采用不同于摄氏温度的华氏温度(详见本书第五章第二节),此处不再赘述。

以上探讨的都是没有换算带来的问题。如果换算后变得更难理解，本质上等于没有换算。如2020年1月8日《澳大利亚林火肆虐数月　过火面积约600万公顷》一文，将"600万公顷"换算为"相当于两个比利时的面积"。此时的"比利时"实际上担负着表达面积含义的临时量词功能。

比利时面积3.05万平方千米，确实与6万平方千米（600万公顷）的一半非常接近。大部分读者对比利时这个国家的国土面积没有概念。因此，若采用类比，最好使用读者相对熟知的区划。如可说"接近宁夏自治区的面积"（6.6万平方千米），或用"接近10个上海（6300平方千米）的面积"等。

数额巨大而量词较小导致头重脚轻，本质上也等于没有换算。2021年9月16日《最新研究：澳大利亚野火致二氧化碳激增和海洋生态破坏严重》，提到澳大利亚野火"2019年11月到2020年1月共产生约715万亿克二氧化碳"。这一数量词的写法明显是虎头蛇尾：前面看着是大数"万亿"，而后面却用了"克"。英语的"万亿"有个固定的词"trillion"，但汉语没有这一简单的说法。实际上，只要换算一下，将"克"换算成"吨"从而写成"7.15亿吨"即简单易懂。

四、体重，怎能用"英镑"称？

新闻报道还存在着"自造"量词的情况。2020年4月29日《美国赛车场看这车速得有250码以上吧！》中的"码"字，即属自造，当改为"迈"。

作为世界上仍坚持使用英制的三个国家之一，美国常用的长度单位"码"，据说是英国国王亨利伸直手臂竖起大拇指时，指尖到鼻尖的距离。1码等于3英尺，约合0.914米，250码相当于229米。每小时行驶229米，这样的速度基本上就是蜗行牛步，怎么可能到赛车场上出丑？而"迈"，本是英语"英里"（mile）的音译，被国人错误地简化为速度计量单位英里/小时。时速1迈约等于每小时1.609千米，250迈则为每小时403千米。这一足可起飞的速度异常危险，因此才有标题中的惊叹号。

在中国国内，新闻报道中的"码"实际上是每小时千米的不规范称呼，如2023年12月18日《李斌"跑长途" 一块半固态电池续航超1000公里 车速90码惹争议》。中国的机动车也大都用每小时千米衡量速度，因此很多司机口中的"迈"应除以1.609才算正确。当然，如果是美国汽车，时速表上有英里和千米两种标识，司机所说的"迈"也许名副其实。

与"码"一样，2018年12月26日《世界上最胖最重的猫，体重38英磅，走不动路》中的"英磅"和2021年1月2日在《迈克尔·乔丹体重多少英磅》中的"英磅"，都属自造。

"磅"是英美制重量单位，1磅为16盎司，约合0.454千克。文中的"38英磅"，即38磅，折合约17千克。普通成年猫的体重大约4千克，17千克几乎是正常的4倍，"世界最胖最重"可谓实至名归。

"英镑"是英国的本位货币，也是公认的最"值钱"的五大币种之一。用"英镑"衡量运动员体重，应该说既属杂糅，也属自造。

人教版全日制普通高级中学《语文》第三册（《教师教学用书》）第95页有这样一句话："体重200英磅、粗壮结实的荷裔美国人亨德利克·房龙，善于用极其轻巧俏皮的文字，撰写通俗历史著作，而为无数青年读者所喜爱。"其中的"英磅"，不知是中学教材"自创"，还是受到新闻报道的影响。

重拾已淘汰的字，也可算是一种"自造"。但无论如何，都是不规范的。2019年8月12日《预算不足3000元 想买65吋的电视怎么办？》中的"吋"，应改为法定计量单位"英寸"。

"吋"是"英寸"（inch）的旧时译写。当年"英寸"引入我国时，写成"吋"，目的是区别于我国原有的市制"寸"。但问题是，"吋"这个字古已有之，音同"陡"，意为呵斥声。作译名用字时，读cùn则与已有的"寸"重音；读yīng cùn（英寸）则导致一字两音、言文不符。因此，1977年7月中国文字改革委员会、国家标准计量局联合发出《关于部分计量单位名称统一用字的通知》，淘汰了20个旧的译名用字，其中就包括"吋"以及"呎"（英尺）、"哩"（英里）等长度译名用字系列。

电视机荧屏的长度计量单位，应该是毫米（mm）或厘米（cm）。商家常把其折合成"吋"不合规范，媒体报道不应将错就错。

在经济新闻报道中，自造的"一揽子货币"还经常代替"一篮子货币"。

一篮子货币，又称合成货币，是指将多个主要贸易国的货币，依照往来贸易比重，编制成一综合的货币指数。如果某国对单一国家贸易比重极高，就适合采取盯住单一货币；而往来贸易伙伴国多的国家，可盯住一篮子货币。2016年10月1日，人民币正式加入国际货币基金组织特别提款权（简称SDR）的一篮子货币。

遗憾的是，上述错误不仅出现在媒体文章中，有的专家也弄混了，如《李月芬：国际社会应考虑将人民币纳入IMF一揽子货币》和《彭文生：人民币盯住一揽子货币是不够的》等报道。

上述错误的出现，原因是多方面的。一是二者发音相同、音调接近。二是"一揽子"的表述早已存在，指对各种事物不加区别或不加选择的，包揽一切的。当然，有人认为，"一揽子"自身也源于"一篮子"的误译。

链接　报道外国国情，数字自带"天坑"

全世界190多个国家，按照报道的国别可分为国内报道和国际报道。与生于斯、长于斯的中国相比，大部分人对国外的国情不够了解。那些初到一个国家、来去匆匆的过客，撰写报道就会陷入"天坑"而不知，易犯"草率下结论"的错误，在数字"天坑"面前尤为如此。

2014年7月14日《巴西，那么远，那么热情》，全文不足1600字，仅数字错误就有多处。该文提到从北京飞抵"南美洲东南部的里约，空间旅程12000多千米"。这个数据明显算少了。北京到里约，跨越了东西半球和南北半球，无论从哪里转机距离都超过1.7万千米，百度地图测距功能提供的数据也是如此。另外，根据文章所说的飞行共计23小时（不算转机时间），若按1.2万千米计算，航班平均时速只有521千米。这个速度显然太慢。若按1.7万千米计算，平均时速为739千米，与国际航班平均七八百公里的时速相吻合。

文章提到巴西有"850万平方千米的辽阔国土"，这个数字不够准确。对于巴西的面积，《世界知识年鉴》提供的数字是8511965平方千米，《新哥伦比亚百科全书》给出了相同的数字。维基百科多出了近4000平方千米，为8515767平方千米。无论根据哪个标准，上文都少算了1万多平方千米。虽然相较于850多万平方千米，"1万多"几可忽略，但国土面积是件非常严肃的事情，不可随意更改。面积与人口不同，自身相对稳定，而且巴西与周边国家也保持了多年的和平共处，不存在领土争端导致重新计算的情况。如果没有把握，完全可用约数处理，如将"850万"改为"850多万"，或"（大）约850万"等。

文章指出"全长6700千米的亚马孙河是世界第一大河"，这个长度也有违事实。就流量而言，亚马孙排名第一没有争议，但"全长6700千米"则超过了公认的世界第一长河尼罗河（6695千米）。多种官方统计的亚马孙河一般都是6440千米，在世界河流中位居第二。

最后，文章强调："1822年，巴西摆脱殖民实现独立。从那时到今天，巴西从未与自己的10个邻国发生过武力冲突，这在世界发展史上也算是一个奇迹。"上文已提到，巴西的邻国只有9个。说"10个国家"，要么是把法属圭亚那也视为国家，要么是把自身也算作邻国了。而且，"从未与自己的10个邻国发生过武力冲突"也违背历史事实（详见本书第一章第五节）。

与"亲临"巴西而产生的报道错误不同，还有一种国情错误是因无法"亲临"而产生。这一点，最典型地体现在那些非建交国的报道中。

2021年11月9日《图瓦卢外长站海水中演讲　呼吁应对气候变化》一文，提到"图瓦卢是仅次于瑙鲁的世界第二小岛国，陆地面积只有180平方公里（应使用"千米"），由1000多个小岛组成，受海平面上升影响正面临巨大消失风险"。此处的"180"和"1000"两个数字，都弄错了。

在世界190多个国家中，按照面积排名，前7名的袖珍国依次为梵蒂冈（0.49平方千米，以下省略单位）、摩纳哥（2.02）、瑙鲁（21）、图瓦卢（26）、圣马力诺（61）、列支敦士登（160）、马绍尔群岛（181）。论小图瓦卢面积在世界各国中位居第4。媒体也许是想突出其国面积小，因此采用"岛国"进行限制，从而将名次提前到了前二。但无论是哪种排名，图瓦卢的面积都不能平白无故地增长到180平方千米。而拥有"1000多个小岛"也是作者"想"多了！若如此，平均每个小岛面积尚不足0.026平方千米。实际上，图瓦卢只有124个小岛。也恰恰是因其"小"，才有了"被消失"的可能，也才构成了新闻亮点。若是面积达数十万平方千米的大岛，地形必定高低起伏，一般不存在被海水彻底淹没的危险。

有数字意识的媒体就敏锐地避了"坑"。如同日的《穿西装卷裤腿站海水中演讲：岛国图瓦卢外长呼吁应对气候变化》一文，既没有"180平方千米"，也没有"1000多个小岛"。当然，最正确的操作还是列出其具体面积，以便读者真切地感受其"小"。

拾壹　标号字母（词）：句读之不知，懒乎？赖乎？

在常见的10多种标点符号中，较容易出错的有间隔号、连接号、着重号（下脚点）、书名号、引号等。

本章主要剖析标点符号和字母词（零翻译）的错误现象。

扎心！一个人名沦为英汉书写的双重牺牲品

标点符号是用于标明句读和语气的符号，分为标号和点号两大类。由于中外文化存在差异，外语（主要是英语）中的有些标号在汉语中或者不存在，或者使用规则不同，从而导致新闻报道易犯相关错误。在常见的10多种标点符号中，较容易出错的有间隔号、连接号、着重号（下脚点）、书名号、引号等。本章重点剖析标号问题，顺带提及点号的典型错误。

一、迪尔玛–罗塞夫 ≠ 迪尔玛·罗塞夫

我国国家标准《标点符号用法》4.14节规定：间隔号的作用之一是标示外国人名或少数民族人名内部的分界。外文表示间隔使用空格，中文无法这样做，故采用间隔号起隔开作用，如"弗拉基米尔·普京"和"约瑟夫·拜登"等。实际报道中的错误有三大类。

一是错用。在2015年8月31日《巴西经济衰退　总统迪尔玛–罗塞夫支持率仅8%》一文中，时任总统的名"迪尔玛"与姓"罗塞夫"之间的短横线按规定应使用间隔号"·"，写成"迪尔玛·罗塞夫"。

二是臆造。2019年6月12日《〈达·芬奇的艺术：不可能的相遇〉展览在广州举行》一文中的间隔号，属于无中生有。题中"达·芬奇"给人的感

觉是"芬奇"是姓氏而"达"是名。实际上，他的全名是列奥纳多·达芬奇，"达芬奇"是姓氏。除了意大利语外，葡萄牙语中的这种"·"无中生有的情况也比较常见，如葡萄牙航海家"达·伽马"、巴西前总统"达·席尔瓦"等。商务印书馆1995年版《葡萄牙语姓名译名手册》解释得非常清楚："达"与其后续部分连写，不加圆点。

三是遗漏。汉语人名通常只有两三个字且连写，中间没有标号，故一些报道容易以己度人，导致外国名姓连写粘在一起。2020年3月新冠疫情在全球肆虐以来，美国约翰斯·霍普金斯大学公布的数据为很多媒体所引用，该校名中的间隔号常被遗漏，如2020年11月26日《美国约翰斯霍普金斯大学：全球新冠确诊病例超过6000万》等。约翰斯·霍普金斯大学以捐助者的名字命名，名与姓之间用间隔号天经地义，也早已成为常识。究其因，也许是"约翰斯"远不如"约翰"更常见所致。

还有的报道同时遗漏了多个间隔号。2018年12月8日《送老布什最后一程的火车启程　民众沿路蜂拥送别》一文提到的美国前总统"乔治赫伯特沃克布什"，错误地删略3个间隔号，正确书写形式当为"乔治·赫伯特·沃克·布什"。

延伸阅读

与现实中的人名相比，在一些所谓"约定俗成"的商家和品牌名字的使用上，报道遗漏的错误更多。商家和品牌若出自一个人的全名时，自然也要加间隔号。如源自法国史上杰出时尚设计大师姓名的世界奢侈品牌"路易·威登"（法语简称"LV"），2019年5月11日《路易威登发布2020早春时装新品》一文就遗漏了间隔号。实际上，很多著名商家和品牌的名字，都被如此错写。如作为最早进入中国市场的国际品牌，法国的"皮尔·卡丹"时装源自创始人的姓名，自然要在中间加上间隔号。同样，美国的"伊丽莎白·雅顿"护肤品和苏格兰威士忌品牌"尊尼·获加"（Johnnie Walker）等都是源自一个人的姓名,自然应像书写正常人的姓名那样分成两部分。当然,后者若音译加意译成"约翰走路",则另当别论。此时,品牌成了描述性的主谓结构,自然无须再加间隔号。只不过,对人名如此音译加意译明显有违规范。

有的品牌名只来自姓名的一个部分,虽然汉语字数相对较多,但仍无须加间隔号,如全球高级成衣奢侈品品牌——意大利的"华伦天奴"以及水晶品牌——奥地利的"施华洛世奇"。有的品牌有修饰语,如意大利著名皮具"皮尔袋鼠"的创立者皮尔认为,应该像袋鼠一样"更加活跃富有朝气"从而加上了"袋鼠",此处的"袋鼠"并不是创立者的姓氏。如同汉语中的定语一样,与被修饰的名字之间肯定无须任何标点符号。有些品牌仅仅是一种带有广告性质的描述,根本不涉及人名,因此更无须加间隔号,如瑞典名酒"绝对伏特加"、英国威士忌"皇家礼炮"和豪华全地形SUV(运动型多用途汽车)品牌"路虎"等。历时近3个世纪、世界十大顶级名酒之一的法国"人头马",貌似是其创始人音译,实际上则是源自其商标上一匹人头马。此外,外语缩略语可以省略标号,中文译写不可以。外语中偶尔会有姓名首字母的缩写情况,如美国前总统罗斯福、肯尼迪和布什在英语中常被简写成"FDR""JFK"和"GWB",但中文翻译过来还要加间隔号,如"乔治·W.布什"。

总的来看,媒体对待译写不够用心。如作为同一家媒体,2012年3月18日《路易·威登亮相巴黎时装周》和2020年7月31日《路易威登推出2020秋冬广告特辑》两篇文章就出现了两种写法,而且是先对后错!总之,关于间隔号的错误是个系列错误,需要系统更正。

二、是"约里奥·居里"还是"约里奥–居里"

连接号有三种形式,其中一字线"—"和波纹线"~"各占一个字位置;

短横线"-"只半个字宽的空间，与英语的连字符长度相同。

短横线对应西方人名里的连字符，适用于复姓或复名，如复姓"皮埃尔·孟戴斯－弗朗斯"和复名"让－雅克·卢梭"等。更多的情况下，短横线用于连接西文里两个人的姓或两个人的名。

短横线的常见错误有四类。

一是被用成间隔号。如法国科学家让·弗雷德里克·约里奥－居里（Jean Frédéric Joliot-Curie），原姓约里奥，后娶了居里夫人的长女而采用了复姓。但这个复姓常被写错。2013年10月9日《3美国科学家获诺贝尔化学奖　数字盘点化学奖历史》一文，将这对夫妇的姓氏都写成了"约里奥·居里"。复名的代表是拿破仑一世之侄、法兰西第二帝国皇帝夏尔－路易·拿破仑·波拿巴（Charles-Louis Napoléon Bonaparte）。2014年6月上旬《法国发行拿破仑三世精制纪念银币》一文中的"夏尔·路易·拿破仑·波拿巴"，就混淆了间隔号与短横线的关系。

同样，1903年威廉·哈雷（William Harley）和阿瑟·戴维森（Davidson）二人在美国密尔沃基创立的哈雷－戴维森摩托公司（Harley-Davidson Motor Company），英文明明白白地用了连字符，2018年5月26日《对欧"开战"，美典范企业带头"打白旗"》一文却数次出现了"哈雷·戴维森公司"。

二是被省略。2014年5月5日《哈雷戴维森公司召回部分进口摩托车》中的书写错误令人无法容忍。这些错误表述后面还跟着带有连字符的英文（Harley-Davidson），简直是对这一译写规则视若无物。

世界顶级豪华轿车厂商——英国的劳斯－莱斯（Rolls-Royce），名字源自公司创始人查理·劳斯（Charles Stewart Rolls）和亨利·莱斯（Frederick Henry Royce）二人的姓氏。遗憾的是，几乎所有中文表述都忽略了这一连字符，从而使二人的姓氏混为一谈，如2014年6月6日《坚持传统　试驾劳斯莱斯幻影双门轿跑车》等。而2008年4月30日《汽车品牌：劳斯莱斯　Rolls-Royce》在标题中还列出了英文，都没有注意到其中的连字符。

三是人为增加短横线。在2019年1月9日《拿破仑三世：路易－拿破仑·波拿巴》一文中的"夏尔−路易−拿破仑·波拿巴",第二个短横线当改为间隔号。有的报道在犯了中文译写错误的同时,还不忘"圆谎",将其法语名字由Charles-Louis Napoléon Bonaparte错写成Charles-Louis-Napoléon Bonaparte。

四是将短横线写成一字线"—"。2018年6月27日《总统对欧"开战"美国制造典范挺不住》一文中的结尾写成"哈雷—戴维森",但该文开篇却正确地使用了"哈雷−戴维森"。这也说明,作者对这一标号的使用根本没有把握。

总的来看,短横线上述错误的原因是多方面的。一是作者不熟悉2011年最新版的《标点符号用法》。二是国家标准中对外国人姓氏、名字的各种复杂情况的规范不够具体,甚至付之阙如。三是书写任性。如2011年1月2日标题错写成《巴西首位女总统迪尔玛−罗塞夫正式宣誓就职》,但正文却正确地写成了"迪尔玛·罗塞夫"。四是未能遵循"名从主人"原则。如美国的首都"华盛顿哥伦比亚特区"(Washington, District of Columbia),存在着诸多译写错误。其中之一就是"华盛顿哥伦比亚"应写成"华盛顿−哥伦比亚特区"。"华盛顿"与"哥伦比亚"是两个人的姓氏,分别是美国国父和美洲大陆的发现者。在英语中,二者之间使用的是逗号,以示在1791年同一天先后命名的"华盛顿城"和"哥伦比亚联邦区"二者是一回事。

需要强调的是,有些标号错误,是原文命名时带来的问题。如2019年2月9日《享受阳光、微风与美景——在澳大利亚感受铁人三项的魅力》提到,"今年伯利格里芬湖蓝绿水藻问题严重,组织者出于对参赛选手健康的考虑放弃了游泳环节"。其中的"伯利格里芬湖",当改为"伯利·格里芬湖"。该湖是以堪培拉城的设计者——美国建筑师沃尔特·伯利·格里芬命名,姓名之间自然要用间隔号分开。网上还有"伯利.格里芬湖"和"伯利−格里芬湖"两种错误版本,但后者错得可谓"深刻"。正常情况下,既然建筑师的名字是"沃尔特·伯利·格里芬",湖泊在命名时,要么使用全称"沃尔特·伯利·格里芬",要么使用名姓"沃尔特·格里芬",要么使用姓氏"格里芬",而选用"伯利·格里芬"只有一种可能:这两部分是其复姓。经查证,中间的"伯利"的确是建筑师母亲的姓氏。以此看来,建筑师的后两部分是复姓。但在英文中,后二者之间从未使用表示复姓的短横线隔开(Burley-Griffin),导致汉译也无法采用"伯利-格里芬"。事实上,在为堪培拉湖泊命名时,建筑师的名字就被用错了。

无论是《堪培拉时报》还是堪培拉博物馆和艺术馆,在网站上也都将错就错。多少年来一直有人提议纠正这一错误,包括将对堪培拉城市规划有同样重要贡献的格里芬的夫人的姓氏置于湖名中,以体现男女平等,但因时间越长成本越高而放弃,最终成为今天积非成是的痛心局面,并让中文翻译也不幸中招。

三、书名号也"失联"

各类报告,都应该用书名号。2023年4月23日《四月申城满书香 上海发布市民"阅读报告"》中的引号,就属错用。此处的"阅读报告"指的是《2023年上海市民阅读状况调查》报告,该活动已持续十余年。此前的有关报道,有时能正确地使用书名号。

需要强调的是,一份报告的简称,也同样应使用书名号。2021年《儿童蓝皮书:中国儿童健康水平持续提升》开篇指出:

> 中国儿童中心与社会科学文献出版社8日共同发布《儿童蓝皮书:中国儿童发展报告(2021)》(以下简称"报告")。

其中,括号内的"以下简称'报告'"属于错误。"报告"虽是简称,但仍代表了一份书面文件,应放在书名号中。正确说法应为"以下简称《报告》"。

很多报道都能正确无误地使用书名号,如2023年8月14日《新华社研究院发布国产大模型报告　讯飞星火总分第一》开篇指出：

> 8月12日，新华社研究院中国企业发展研究中心发布《人工智能大模型体验报告2.0》（以下简称《报告》），讯飞星火以总分1013分位列本次国产主流大模型测评榜首位，在四大评测维度中的智商指数和工具提效指数两个维度获得第一。《报告》认为讯飞星火"在工作提效方面优势明显"。

国际报道中的书名号错用，有时是随意所致。如2021年9月22日《欢聚庆双节　云上叙友谊——驻埃及使馆举办2021国庆中秋线上招待会》一文，提到"《人民日报》、新华社、中央广播电视总台、光明日报、凤凰卫视驻埃记者，中东通讯社以及埃及《金字塔报》、《共和国报》、《消息报》、《宪章报》、'国家回声网'等12家主流媒体记者参加招待会并作有关报道"。且不说并列的书名号之间不能用顿号，同为纸媒，为何《人民日报》有书名号而"光明日报"却没有呢？

四、第一夫人，为何要加引号

《标点符号用法》规定，引号可以用来标示"行文直接引用的话""需要着重论述的对象"和"具有特殊含义的词语"。引号的有效运用，可以突显信息焦点，产生新奇的修辞效果，吸引读者的注意力，激发读者的阅读兴趣。总的来看，新闻报道中关于引号的错误有两类。

一是滥用。在2017年11月5日《美总统特朗普偕"第一夫人"梅拉尼娅开启亚洲行》一文中，引号用得莫名其妙。引号可以表示讽刺、否定和强调，难道说"第一夫人"是假的？显然不是。若是强调"第一夫人"，也没有这个必要。毕竟，"亚洲行"是以总统为主。无独有偶，在2021年4月4日《俄罗斯"第一夫人"，倾国倾城惹人爱，为何和普京离婚？》中，"第一夫人"指的是柳德米拉·亚历山大罗夫娜·普京娜。既然普京此后迄未再婚,"第一夫人"自然指的是离婚前的夫人,增加的引号也属多余。事实上,即使像南非总统祖玛有多位夫人,看似矛盾的"第一夫人"也无须加引号,如2015年8月17日《南非一位第一夫人涉嫌毒害亲夫被扫地出门》一文就没有使用引号。

涉及列车、轮船、军舰、飞机、飞船、卫星等工具以及武器装备时,这样的滥用错误比较多。如2021年6月12日《荷兰迎来"江苏号"中欧班列》一文,带有说明性质的"号"字是通名的组成部分,不应与专名"江苏"一起放在引号之内。

当然,如果"号"字属于运载工具名称的组成部分(此时则属于专名),则应一并放在引号之内,如2022年9月30日《日本媒体关注"天宫一号"成功发射》等文章。

近年来新闻报道中引号错用较多的是对一些外国领导人不使用正常的官方头衔,而是使用亲昵的称谓,如2018年1月30日《英国首相特雷莎·梅即将访华 "梅姨"中国行有何看点?》中的"梅姨"等。特雷莎·梅自2016年7月当选为英国第54任首相以来,中国媒体的这一称呼就如影随形。有分析认为主要是"梅"姓在中文属单音节,是语言学上的无奈之举,但事实并非如此。德国前总理默尔克的姓氏有三个汉字,报道仍用带引号的亲属称谓,如2015年10月6日《"大婶默克尔"迎来政治生涯"最危险时刻"》等。至于韩国前总统朴槿惠,姓名自身是三个汉字,根本不存在音节单调的问题,但网上"朴槿惠阿姨""朴阿姨"的表述比比皆是。而2016年4月24日《"第二季"巴西版"纸牌屋"》一文对巴西时任总统迪尔玛·罗塞夫竟然使用了其名的谐音"舅妈"。在此基础上,该文对2014年巴西大选时社民党候选人内维斯的名"Aecio",使用了谐音"二舅"。

但与此同时,有些报道将不太友好的美国众议长佩洛西呼为"老妖婆""妖妇"等,如2021年1月29日《令特朗普发怵的"老妖婆",81岁佩洛西的前世今生》等。这类报道不仅违背了新闻重在客观的中性原则,也人为地区分了亲疏远近。对待外国领导人，无论其与中国的关系如何，都应直接使用其通行的姓氏。如此，可避免过多的违规操作和后遗症，也是媒体自信的体现。

二是遗漏。与上部分引号的滥用相反，有的报道又走向了另一个极端，完全不用引号。2018年9月10日《谁在联盟号飞船上打了个洞》一文中的"联盟"作为飞船的名字，当置于引号中。而在2019年10月22日《雪龙号整装启航前往南极 "双龙探极"将成新常态》中，正文提到"'雪龙'号极地科考船"时使用了引号，但标题却不使用，显得有些不严谨。

台风、飓风、龙卷风等代号，是国际组织专门起的名字，需要加引号，但很多文章却随意省略，如2017年9月8日《美国也有台风！哈维台风造成美国休斯敦大淹水》等。

还有一种引号的遗漏，与括注有关。2012年9月11日《中国钓鱼岛岂容他人肆意"买卖"》一文，开篇提到：

钓鱼岛及其附属岛屿（简称钓鱼岛），包括钓鱼岛、黄尾屿、赤尾屿、南小岛、北小岛等岛屿，自古以来就是中国的固有领土。

根据相关规定，括注中的"简称钓鱼岛"，应当在"钓鱼岛"上加引号。

最后需要强调的是，有一种情况的引号，最初加引号以示强调、区别等，随着时间的推移和熟悉度的增加，引号逐渐脱落。但问题是：不同媒体甚至是同一家媒体对"熟悉度"的界定有很大不同，因此何时脱落引号并没有绝对的标准。与此背道而驰的是，有的早期没有引号，后来却增加了引号。还有的同一家媒体，时有时无，令人莫衷一是。以不同媒体为例，针对"一带一路"的表述，早在2017年就有不带引号的，如2017年9月21日《一带一路媒体合作论坛 人民日报版面标上难忘注解》，但2021年8月3日《提高疫苗在"一带一路"国家可及性》仍带引号。这就需要进行统一规范。

通常情况下，媒体报道对于遗漏与滥用基本上都是两错并犯。今以报道较多的我国极地科考船"雪龙"号为例进行说明。2013年4月17日《雪龙号极地科学考察船开始进行心脏手术》中的"雪龙号"，当改为"雪龙"号，也就是将破冰船的名字"雪龙"放在引号之内。当然，此处的"心脏手术"也应使用引号。毕竟，作为一种工具，既没有动物的心脏，也不可能实施需要麻醉等手续的手术。而2017年11月9日《国产极地特种低温钢为雪龙号"保暖御寒"》一题，也许是担心整个标题引号太多从而遗漏了引号。需要强调的是，作为船名的"雪龙"，无论是在标题还是在正文，都应加引号，但2017年11月9日《欢迎回家！雪龙号驶入中国海域，南极科考取得多项成果》正文使用了引号，标题却遗漏。还有的文章走向另一个极端，将"雪龙号"三个字全部放在引号之内，如2017年11月6日《"雪龙号"极地考察船与安利合作再启新征程》等。

五、括号：在一级标题中出现纯属多余

标号中的括号错误，在新闻报道中主要出现在标题中。媒体文章虽然不会像学术论文那样多达5级标题，但出现的标题顺序是高度一致的，即一级标题使用"一""二"等，后面跟具体内容，且单独占一行。二级标题为"（一）""（二）"等，后面同样跟具体内容，也可单独占一行。但有的媒体在没有一级标题的情况下，直接使用二级标题。如2021年11月4日《深化国际经贸合作，实现共同繁荣进步》一文中，"一级"标题不是"一""二"，而是"（一）""（二）"，显然属于越位。更为离谱的是，2023年12月20日《共享减贫经验　共谋合作发展（权威论坛）》还直接使用了"【一】"作为一级标题。中括号是运算的辅助符号，即使延伸到5级标题，也无须出现。

这种情况在与其他报道对比时即一目了然。如2021年9月22日《一心向党的百岁英雄（逐梦·致敬功勋党员）》即正确地使用了"一""二"等

一级标题。

除了5个标号错误外，下脚点的使用也存在问题。下脚点在书写形式上等同于汉语的着重号"．"，也相当于英语的句号。中文在字母和汉字并用的人名译写中，需要使用这个下脚点。如美国前总统约翰·F.肯尼迪，其中的"F."是菲茨杰拉德（Fitzgerald）缩略。

对此不知原委的媒体常常错用。2020年3月5日《美国海军举行"约翰·F·肯尼迪"号核动力航母命名仪式》，就使用了间隔号。而2018年6月28日《虚惊一场！捷蓝航空飞机起飞前误发劫机信号"招来"警察》，正文里出现"美国纽约约翰F肯尼迪国际机场"，竟遗漏了"F"之前和右下角的两个标号，孤零零地与一堆没有信息的汉字连在一起。而2023年12月31日《2023国际十大新闻》列出的"1""2"……"10"之后竟然没有任何标点符号，如"9　全球极端天气和自然灾害频发，COP28完成《巴黎协定》首次全球盘点"等。如此"留白"于理不通。

需要强调的是，关于标号的错误大都是综合性的，也就是一文多错。2021年8月18日《澳生产力委员会报告指出——澳大利亚原住民人权状况堪忧》一文，提到了澳大利亚生产力委员会近日公布"缩小差距"年度数据汇编报告。该报告名称原文是"Closing the Gap—Annua Data Compilation Report"，正确译写应该为《缩小差距——年度数据汇编报告》。这样，上文既遗漏了书名号，又滥用了引号。再如，2018年11月15日《"危险！"白宫爆发"两个女人的战争"》一文讲的是：第一夫人梅拉·尼娅特朗普办公室发表了一份特别声明，要求解雇副国家安全顾问米拉里卡迪尔（女），一天后，里卡迪尔离开了白宫。其中，"梅拉尼娅特朗普"中间应该有间隔号，写成"梅拉尼娅·特朗普"。"危险！"这个带有直接引语的警示，在正文中并没有具体出处。通篇采用"宫斗剧"般的语言来描述白宫内部的矛盾，也有些故弄玄虚。因此，"危险！"很可能是记者自己发出的，没有必要放在引号之内。

与标号相比，点号的错误相对少。这里仅就顿号的两类错误举例说明。

一是在不需要的地方使用顿号。国名简称连写时可以直接使用，不必加顿号表示停顿，标题中尤是。但2011年9月15日《中、立两国领导人互致贺电庆祝两国建交20周年》，就犯了赘述错误。原因可能是担心"中立"二字连用，会被误解为不偏不倚的态度，但这一担心完全是杞人忧天。

很多国名简称中的第一个字在汉语中都有实际意义，在与中国的简称"中"连用时更可以产生联想，如中古（古巴）、中文（文莱）、中东（东帝汶）、中亚（亚美尼亚）、中（四声）肯（肯尼亚）、中（四声）意（意大利）等。2022年8月12日《外交部回应立陶宛官员窜台：立方背信弃义，中方将坚决回击》一文中的"立方"，并未担心引起误解，在清晰的上下文中也不会引起误解。

世界以"巴"开头的国名更是多达9个，带有"中巴"的标题比比皆是，读者似乎从未将其诠释为车厢内设有10—19个座位的中型客车。2019年3月21日《中意两国跨入合作共赢新时代》一文，就没有使用顿号。"中意"也会给人一种"满意"的感觉，但有"两国"映衬，不容易产生这样的联想。

当然，其他国家国名搭配时也无须加顿号，哪怕国名简称连写非常容易产生联想。以报道国名出现较多的美国为例，其简称"美"字，既可理解为形容词"美丽的"，也可理解为动词"美化"，与很多国名连用，都会产生具有实际意义的联想，如美白（白俄罗斯）、美黑（黑山）、美德（德国）、美意（意大利）、美孟（孟加拉国）等。新闻报道是一个独特的语境，这类情况一般不会造成歧义。

二是将顿号误用为逗号。顿号与逗号都有分隔同类并列的事项，但顿号通常用于单字、词语或短句，停顿较短；而逗号则用于字数较多、表示强调、成分是短语或不整齐时，其停顿大于顿号而小于分号。如2021年6月15日《德尔塔病毒肆虐美国，英国，印度等全球数10个国家和地区！》一文中的逗号，根据以上辨析，应改为顿号，或者将三个国家各压缩为一个字，改为"美英印"。

跨太平洋伙伴关系协定：简称也"躺平"

"字母词"是由字母构成的词语，也被称为"零翻译"，即不用目的语中现成的词语译出源语中的词语，而直接原封不动地"拿来"。通常情况下，这种"字母词"都是外语的缩略语，无论是所占空间还是音节，都比汉语尤其是汉语全称更为简洁。随着互联网时代信息的爆炸、中外交流的激增、国人外语尤其是英语水平的提高，这样的"字母词"在新闻报道中越来越多。它们不仅填补了汉语自身的不足，丰富和发展了汉语词汇，而且增强了接纳世界先进科学、沟通东西方文化的能力。但由于译写不统一、使用不规范等，"字母词"也增加了人们交流的困难。而且"字母词"作为语言的"夹生"现象，在报道中是不得已而为之，绝非首选或上选。为了汉语的纯洁，应尽量避免或减少使用"字母词"。

在实际报道中，"字母词"通常在没有汉译、汉译冗长或汉译有简称等三种情况下使用。

一、"H&M"比中译名更有"眼缘"

有的外语缩略词自引进以来一直没有汉译，今天译出后许多读者可能反而看不懂。2021年3月因造谣抵制新疆棉花的瑞典服装、配饰和化妆品品牌"H&M"，就是最为典型的例子。对这一品牌的报道，几乎所有媒体都采用了"字母词"，如2021年3月25日《记者探访京沪H&M实体店，有店员强调"我们也爱国"》等。

延伸阅读

"H&M"是由最初的"Hennes"女装与后来的"Mauritz"男装品牌合并、各取首字母而成,音译为"海恩斯与莫里斯"或"海恩斯–莫里斯"。但这个译写拗口难记,是商品品牌翻译和推销之大忌。而瑞典语简称"H&M"(一般人当成英语字母来读),醒目简洁,在省略中间表示"和"("&")而成"HM"情况下更易记忆。很多人尽管都不清楚这两个字母所代表的含义,但都牢牢地记在心中。路易·威登知名度很高,其简称"LV"也为广大消费者所熟知。在这种情况下,媒体在坚持使用译名的同时,有时也不自觉地"跟进",如2019年5月11日《路易威登发布2020早春时装新品》和2020年9月22日《不再严肃的LV,如何打出一手"好牌"?》等。

与"H&M"极其类似的另一个字母词是美国著名的巧克力品牌"M&M's",如2014年3月14日《玛氏公司M&M's 年轻人妙趣选择》等报道。有的媒体嫌麻烦,干脆省略了所有格's和表示并列的"&"形式,直接压缩为"MM"甚至"m"。

二、博鳌亚洲论坛:多年媳妇未熬成婆

在汉语(译)冗长且无简称的情况下,字母词也会成为首选。

对于2020年5月1日《美国将"台湾牌"打到底,AIT每天发帖鼓噪支持台湾参加WHA》一题,相信一般读者很难看懂。除了"WHA"(World Health Assembly,世界卫生大会)外,"AIT"对于一般读者也比较陌生。它是"美国在台协会"(American Institute in Taiwan)的首字母缩写。该协会虽然早在1979年1月就已成立,但在中文中迟迟没有简称。这样,上述标题若全部使用中文,将扩展至34—36字:《美国将"台湾牌"打到底,美国在台协会每天发帖鼓噪支持台湾参加世界卫生大会(世卫大会)》。在标

题如此冗长的情况下，英语简称即成为理想选项。

全称"多年的媳妇未熬成婆"的最典型例子是《跨太平洋伙伴关系协定》。2013年5月9日《韩国：TPP和RCEP都不会是完成时，两者会最终达成一致》，同样是一个标题夹杂着两个英语简称，不熟悉的读者肯定一头雾水。"TPP"（Trans-Pacific Partnership Agreement）是《跨太平洋伙伴关系协定》，"RCEP"（Regional Comprehensive Economic Partnership）是《区域全面经济伙伴关系协定》。

上述两个词使用频度如此之高却始终没有简称（"经济北约"只是TPP的别称），可能是因为不易简化。

与汉语相比，英语简称非常容易操作：将所有实词（有时为凑音节也可包括虚词）首写字母合在一起即可。如一个简单的"ABC"，是数十种全称的缩略语。至于临时凑出的"ABC"，则可能达数百种。因有上下文，一般不会引起误解。比较而言，汉语简称则难得多。汉字不太可能将笔画拆散，而且简称中要求每个汉字有具体含义，并在整体上能有效代表全称。这样，就需要选出多个汉字。如此一来，又违背了简称原则。而且，简称不仅要避免与业已存在的简称重复，而且不应产生恶意联想等。在这样的复杂背景下，有些词组尽管长时间大面积使用，仍无法自然而然地转入简称。如《跨太平洋伙伴关系协定》简化为《太伙关协》，听着就有些怪异。若进一步简称为《太协》，又担心与"太极拳协会"重复。

实际上，对于字数极为有限的简称，上述传统的要求有些苛刻。毕竟，语言是服从交流需要的，而且简称也不用在特别正式的场合。即使不同简称出现重复，在一定的上下文中也不会导致误解。如"人大"这一简称，既可以代指"中国人民大学"，也可以代指"人民代表大会"。即使在"人大李教授当选人大代表"中如此近距离重复，也同样分得一清二楚。沿着这一思路，《区域全面经济伙伴关系协定》也可以直接简称为《区协》。此外，还有个与之相关的"CPTPP"（Comprehensive and Progressive Agreement for Trans-Pacific Partnership），媒体很少使用其15字的中文全称《全面与进步跨太平洋伙伴关系协定》，而是采用了英语简称，如2021年2月2日《英国正式申请加入CPTPP》。2021年9月中国申请加入后，含有"CPTPP"的报道急剧增加。实际上，这个协定也可以简称为《全协》。

从这个意义上讲，简称反而是汉语的优势：无论全称有多长，只需取第一个字和中心名词的关键字，不必像英语那样照顾到所有实词。

三、"PM$_{2.5}$"改为"细粒"，绝不仅仅是换了个"马甲"

令人遗憾的是，即使有现成的简称，报道也视而不见，仍坚持使用"字母词"。

在2020年5月20日《台湾参与WHA问题　关键何在？》一文中，"WHA"是世界卫生大会（World Health Assembly）的缩写，而"世界卫生大会"早已有简称"世卫大会"，如2003年5月28日《世卫大会通过非典决议　我代表再述中国立场》等报道。

如果说"世卫大会"4个字有些烦琐，对于已达到极致的两个字简称，有的媒体仍置之不理，如2020年8月12日《MD巴尔的摩房屋大爆炸，1人死亡，至少3人受伤》中的"MD"。"MD"（Maryland）有现成的汉译"马里兰州"和简称"马州"，且已存在很多年。其下属"巴尔的摩"市能翻译过来，更重要的州名为何直接拿来？巴尔的摩作为马州的最大城市和美国国歌诞生地，在美国和其他国家有相当的知名度，略去上级单位"MD"也不影响理解，恰好可将空间留给国名"美国"，以便读者能在大方向上"定位"。

此外，媒体在"PM$_{2.5}$"与"细粒"之间错误地选择了前者，属于有法不依的典型例子。

PM$_{2.5}$中的"PM"是颗粒物（particulate matter）的英文简写，2.5是指大气中的颗粒物直径小于或等于2.5微米（也称为"可入肺颗粒物"），其直径尚不到人头发丝粗细的1/20。PM$_{2.5}$表示的是每立方米空气中这种颗粒的含量，含量浓度越高，空气污染越严重。

在21世纪初，$PM_{2.5}$开始为媒体所使用，如2012年6月14日《"提高空气质量不可能一夜完成"——美国$PM_{2.5}$标准十五年拉锯战》等。这个本该使用汉语的表述却包含了英文字母和阿拉伯数字，非常不规范。

2013年2月，全国科学技术名词审定委员会邀请了环境、医学、气象等各领域专家，将$PM_{2.5}$的中文名称定为"细颗粒物"，同时对该"家族"的其他成员名称也进行了规范，如比$PM_{2.5}$直径大的PM_{10}叫"可吸入颗粒物"，比$PM_{2.5}$直径小的PM_1叫"超细颗粒物"。更可贵的是，"细颗粒物"还有明确的简称"细颗粒"和"细粒"，后者达到了简称字数的极致，已不存在烦琐、占标题空间的问题。这一定名意义重大：纯净了汉语，避免了中英文混用的泛滥现象。

链接　不用字母词，维生素U、维生素Y们怎么办？

如何看待新闻报道中的字母词呢？笔者认为，需要理智看待，不宜非黑即白、一棍子打死。

首先，字母词的存在有一定的客观原因。在网络时代，很多新词源自英语，加之各行业英语水平普遍较高，异常简洁的英语缩略语便成为重要选项。与此同时，要将这些新术语快速地译成地道中文和简称，难度却在不断加大。这也导致了报道对英语术语的屡禁不止。如2012年11月8日《微软将用Skype取代MSN，中国内地用户不受影响》一个标题即用了两个术语。今天，这两个词的汉语意思已比较明确：前者指"网络电话"，后者是"微软网络服务"。但在当时，恐怕没有多少读者看到标题后能够"秒懂"。

客观上，很多汉语表述偏长且没有简称，媒体自然倾向于选择英语简称。如"国内生产总值"与英语简称"GDP"在汉字空间和音节上的比例分别为6∶1.5和6∶3。媒体为节省空间和时间，自然就选择英语简称，如2021年1月29日《"二战"后最惨一年！外媒：2020年美国GDP萎缩3.5%》。这在某种程度上也满足了信息时代快节奏、碎阅读的需要。

监督机制也非常关键。央视就是正面的例子。2010年4月初，广电总局颁布新规：荧屏禁用英文缩略词。在非外语频道，播音员主持人在口播新闻、采访、影视记录字幕等方面，都不得使用外语以及外语缩写词。新规出台后，央视在报道中已经不再使用英文缩略词，取而代之的是全中文名称。与此相比，其他媒体没有如此严格的监督，"字母词"自然就屡禁不止。

其次，译写需下功夫推敲：太快会有失准确，太慢则无法引领。有人建议，外来词引进时就马上进行音译或意译，既有时效，又能维护汉语的纯洁性和独立性。但信息时代，各领域新概念层出不穷，快速准确译出的难度加大。切实可行的办法是：先借用字母词语，然后逐渐过渡到汉语词语。如"E-mail"诞生后，先是直接采用了英语表述，后来译为"伊妹儿""依妹儿"。鉴于有人认为这两种译法有些轻佻（福州方言把20多岁的年轻女性叫作伊妹样，用汉语书写就是伊妹儿），此后又改为中性的"伊美尔"。最终，被科学规范意译"电子邮件"和简称"电邮"所代替。同样，从"BP机"到"呼机"，走的也是由"字母词"过渡到汉语词语的路子。

很多新鲜事物都是最先通过英语传播开来。翻译这样的内容，不仅涉及外语水平，还涉及学科的专业素养。学术界也需要统一认识，并非几个人可以定夺。2012年成立的外语中文译写规范部际联席会议，不定期发布推荐使用的外语词中文译名。这一创举，非常有意义，值得称道。

反过来看，如果没有吃透原文而急于翻译，反而会酿成后果。2003年暴发的非典，国际上叫"SARS"（Severe Acute Respiratory Syndromes），直译为"严重急性呼吸综合征"。当时没有先把字母词音译，而是直接使用了汉语"传染性非典型肺炎"，简称"非典型肺炎"。这个名称比"SARS"的音译"萨斯"冗长，因此很快即被简化为"非典"。但这个简称选用了修饰语而不是中心名词，非常不规范。将来若有其他"非典型性"疾病，就容易混为一谈。再如"AIDS"，新华社最早在《参考消息》上用字母词汉化为"爱滋病"，但该传染病危害性极大，被称为"20世纪的黑死病"，并无多少"爱"可言，后来改为中性的"艾滋病"。

当然，翻译太慢也会产生问题。20世纪90年代媒体都将"Internet"这个英文词直接照搬过来，后来全国科学技术名词审定委员会定名为"因特网"。因汉化未能及时跟进，导致"因特网""互联网"等"二网并存"。

需要强调的是，既然是简称，就难免在表述上遗漏一些要素，不能过于苛求。如也许是为了与欧盟、非盟、阿盟相一致，"东南亚联盟"被压缩为"东盟"，在字面上"南"这一方位词就被遗漏。但这并未影响"东盟"代表整个"东南亚联盟"。

最后，翻译总有"不可能完成的使命"。任何语言要想保持鲜活的生命力，都应以开放的心态积极引进和吸收其他民族有益、有用的优秀文化，在借鉴吸收中注意保持和发扬本民族文化的特质。清末以来，汉语书面语就吸纳了三种异质成分：阿拉伯数字、拉丁字母和新式标点符号。可以设想，若不引进阿拉伯数字，我国的科学技术如何发展？不采用新式标点，而像古代那样没有断句，如何表达句子间的逻辑关系？若没有采用拉丁字母的汉语拼音方案，今天中国如何与外界进行沟通？外国人连我们的姓名都无法拼出和读出。汉语拼音不仅方便了国人，也方便了与世界各国接轨。它已经被国际标准化组织（ISO）规定为拼写汉字人名地名的规范标准。

"字母词"是时代的产物，其产生具有必然性和合理性。很多外语都无法译成汉语。维生素A、B、C、D最初引进时改叫维他命甲、乙、丙、丁，分类用语完全采用了天干的汉化译法。但后来出现的维生素K是第11个英语字母，天干只有10个，只能动用地支。不过，即便天干、地支加起来也只有22个，比英语的26个字母还少4个。因此，直接采用英语字母才是上策，包括今天的维生素M、P、T、U等。从这个意义上，字母的引入不仅丰富了汉语表达，而且也有利于与外语对照。

今天，不少新词难以用汉语表述，比如电子邮件地址、网络地址。因此，字母词对现代汉语而言，是不可或缺的有益补充。除了字母词，今天汉语中的古语词、方言词也都在我们的语言生活中扮演着重要角色。